D1620435

Rotraud A. PERNER

PSYCHOSOMATIK
DIE VERGESSENE SEXUALITÄT

EIN GESUNDHEITS-LESEBUCH

© 1995 AAPTOS-VERLAG, 1100 Wien, Laxenburgerstraße 13
Titelbild: Helmut Klein
Gestaltung und Produktion: Baumteam Wolfgang Biedermann
Druck: REMA-Print, Wien

ISBN 3 - 901 499 - 01 - 6

Für Gino

Inhalt:

Vorwort

Diese Zeilen schreibe ich am Sonntag, 14. Mai 1995. Morgen soll das vorliegende Manuskript in Druck gehen.

Vorgestern hatte ich spät nachts einen Unfall — einen Arbeitswegunfall. Ich kam um 22.15 Uhr vom Unterricht an der Wiener internationalen Akademie für Ganzheitsmedizin nach Hause und wollte nach Öffnen der Garagentür ins Auto zurücksteigen, als ich an der Gehsteigschräge abrutschte — der rechte Schuh wurde direkt weggesprengt, ein stechender Schmerz durchzuckte meinen plötzlich so seltsam abgewinkelten Fuß, dann der Gedanke: „O Gott, zu all dem Streß das auch noch!", eine Vision von Seitenbandriß, Operation, Liegegips, dann eiskalt das rechte Bein ins Auto gehoben und in die Tiefgarage hinabgefahren, das rechte Bein wieder aus dem Auto herausgedreht, den Aktenkoffer fest umklammert, diesmal nicht Stiegen gestapft, sondern mit dem Lift in den ersten Stock gefahren, auf die Straße hinaus, Handy eingeschaltet, nahewohnenden Sohn zwecks Abholdienst angerufen, Ehemann verständigt, Spitalstransport veranlaßt — Glück gehabt: „nur" eine Verstauchung.

Die vier Grundformen des Bewußtseins — Denken und Fühlen, Intuieren und körperliches Empfinden — bilden Gegensatzpaare. Je ausgeprägter eine, desto minderwertiger wird die andere erlebt. Ich merke es deutlich selbst: solange der Schmerz tobt, habe ich noch keine Vorstellung, was und wie die nächsten Schritte sein sollen. Solange die Angst, meine Arbeitspflichten nicht erfüllen zu können, überwiegt, kann ich nicht klar über den „sekundären Krankheitsgewinn" nachdenken.

Erst nach der ärztlichen Versorgung und dem Wissen, daß alle Bänder gehalten haben, möglicherweise aber das Sprunggelenk einen Knacks abbekommen hat, kann ich ganzheitlich überlegen: ich kann jetzt guten Gewissens etliches an nächstgelegener Arbeit absagen — das Samstag/Sonntag-Seminar über „Perversion" wird mein Kollege allein abhalten müssen, das hat sicherlich auch Vorteile, mehr Freiraum für ihn wie für die Gruppe, meine Steuererklärung für Montag kann ich mit Familienschreibhilfe selbst gestalten, muß nicht wie vorgesehen für Sonntag nachmittag fremde Arbeitskraft in Anspruch nehmen, die Therapien und meine Universitätsvorlesung für Montag kann ich absagen und in (Bett-) Ruhe das Manuskript noch einmal durchlesen ... Nur das anschließende Seminar im Rehabilitationszentrum Bad Häring der Allgemeinen Unfallversicherungsanstalt werde ich selbstverständlich durchführen, da bin ich dann nämlich an der Quelle ärztlicher Hilfeleistung — von Krücken und Rollstuhl bis Kontrollröntgen, alles da, was das Herz pardon der Schmerz begehrt. Ins Auto heben und chauffieren wird mich mein Ehemann.

In der Psychoanalyse sprechen wir oft vom Parallelprozeß, wenn sich das, worüber wir gerade sprechen, aktuell widerspiegelt.

Auch Märchen spiegeln symbolisch wider, was uns im Alltag so alles begegnet, wofür wir erst eine Problemlösung — eine Copingstrategie — entwickeln müssen. Eine Parallele zu meinem Erleben wäre zum Beispiel das Motiv, daß Held oder Heldin in einen Brunnen, in einen Abgrund stürzen und in eine andere Welt kommen, wo dann „sieben Jahre wie ein Tag" erlebt werden. *„Kopfunter hängend sehe ich alles ganz anders"* titelt Sheldon B. KOPP.

Ich ergänze: Das Bein hochgelagert oder auf nur einem herumhüpfend auch.

Dieses Lese-Buch beinhaltet teilweise Vorlesungen, teilweise Fachartikel sowie Kolumnen, die ich für das Monatsmagazin „Gesundheit" verfaßt habe. Damit soll der Leserschaft ermöglicht werden, die einzelnen Beiträge nach Lust und Laune ohne bestimmte Reihenfolge zu lesen.

Ich will mit dieser Essaysammlung vor allem aufzeigen, daß in den bisherigen Versuchen, Organsprache und psychosomatisches Gesundheitsdenken einer breiten Leserschaft nahezubringen, die Sexualität vergessen wurde. Ich habe nun erlebt, daß auch ich im Versuch, mehr Arbeit — und weniger Vergnügen — in mein aktuelles Zeitbudget hineinzupressen, unbeabsichtigt dort gelandet bin, wo ich eigentlich gerne hin will: im Bett.

Die vergessene Sexualität

„Wir können nicht *nicht sexuell* sein" formuliere ich gerne in Anlehnung an Paul WATZLAWICKS „Wir können nicht *nicht kommunizieren*" und will damit betonen, daß wir schon von unserer Hebamme als männlich oder weiblich benannt werden.

Was wir dann aber mit und aus unserer Geschlechtlichkeit machen, ob wir uns an ihr erfreuen oder uns durch sie behindert oder diskriminiert fühlen, ob sie uns nur ab und zu überfällt wie ein Gewitter, ob sie uns stetig treibt wie ein Sturm die abgefallenen Blätter, ob wir sie verwahrlosen lassen oder ob wir sie pflegen, ob wir sie gar zelebrieren oder schlicht und einfach — vergessen, das alles scheint heute als unsere ureigenste Verantwortung.

Das war nicht immer so.

Jahrhundertelang war es im abendländischen Kulturkreis das Privileg meist hochgeborener Philosophen oder Kirchenfürsten, über Sinn und Zweck unser leiblichen wie auch seelisch-geistigen Existenz nach- und vorzudenken. Was dabei herauskam, waren Trennungen: von hochbewertetem Geist und minderbewertetem Körper, von hochbewerteter geistiger und minderbewerteter körperlicher Tätigkeit, von hochbewerteten Herrschaften und minderbewerteten Dienenden, von hochbewerteten Männern und minderbewerteten Frauen.

Vor allem die katholische Kirchenlehre hielt und hält vielfach noch immer an dieser Leib- und Frauenfeindlichkeit fest. Und viele ihrer Vertreter wähnten sich in dieser Form von Herrschaft über andere sogar noch als Dienende an der Gesamtheit. Welch verquerer Versuch, die Gegensätze zusammenzubringen! Und wie sündig!

Sünde kommt von Sondern, Absondern. Der („erste") Sündenfall des Alten Testaments — das Herausfallen aus der Einheit in und mit Gott in die zweigeteilte Welt mit all ihrer Zwietracht und Verzweiflung — bedeutet also vorerst nur Absonderung: Gut von Böse, Kalt von Heiß, Himmel von Hölle, Engel von Teufel, Sanft von Wild, Passiv von Aktiv, Frau von Mann.

Was vor dem Sündenfall nicht als Paar und schon gar nicht als zwei Endpunkte, Pole einer Bandbreite, einer Frequenz erkennbar war, wird nun zum Gegensatz, aber auch zur Chance der Ergänzung. Dazu müßten

11

sich beide Extrempositionierten aber angleichen, und zwar nicht einer dem anderen, sondern beide gleich — in der Mitte, in der „goldenen Mitte"...

Als „zweiten Sündenfall" bezeichne ich die zweite Verfehlung von Gleichheit: Kain erkennt, versteht, akzeptiert Abel nicht als „anders". Kain fühlt sich Abel unterlegen. Kain will sich Abel überlegen fühlen. Kain erschlägt Abel.

Der „zweite Sündenfall" besteht darin, daß sich einer zum Herrn über den anderen aufspielt. Daß einer sich aus eigener Vollmacht berechtigt fühlt, den anderen zu beherrschen. Und nicht begreift, daß es immer darum geht, die „coincidentia oppositorum", die Vereinigung der Gegensätze, zu erzielen.

In diesem Sinne ist auch das „Sakrament der Ehe", das sich bekanntlich die Eheleute gegenseitig spenden, zu verstehen; der Priester erbittet nur Gottes Segen zu diesem Vorhaben, und dazu hatte er bis in die jüngste Vergangenheit auch allen Grund, denn jahrhundertelang war das primäre Motiv zur Eheschließung materielle Versorgung — die der Ehefrau mit einem Financier, die des Ehemannes mit allen Gütern des leiblichen Wohles. Vertrauen, Achtung, vielleicht sogar eine Art von Liebe mußten da vielfach erst erarbeitet werden. Sekundäre Motive wie Schwangerschaft oder Flucht aus einem tyrannischen Elternhaus steigerten meist nur die Beglückungserwartungen, nicht die Glücksfähigkeit.

Sehr treffend wird diese Diskrepanz in Johann STRAUSS' Operette „Der Zigeunerbaron" besungen — als nämlich die Sittenpolizei den „Zigeunerbaron" Barinkay mit seiner Saffi in unmißverständlicher Pose ertappt, und als der die Liebste als seine Frau vorstellt, verwundert fragt: *„Wieso sein Weib? Wer hat Euch denn getraut?"*

Barinkay:	*„Wer uns getraut? Ei sprich!"*
Saffi:	*„Sag Du's!"*
Barinkay:	*„Der Dompfaff, der hat uns getraut!"*
Chor:	*„Der Dompfaff, der hat sie getraut!"*
Barinkay:	*„Im Dom, der uns zu Häupten blaut"*
Saffi:	*„Oh seht doch, wie herrlich,*
	voll Glanz und Majestät —"
Barinkay:	*„Mit Sternengold, mit Sternengold*
	so weit Ihr schaut, besät."

Saffi:	*„Und mild sang die Nachtigall*
	ihr Liedchen in die Nacht:
	Die Liebe, die Liebe
	ist eine Himmelsmacht!"

Und auf die Frage der Sittenpolizei: *„Wer war denn Zeuge?"*

Barinkay:	*„Wer Zeuge war? Ei sprich!"*
Saffi:	*„Sag Du's!"*
Barinkay:	*„Zwei Störche, die klapperten laut ..."*
Chor:	*„Zwei Störche, die klapperten laut."*
Barinkay:	*„Sie grüßten uns so lieb und traut."*
Saffi:	*„Sie nickten und blickten*
	uns traut und zärtlich an"
Barinkay:	*„Als sagten sie: „O liebet Euch!*
	Ihr seid ja Weib und Mann!"
Saffi:	*„Vergeßt nicht, daß oft der Storch*
	das Glück ins Haus gebracht!
	Wo Liebe, ja Liebe
	daheim die Himmelsmacht!"

Ignaz SCHNITZER, „Der Zigeunerbaron"
Operette in drei Akten nach der
Erzählung „Saffi" nach MÓR Jókai,
Musik von Johann STRAUSS, 1885

Heutzutage, wo überwiegend aus — oft nur vermeintlicher — Liebe der Bund der Ehe geschlossen wird und wo die der Partnerschaft verpflichtete Familienrechtsreform 1978 den unzeitgemäßen § 91 („Der Mann ist das Haupt der Familie") aus dem Gesetzeswerk des ABGB 1812 eliminiert hat, steht es um das Eheglück noch immer nicht besser. Noch immer versucht einer den anderen zu beherrschen, Sieger zu sein im Kampf der Geschlechter: dazu dienen zahllose Gewaltstrategien.

Gewalt durch Sprache, Gewalt durch Schweigen, Gewalt durch Demütigung, Gewalt durch Drohung, Gewalt durch Einschränkungen der persönlichen Freiheit, Gewalt durch Einsatz oder Entzug finanzieller Kräfte, Gewalt durch Körperkraft. Sexuelle Gewalt.

Die Kette

Die Kette,
die er ihr um den Hals gelegt hat,
ist weder aus edlem
noch aus wertlosem Material.
Sie ist unsichtbar
und raubt ihr dennoch die Luft zum Atmen.
Aber er denkt,
auch ein Kettenhund
liebt sein Herrchen.

Maria SUKUP

Auch in der Sexualität geht es vielfach um Herrschaft. Und oft muß die Bibel zur Untermauerung solcher Herrschaftsansprüche herhalten, nämlich das Erste Buch Mose, wo Gott der Herr zum Weibe sagt „Er soll dein Herr sein". Nur ist dieses Zitat unvollständig. Korrekt heißt es nach der Luther-Übersetzung: *„Und zum Weibe sprach er: Ich will dir viel Schmerzen schaffen, wenn du schwanger wirst; du sollst mit Schmerzen Kinder gebären; und dein Verlangen soll nach deinem Manne sein, und er soll dein Herr sein."* Es geht also um das weibliche Begehren — und die Hilflosigkeit, die Frauen erleben, wenn sie aktiv um den Mann werben und oft schmerzlich erfahren müssen, daß sie vom Manne und seinem Verlangen abhängen. Wenige Männer schaffen es, einer Frau eine Absage zu erteilen, ohne sie — objektiv — zu kränken. Frauen umgekehrt schon — denn es gibt dazu seit Jahrhunderten genügend Vorbilder in Literatur und darstellenden Künsten. Durch den Hinweis auf eine derartige weibliche Verhaltenssstereotype können Männern für sich die Gefahr individueller Kränkung vermindern.

Was kränkt, macht krank. Demütigungen zum Beispiel: durch sie wird der, die andere klein gemacht. Gleiche Wirkungen haben Scham und Angst — sie führen zu einer Bewegung des Rückzugs, des Schultern-nach-vorn-Nehmens, der Verkleinerung der körperlichen Angriffsfläche, des Luftanhaltens, des Sich-tot-Stellens. Sie beeinträchtigen den Energiefluß, die Lebenskräfte, das Immunsystem.

Gesundheit ist nach der Definition der Weltgesundheitsorganisation

WHO nicht nur das Freisein von Krankheit und Behinderung, sondern „vollkommenes körperliches, seelisches und soziales Wohlergehen". Soziales Wohlergehen pflegen Politiker zumeist in Umweltbegriffen als ausreichende Verfügbarkeit von Licht, Luft und Raum — Wohnraum, aber auch Freizeitraum — zu definieren. Viel wesentlicher ist aber das Wohlergehen in den sozialen Beziehungen — und dazu zählen die Arbeitsbeziehungen, deren Gesundheitsschädlichkeit vielfach verleugnet wird, und die sexuellen, über die kaum gesprochen wird.

Zum Teil fehlt die Sprache dazu — die lateinischen Ausdrücke der Medizinersprache klingen vielen zu steril, die Bürokratensprache finden viele zu plump, die Kindersprache zu albern, die blumigen Sprachschöpfungen mancher Zeitungskolumnisten zu schwülstig und die Gossensprache zu ordinär. Zum anderen Teil wirken noch elterliche Verbote oder die Ermahnungen des Beichtvaters — „Hast du Unkeuschheit getrieben — ... durch Gedanken, Begierden, Worte und Werke?" — im Sinne von „Nur nicht daran denken, nur nicht davon reden!"

Und außerdem sind wir in unserer Sexualität am verletzlichsten, stellt sie doch den intimsten Kern unserer Persönlichkeit dar; so wie uns dort, wo unsere intimsten Körperteile Zugang zu unserem Innenleben bieten, Schleimhäute signalisieren, wie zart allfällige Berührungen sein sollten, signalisieren uns unsere Gefühle Behutsamkeit, wenn die analogen geistig-seelischen Innenbereiche angesprochen werden.

In unserer heutigen Leistungsgesellschaft sollen wir alle nicht nur tadellos funktionieren, sondern darüber hinaus erfolgreich sein. Nicht nur in der alles dominierenden Arbeits- und Konsumwelt, sondern auch im Privatbereich. Das beginnt schon in der Pubertät, wo anhand der Anzahl der „Dates" diagnostiziert wird, wie beliebt — und daher erfolgreich — ein Mädchen, ein Bursch in seiner peer group ist; im späteren Berufsleben haben Abende und Wochenenden in Begleitung attraktiver Partner und Partnerinnen verplant zu sein, dann ist ehebaldigst eine Familie zu gründen und aufrechtzuerhalten — „... und wenn sie nicht gestorben sind, so leben sie noch heute". Moderne Märchen, vorgegaukelt in Film und Werbefernsehen.

Viele Menschen leben aber keinerlei sexuelle Beziehungen. Die einen dürfen nicht, weil sie angeblich zu jung sind, die anderen trauen sich nicht, weil sie angeblich zu alt, zu krank, zu wenig schön, zu wenig reich, zu wenig erfolgreich sind. Und viele leben ihre sexuelle Beziehung nicht, weil sie beleidigt, gekränkt, zerstritten sind und das auch bleiben wollen.

„In unserem Zeitalter sexueller Aufklärung sind Sexualprobleme nach wie vor verbreitet. Solchen Problemen liegt eine tiefverwurzelte Angst zugrunde, die einem Menschen erst dann bewußt wird, wenn er die Verspannungen in der Taillengegend abbaut. Wann immer ein Mensch versucht, sich selbst zu beherrschen, schränkt er automatisch seine Körperbewegungen ein."

Henry G. TIETZE, „Entschlüsselte Organsprache"

Leben heißt Bewegung, Pulsieren: Einatmen, Ausatmen, Aufnehmen, Hergeben, Spannung, Entspannung, Wachen, Schlafen ... Annähern, Distanzieren ... Zusammenziehen, Ausweiten. Wer sich chronisch zurücknimmt, wählt den Weg des Totstellens.

Der Weg des Lebens ist der Weg des Ausdrückens: was gekränkt hat, muß wieder ausgedrückt werden — in einer Körperreaktion oder in einer bewußten Handlung. Zu ersteren zählen nicht nur impulsive Aktionen oder Fehlleistungen wie Versprechen, Verschreiben etc., sondern auch die Symptombildungen.

Zu letzteren zählen Selbstoffenbarungen mit kreativen Techniken wie Schreiben, Dichten, Malen, Singen, Tanzen etc. und — das Sprechen. Zum Beispiel in einer Psychotherapie.

In der Analytischen Psychologie C. G. JUNGS werden vielfach Mythen und Märchen als Hilfsmittel herangezogen, um Zugang zu tieferen Schichten der Seele zu gewinnen; Mythen und Märchen können als Psychologielehrbücher aus vorschriftlicher Zeit gedeutet werden, wo Wissen noch in rituellen Formen mündlich weitergegeben wurde. Und so finden wir dort auch viele Anleitungen, wie bestimmte archetypische Konfliktsituationen bewältigt werden können.

Die Symbolik des „Ausdrückens" findet sich etwa beispielhaft im Märchen vom „Schneewittchen": da präsentiert die neidische Stiefmutter dem Schneewittchen einen zwar verlockend-schönen, dafür aber vergifteten Apfel, ein klassisches Symbol für Leben, Lieben und Fruchtbarkeit. Schneewittchen bleibt der Giftbrocken dann auch prompt im Hals stecken — es kann ihn nicht schlucke, geschweige denn verdauen; alles Leben schwindet aus seinem Körper, es erstarrt. Erst im Kontakt mit dem Mann, der, von Schneewittchens Schönheit fasziniert, die Scheintote begehrt und besitzen will und beim Wegbringen des Sarges „Anstoß erregt" — stolpert — löst sich der Kotzbrocken, Schneewittchen spuckt (drückt) ihn aus und erwacht damit wieder zu Leben.

Durch die Geschlechtsbegegnung kann vieles wieder in Fluß kommen, was in Unlebendigkeit erstarrt war, denn was vielfach an Spontanimpulsen zurückgehalten wird, sind Handlungen, die aggressive oder sexuelle Energie freisetzen würden. Der Unmut, der auf Demütigungen folgt, bedeutet unterdrückte Aggression zwecks Wiederherstellung des verletzten Selbstwertgefühls; Scham hält Wachstumsimpulse zur Selbstdarstellung als sexuell attraktiver Mensch zurück, und Angst ist ein körpersprachliches Signal, das uns warnt, daß wir womöglich bald in einer — aggressiven und/oder sexuellen — Kampfsituation sein werden. Zurückgehalten wird die bioenergetische Aufladung — was heißt: Körper macht sich kampf- oder paarungsbereit.

Wir merken also, wie vieldeutig der Begriff „Sexualität" sein kann.

Im Sexualkundeunterricht in Schulen wird unter Sexualität vielfach nur Aufbau und Funktion der Geschlechtsorgane verstanden, eventuell noch der tatsächliche Gebrauch der Genitalien — aber nur zwecks Krankheitsverhütung und allem, was mit Fortpflanzung zu tun hat. Gefühle kommen selten vor und wenn, dann im Literaturunterricht. Beim Sprechen über Sexualität fehlt nämlich nicht nur der stubenreine Sprachschatz, sondern vor allem die Gelassenheit der Lehrkräfte, selbst keine unerwünschten Gefühle zu bekommen!

Aus psychoanalytischer Sicht wird Sexualität als Triebgeschehen verstanden, das das Unbewußte beherrscht — und sich infolge der aus diesem innerseelischen Konflikt zwischen Triebwünschen und Wohlerzogenheit notwendigerweise ergebenden Spannungen in Träumen, Fehlhandlungen (z. B.: Ehefrau nach mißglückter Hochzeitsnacht auf die Frage des Ehemannes, welches Kännchen Kaffee sie gewählt habe, „Das, das steht er net!" statt „Das, das näher steht!") oder Symptomen äußert. Zu dieser Sichtweise zählt auch das als „Dampfkesselmodell" verspottete Argument, wohlgemerkt männliche Sexualität wäre wie ein Druckkochtopf ohne Ventil, der explodierte, würde der Inhalt — sexuelle Energie — nicht regelmäßig — in Geschlechtshandlungen — entladen.

Sexualität wird aber auch als subjektives leib-seelisches Erleben definiert. Dieser Blickwinkel erfaßt schon eher den Menschen in seiner subjektiven Gesamtheit, vernachlässigt aber noch die Wirkung auf andere.

Sexualität hat nicht nur eine Innen-, sondern auch eine Außendimension, die wiederum auf das innerseelische Erleben rückwirkt.

Der Innsbrucker Sexualmediziner Kurt LOEWIT nennt Sexualität die intimste Form der Kommunikation und bezieht sich dabei auf die Mann-Frau-Kommunikation. Aus einem Blickwinkel der Wirkungszusammenhänge betrachtet, interagieren wir aber nicht nur mit dem Partner, der Partnerin unserer Wahl — auch wenn diese „Vernetzung" als einzig sozial erwünschte und alles andere als Deviation, Abweichung, definiert wird.

Ich selbst umschreibe Sexualität als „Umgang mit dem Anderen" und lasse offen, was jeweils als „das Andere" erlebt wird — ein anderer Mensch, das andere Geschlecht, ein anderer leib-seelischer Zustand, z. B. Verliebtheit, gegenüber dem Normalzustand, welcher auch immer dieser sein mag, ein anderes Verhalten als das übliche Alltagsauftreten — oder sonst irgend etwas anderes, das mit Libido, Triebenergie, besetzt wird.

Das Andere ist das, was wir im Augenblick zur Ergänzung brauchen. Daher zerbrechen ja auch so viele Partnerschaften, die auf emotionaler Ergänzung beruhen, wenn sich einer der beiden verändert und der andere nicht. Und deshalb wählen so viele Menschen immer wieder den gleichen Menschentyp mit den gleichen Verhaltensweisen — weil sie sich nicht weiterentwickeln. Ist hingegen die Basis wirtschaftliche Ergänzung wie noch im vorigen Jahrhundert oder soziale wie in der NS-Zeit oder berufliche, haben persönliche Veränderungen meist weniger Auswirkungen, da sie von dieser mehr oder weniger starren Struktur eingerahmt, auch eingeschränkt werden.

Aus dieser Sicht erklärt sich dann logisch, weshalb so viele Menschen ihre Sexualität, zur Liebe verklärt, einem Haustier widmen — sie wollen etwas zum Umsorgen oder zum Kuscheln, aber nicht den Energieaustausch mit einem anderen Menschen — oder einem Kraftfahrzeug — dann wollen sie eine Erweiterung ihres unterentwickelten Größenselbst oder einen Fetisch, mit dem sie nach Belieben schalten und walten können — oder einem Sammelobjekt — dann wollen sie besitzen, vielleicht auch protzen, aber sicher nicht das Wagnis einer ganzheitlichen Beziehung eingehen.

18

Eine ganzheitliche sexuelle Beziehung umfaßt nicht nur die Genitalien, sondern den ganzen Körper mit all seinen sieben Sinnen: Sehen, Hören, Riechen, Schmecken, Tasten, dem elektrischen — sechsten — Sinn, der auf Ausstrahlungen reagiert, und dem Gleichgewichtssinn, der spürt, wenn etwas nicht stimmig ist. Sie umfaßt Seele und Geist — die emotionale Resonanz und die spirituelle Einstellung oder besser: Sinngebung.

Die Fähigkeit und Bereitschaft zur ganzheitlichen sexuellen Beziehung ist heutzutage, scheint's, nicht mehr gewünscht: sicher nicht vom Arbeitgeber — der will stabile, belastbare Arbeitsmenschen, weder verliebt noch mit Liebeskummer, am besten ohne irgend welche Emotionen, die machen nur kränkbar und damit störungsanfällig, und am besten auch ohne Geist, damit nicht womöglich der Sinn und die Folgen der Arbeitsaufträge und Ziele hinterfragt werden.

Sicher auch nicht von den Vertretern der Sexindustrie — sie brauchen unbefriedigte, daher ewig hungrige Konsumenten, die nicht nachdenken oder nachfühlen, für ihre Peep-Shows, Pornovideos und den Absatz anderer einschlägiger Produkte und Dienstleistungen. Auch die Zeitgeistmagazine brauchen genau dieselben Konsumenten — solche, die auf Sexschlagzeilen hin schon neu- und kaufgierig werden.

Polar dazu werden Schnulzen produziert — für die Menschen ohne Unterleib, dafür mit ewig leerem Seelenloch. Und das soll auch leer bleiben! Damit noch viele Dreigroschenromane verkauft werden. Und Computerspiele für alle, die Körper und Seele vergessen wollen.

Dementsprechend unvollkommen und unvollständig sind die sexuellen Erfahrungen der meisten Menschen und dementsprechend leben sie ihre sexuelle Aktivität als Zeitvertreib oder als eheliche oder außereheliche Pflicht, vielleicht auch als Machtspiel, um sich über andere zu erhöhen oder um andere zu beherrschen. Sie erleben ihre sexuellen Phantasien oder betrachten die Schaubilder, in denen andere ihre sexuellen Phantasien dargelegt haben, sie machen das nach, was sie sich an diesen Vorbildern abgeschaut haben, und wenn wirklich einmal echte Gefühle mit im Spiel sind und nicht nur kleinkindhafte oder narzißtische Bedürfnisse, versuchen sie ihre Hilflosigkeit durch Imponiergehabe zu kompensieren.

Dabei wäre gerade das Annehmen dieser Hilflosigkeitsgefühle der Weg zur Ganzheit: sich selber körperlich zu spüren und gleichzeitig seelisch die Sehnsucht, daß das geschehen möge, was im geistigen Bild erahnt wird, und gedanklich zu akzeptieren, daß die Gegenwart noch nicht die Zukunft ist, und offen zu bleiben für das Leben, was immer es auch individuell bringen möge.

„... ‚rein körperliche‘ Krankheiten gibt es nicht — so daß eine Etikettierung mit dem Stempel ‚psychosomatisch‘ oder ‚rein organisch‘ oder ‚rein psychiatrisch‘ eine künstliche Trennung wäre. Eine solche Trennung käme zwar unserem Bedürfnis nach Einordnung entgegen, aber sie wäre nicht der Sache entsprechend. Die psychosomatische Medizin ist keine Fachdisziplin, die mit der Chirurgie etwa, der Inneren Medizin oder anderen Richtungen vergleichbar wäre. Sie spielt in allen medizinischen Bereichen eine Rolle, sie kann die Hintergründe verschiedenster Krankheiten verstehbarer und Behandlungen damit effektiver machen.“

Ingrid OLBRICHT, „Alles psychisch?“

Leben ist Bewegung. Energiefluß. Kreislauf. Stoffwechsel. Jede Krankheit ist eine leibs-eelische Reaktion auf ein Ungleichgewicht, eine Rhythmusstörung in diesen Austauschbewegungen. Manche bezeichnen sie auch als Selbstheilungsversuche des Körpers — als einen Versuch, das gewünschte Gleichgewicht wiederherzustellen. Erinnern wir uns an die Gesundheitssicht der Weltgesundheitsorganisation: physisches, psychisches und soziales Wohlbefinden. Daß wir psychisches Leiden auch verkörpern und daß körperliches Leiden auch mit unseren psychosozialen Einstellungen und Verhaltensweisen zusammenhängt, ist fast schon Allgemeinwissen, und daß Psychotherapie oft gerade dann die hilfreiche Wende bringt, wenn die Schulmedizin versagt, auch (was allerdings noch nicht heißt, daß dann die, die Psychotherapie am nötigsten hätten — Alkoholkranke etwa —, auch den Weg in die psychotherapeutische Praxis finden!).

Daß Worte — Flüche — zutiefst schädigen können, wissen wir nicht nur aus eigenem Erleben; wir erfahren es auch aus der Weisheit der Märchen. Und daß Worte heilen können — „Sprich nur ein Wort, und meine Seele wird gesund!“ —, haben die großen Heiler der Geschichte ebenso bewiesen wie es auch heute Liebende sich immer und immer wieder beweisen können.

Ebenso verhält es sich mit Beziehungen: es gibt „giftige", die krank machen, und es gibt „therapeutische", die gut tun. Das „Sakrament der Ehe" — der bewußte leib-seelisch-geistige Energieaustausch zwischen Liebenden — ist die heilsame Intimbeziehung schlechthin. Voraussetzung ist echte Intimität, und die entsteht erst, nachdem sich der flüchtige Kontakt zur Beziehung vertieft hat und Leib an Leib, Seele an Seele, Geist an Geist rührt. Dann erst ist die Zeit reif für die Vereinigung.

Heute wird gehetzt — im Beruf wie im Privatleben. Auf Kontakt folgt oft schon die geschlechtliche Vereinigung — und beide sind noch „zu", verschlossen.

Geschwindigkeit birgt immer die Gefahren von Gewalt — gegen sich, gegen andere. Unfallgefahr.

„Aber wie sehen unsere Passionsspiele aus, mit denen wir die Liebe und uns selbst zu Patienten machen? Gibt es in unseren Beziehungen Neuanfänge oder sammeln sich auch bei uns Konflikte, Kränkungen, Spannungen und Drohungen an, bis eine Grenze erreicht ist und es zum Bruch kommen muß — oder zur Explosion? Welche anderen, alltäglicheren Wege gibt es noch? Der Weg in die psychosomatische Störung und in die Krankheit scheint der von allen unauffälligste zu sein..."

Annelie KEIL, „Gezeiten"

Ganzheitlich gelebte Sexualität — eine Beziehung der Öffnung und Offenheit, die den anderen liebend aufnimmt und sich im anderen verströmt — könnte heilend wirken. Hemmung, Angst, Wut und Haß bedeuten Verengung, Zumachen und Zurückhalten und sind genauso zerstörerisch wie plötzliches Losbrechen.

Die Befreiung findet im sanften Fließen statt.

Sex im Märchen — märchenhafter Sex

Zuerst einige Anmerkungen zum Titel: In der Sexualberatungsstelle, in der ich bis 1994 gearbeitet habe, kam es immer wieder vor, daß Klienten auf die Aufforderung, etwas über ihre Paarbeziehung zu berichten, mit Aussagen wie „Es war wie im Märchen", „märchenhaft" etc. antworteten. Bei intensiverer Nachfrage stellte sich dann häufig heraus, daß es da eine Illusion gab von „Und sie lebten glücklich bis an ihr Ende" — und daß es real eigentlich gar nichts gab, von dem man hätte sagen können, es wäre märchenhaft.

Von Kollegen wiederum kann man häufig hören: „Im Märchen wimmelt es ja nur so von sexuellen Motiven!"

Was liegt also näher, als das zu überprüfen? Immerhin werden wir ja mit Märchen erzogen! Und Märchen werden von Kindern oft wie ein Auftrag fürs spätere Leben aufgefaßt; auch bevorzugen wir Märchen nach der Bedeutung, die sie für unser Erleben haben.

So bin ich mir durchaus klar, welche Prägung es für meine Entwicklung darstellte, daß meine Mutter mir stereotyp drei Märchen erzählte: das vom „häßlichen kleinen Entlein" (das erst nach vielen Irrwegen zu seiner wahren Identität als Schwan findet), das vom „Bäumchen, das goldene Blätter haben wollte" (und sich zuletzt doch nur nach seinen ursprünglichen sehnt), und das vom „gläsernen Berg" (auf den der Held nur mit Hilfe des Zauberpferdes hinauf- und somit zu seiner in diese Gestalt gebannten Prinzessin kommt).

Mein jüngerer Sohn wiederum hat mir, als ich ihn einstmals nach seinem Lieblingsmärchen fragte, geantwortet: „Das von Goldmarie und Pechmarie!", und wer Geschwisterkonflikte aus eigener Erfahrung kennt, wird den Hintergrund dieser Wahl wohl gut verstehen — welche Identifikation dahintersteht und auch, welcher Wunsch.

Darum geht es mir: um die Arbeit mit dem Unbewußten, weil dieses eine Quelle der Kreativität ist, sozusagen der Helfer in verzweifelten Situationen — ein Motiv, das auch in Märchen oft vorkommt und zwar meist in Gestalt von Tieren, also Lebewesen, die die freie Natur bevölkern.

Märchen sprechen die rechte Gehirnhälfte an, also unser analoges Denken, über das der Zugang zum Unbewußten leichter gelingt als über die Funktionen der linken Gehirnhälfte mit ihren digitalen Fähigkeiten. Beide — die rechte Gehirnhemisphäre wie das Unbewußte — sprechen in Bildern, in Symbolen. Das merken wir am ehesten an unseren Träumen.

Deshalb begrüßte ich auch dieses erste „Wiener Sommersymposium", in dessen Rahmen ich diese Gedanken veröffentlichte, als eine Gelegenheit, sich Bereichen der Wissenschaft, der Forschung, der Kunst — die Grenzen sind ja oft fließend — einmal von der rechten Gehirnhälfte her zu nähern, und nicht, wie im Hochschulbetrieb traditionell üblich, von der linken, kognitiven Seite her.

Gerade deshalb hätte ich mir auch gewünscht, daß das Wissenschaftsministerium diese alternative Form des Zugangs als Pionierleistung gefördert hätte! Ein Mangel.

Auch im Märchen haben wir einen „Mangel" als Ausgangssituation. Etwas fehlt — dem Königssohn die Frau, dem Köhler das Geld, für ein Problem die Lösung —, und am Schluß wird dann das Fehlende gefunden, dann gibt es Ganzheit: die Schreckensgestalten besiegt, Mann und Frau zusammen!

Wir finden im Märchen immer wieder die Frage: Wie finde ich meine Ganzheit, meine Ergänzung. Wie begegne ich dem Anderen — das kann sein das Tierhafte (etwa in Märchen von Tierbräutigamen, seltener in Tiere verwandelte Mädchen), oder das Geheime (etwa die verborgenen Räume, wo keine(r) hineindarf), etwas, das gefährlich ist, das Unheimliche, das abgesondert ist, z. B. die Hexe, der Zauberer, also das dämonisch Weibliche, das dämonisch Männliche, die Riesin, der Menschenfresser, alles Darstellungen dessen, womit wir uns beschäftigen sollten.

Ähnlichen Aufforderungscharakter haben die Arten der Begegnungen: Fluchtverhalten, Suchfahrten, Irrwege, Kämpfe, Rätsel ... Sie zeigen verschiedene Lösungsmöglichkeiten, unterschiedliche Verhaltensweisen.

Oft begegnen wir dem Weiblichen, dem Männlichen zu Beginn in seiner „bösen" Form: Da wird das Kind von einer bösen Mutter/Stiefmutter verfolgt, oder der Vater trifft im Wald (einem klassischen Symbol für das Unbewußte) den „grünen Mann" oder ein Monster und verkauft sein Kind bzw. das, was ihm zu Hause als erstes begegnet oder hinter dem Haus steht ... Überlegen wir einmal, was solch eine Märchenbotschaft für ein Kind bedeutet, das in einer Scheidungsehe aufwächst! Was wird da geprägt, welche Einstellung zum Weiblichen, zum Männlichen wird da hervorgerufen? Vielleicht wird ein bereits vorhandenes Muster im Unbewußten aktiviert, vielleicht schlichte Abwehr („Ich will mich damit nicht auseinandersetzen!", habe vielleicht bereits einen blinden Fleck) hervorgerufen, vielleicht irgend welche Empfindungen oder Phantasien von Größe oder Unterlegenheit.

Wir finden hier unterschiedliche Ausgangspositionen für Identifikationen mit dem eigenen — oder dem gegenteiligen — Geschlecht.

Viele Märchen deuten Zeitabläufe an: „So ging es gut drei Jahre lang" oder „nach sieben Jahren" oder „als das Kind zwölf Jahre alt war" — also ein Hinentwickeln auf eine Altersgrenze zu, die meist in etwa der Pubertät entspricht, also dem Erwerb der Geschlechtsreife und damit auch der Fixierung der Geschlechtsidentität.

Das Happy-End bringt dann entweder Heirat, sprich Integration der Ergänzung, oder der Held wird König und regiert (im „eigenen Königreich" — sich selbst), sprich: das Auftreten der nunmehr herrschenden Norm, vielleicht auch Anpassung an das, was allgemein gültig ist (oder als solches akzeptiert wird), wird angedeutet.

Jetzt mag wohl die Frage auftauchen: „Und wo bleibt der Sex?"

„Wer Symbole bereden will, sagt erklärend mehr (über) die eigene Grenze und Befangenheit aus ..."

Heinrich ZIMMER, „Weisheit Indiens",
zitiert nach Marie-Louise VON FRANZ,
„Der Schatten und dasBöse im Märchen"

Jetzt könnten wir die bekanntesten Märchensymbole durchphantasieren wie Dornröschens Spindel, an der sie sich just „in ihrem fünfzehnten Jahr" sticht, oder Rotkäppchens Wolf — beide stellen zwei klassische Motive sexueller Gewalt dar. Ich möchte das nicht tun. Wer Hintergründe ausleuchten will, um verborgenes Sexuelles zu finden, findet in dem Buch „Tabu im Märchen" der Theologin und analytischen Psychologin Ingrid RIEDEL hinreichende Anregungen.

Tabus kommen in Märchen häufig vor, nämlich dort, wo man etwas nicht angreifen darf (wobei sich Gedanken an Masturbationsverbote aufdrängen können), wo man bestimmte Zimmer nicht betreten darf

(Achtung, Schlafzimmergeheimnisse!), wo man sich bestimmten Dingen oder Gegenden nicht nähern darf (Aufklärungsliteratur, Rotlichtviertel!), wo man bestimmte Geheimnisse nicht an-, oder aussprechen darf (Sünden werden begangen „... durch Gedanken, Begierden, Worte und Werke").

Erinnern wir uns zum Beispiel an das Märchen von „Jorinde und Joringel", in dem man sich dem Schloß der bösen Zauberin — wiederum das Weibliche in seiner dämonischen Form — auf hundert Schritte nicht nähern darf, weil sonst keusche Jungfrauen in „Vögel" verwandelt werden, Männer hingegen werden starr, „steif", können sich nicht mehr bewegen, bis sie die Hexe vielleicht einmal losspricht. Klingt das nicht recht nach der Gegend der „roten Laternen"? Siebentausend Vögelchen, so erfahren wir, hat die Hexe bereits in ihrer Gewalt.

Jorinde und Joringel gehen also verträumt spazieren, zu nahe an die Gefahr (daß er steif und sie zum Vögelchen wird) heran, werden auf einmal sehr traurig und — hast du's nicht gesehen — ist der Joringel wie versteinert (depressiv?) und Jorinde eine Nachtigall, und die Hexe trägt sie triumphierend im Körbchen fort. Joringel steht also da und weiß nichts zu tun (ist antriebsschwach?), Jorinde aber kann nur noch zwitschern — Menschen verstehen sie nicht mehr (können oder wollen sie nicht mehr hören).

Wenn wir das nicht als Warnung vor „Unkeuschheit" deuten wollen, könnten wir alternativ interpretieren: Ein junges Paar wird mit dem Dämonisch-Weiblichen konfrontiert: „Die Leidenschaft trägt die junge Frau — die ,keusche Jungfrau' — fort, und der Mann ist wie versteinert, er versteht sie nicht mehr."

Was tut also Joringel? Nachdem die Frauen verschwunden sind, er sich wieder „rühren" kann, bekämpft er einmal seine Depression. Wie? Er wird Hirte — er verläßt die Zivilisation, kehrt zurück zur Natur (seiner?), kümmert sich um Tiere — wir könnten auch interpretieren: um seine Tiernatur, „seine Wildheit".

Eines Tages träumt er dann, wie er Jorinde erlösen kann: durch eine purpurrote Blume, in deren Mitte eine Perle schimmert!

Beachten Sie dieses starke Symbol männlicher Genitalität!

Und jetzt macht er sich auf, diese Blume zu suchen, und als er sie findet, hat sie gar keine „Perle" inmitten, sondern „nur" einen „Tautropfen" —

also etwas, das im Traum ganz großartig aussah, entpuppt sich in der Realität als etwas ganz Triviales!

Mit dieser Blume kann er jetzt den Bann brechen — der erigierte Penis hält ja in vielen Kulturen als Abwehrzauberstab her! —, sogar die Hexe kann nur noch auf zwei Schritte an ihn heran. Logisch! Oder anders gedeutet: Joringel hat in der Zwischenzeit gelernt, adäquate Distanz zu halten zum Dämonisch-Weiblichen, es lähmt ihn nicht mehr, er kann sein Mädchen — und alle anderen dazu — durch seine „Blume" erlösen.

Wenn wir Märchen entschlüsseln wollen, haben wir unterschiedliche Zugangsmöglichkeiten. Ich lade Sie ein, in Ihrer Erinnerung zu kramen: Was war Ihr Lieblingsmärchen, was hat es mit Ihrem Leben zu tun, was hat Sie besonders fasziniert — und dann lassen Sie die Bilder kommen, Intuitionen, Gefühle, Körperempfindungen, Gedanken ... und trainieren so einerseits Ihre Kreativität und geben andererseits Ihrem Unbewußten Raum zur Entfaltung, zum Loslassen. Beides sind Wege zur Ganzheit.

Je nachdem, aus welcher psychosexuellen Entwicklungsphase Ihre Persönlichkeit bestimmend geprägt ist, werden Sie bestimmte Motive in ihren Lieblingsmärchen wiederfinden.

Wenn wir uns diese Reifungsphasen kurz in Erinnerung rufen, so läuft zu allererst alle Wahrnehmung, Empfindung über die Haut, und manche Wissenschafter sprechen deshalb auch von einer „cutanen" — Haut — Phase. Ich meine, von einer „Phase" zu sprechen, dehnt diesen Zeitraum übermäßig.

Zu bald tritt der Säugling in die „orale" — Mund — Phase, in der das Kind einsaugen, schlucken, auch hinunterschlucken lernt, wo es ums Einverleiben geht: verschlingen oder verschlungen werden. Hier her gehören Motive wie Menschenfresser, Hänsel und Gretel, das Knusperhäuschen — orale Alb- und Wunschträume.

In der Paarberatung sagen dann Klienten: „Diese Hexe sperrt mich dauernd ein ..." oder „Ich habe das Gefühl, er frißt mich auf!" oder „Dauernd schoppt sie uns!"

Auf die orale folgt die „anale" — After — Phase, in der das Kind lernt, seine Muskulatur zu beherrschen, auch die Schließmuskulatur. Da geht es um Ausscheidung, Hergeben — wir erleben das bei unseren Kindern so um den zweiten Geburtstag herum und nennen das dann Sauberkeitserziehung — und um Geiz, Trotz, Aggression. In den Märchen finden wir die Geizhälse, die hortenden Räuber, den Ali Baba und Goldeier legende Hühner.

Die nächste Phase wird als „phallische" bezeichnet, und in ihr geht es um das Herzeigen, die Entdeckung der Geschlechtsunterschiede und die Liebe, das Bekenntnis zum eigenen Körper. Wer Pech hat, dem wird Leibfeindlichkeit eingeimpft — und damit die totale Abwehr: Pfui! Tabu! Hierher gehören Zauberstäbe und Tarnkappen, Aladdins Wunderlampe und die Flaschengeister, die nur so wachsen, wenn man den Verschluß der Verpackung löst!

Als nächste Phase hat das Kind dann die „ödipale" zu bewältigen, mit ihren Besitzwünschen an den gegengeschlechtlichen und ihrer Konkurrenz zum gleichgeschlechtlichen Elternteil — die Bewährungsprobe für jede Ehe: gelingt es, als Paar zu bestehen, oder gibt es eine (mehr oder weniger inzestuöse) Koalition zwischen einem Elternteil und einem Kind; für die Eltern stellt sich die Konfrontation mit der heranwachsenden Konkurrenz — siehe „Schneewittchen": „Spieglein, Spieglein an der Wand, wer ist die Schönste im ganzen Land?", oder siehe „Der gestiefelte Kater": die Machtprobe mit dem mächtigen Zauberervater, wie kriegt man den klein und kann Sieger sein ...

Die Zeit nach der ödipalen Phase — egal, wie diese ausgegangen ist — wird als „Latenz" bezeichnet: Jetzt kommen die Kinder in die Schule und sind vollauf mit Lesen- und Schreibenlernen beschäftigt, dann mit Cliquenbildung und dann kommt schon die Vorpubertät und die Adoleszenz. Es folgt, wenn alles gut geht, die „reife Genitalität" mit adäquater Partnerwahl und die Gelehrten streiten, was als die Norm gelten soll und was als Abweichung.

Überprüfen Sie Märchen einmal anhand dieser Phaseneinteilung — beim Märchen vom „Tischlein deck dich" haben Sie gleich alle drei: die orale Phase — das Tischlein, die anale — der Goldesel, die phallische — der tanzende „Knüppel" aus dem „Sack"!

Märchen kann man aber auch auf einer Beziehungsebene interpretieren. So zitieren Klienten oft das Rumpelstilzchen; ich erinnere mich etwa an einen Mann, der klagte: „Alles habe ich für meine Frau getan" — sozusagen: hätte ich nicht Gold gesponnen, wäre sie nicht Königin geworden —, „ich habe mich aufgeopfert, und jetzt kann ich gehen, sie läßt mir nicht einmal das Kind, ich fühle mich wie Rumpelstilzchen!"

Oder eine Frau: „Ich mag nicht mehr sein Rumpelstilzchen spielen, pausenlos kann ich aus Stroh Gold spinnen, damit er seine Karriere machen kann!"

Ein anderes Beispiel von Beziehungsdynamik: Eine Klientin, die à la Erica JONG davon träumte, daß irgendwo und irgendwann der Schlafwagenschaffner oder ein Tankwart bei der Tür hereinkäme und über sie herfiele — im Fassadenleben schien sie sittsam und angepaßt —, fand sich im „König Drosselbart" wieder, kein Mann war ihr recht, wie der Prinzessin im Märchen, die der Vater zuletzt zwingt, mit einem Bettler mitzugehen.

Ein sehr vielsagendes Bild dieses Märchens ist übrigens die Szene, wo die Prinzessin als Bettlersgattin Tontöpfe auf dem Markt verkaufen solle, und ein Reiter (ihr verkleideter Ehemann, der König, den sie seiner Barttracht wegen als Drosselbart verspottet hat) zertrampelt sie zu Scherben: das Motiv, Töpfe — Symbole für das weibliche Geschlechtsorgan — auf dem Markt verkaufen — zu einem niedrigen Wert hergeben — und ein brutaler „Reiter" demütigt sie, könnten wir so deuten: Dort, wo die Prinzessin selbst „handeln" könnte, kommt sie nicht zurecht, sondern wird gezwungen, ihren Stolz aufzugeben und Schmach zu erdulden, und erst im Augenblick der größten Scham — als sie als Kochgehilfin beim Einsammeln dessen, was andere (an der Hoftafel im Schlosse des Königs Drosselbart) übriggelassen haben, ertappt wird — wird sie aus ihrem hoffärtigen Teufelskreis erlöst.

Oder blicken wir auf Schneewittchen: da finden wir die Flucht der jungen Frau vor der Rivalität der älteren zu den Zwergen — kleinen Männern, nicht großen, die zu der jungen Schönheit passen würden. Schneewittchens Unheil wird ihre Verführbarkeit — trotz aller Warnungen der besorgten Zwerge. Denn auch Schneewittchen ist eitel, nicht nur die böse Stiefmutter — und diese Eitelkeit macht Schneewittchen verführbar: zuerst durch ein Schnürmieder — da bleibt ihr die Luft weg, sie wird eingeengt — und das bedeutet auch Assoziationen an „Gefühlskorsett", sich nicht rühren können oder dürfen, an Wespentaille als Zeichen des Nichtschwangerseins; dann durch einen vergifteten Kamm — der betont die erotische Anziehungskraft der Haare, denn Locken heißen nicht umsonst Locken. Spätestens seit Simson und Delila wissen wir, daß sich Manneskraft in den Haaren befindet — oder?

und verstehen besser, wieso sich so viele Leute „erregen", wenn Männer lange Haare tragen — das Zeichen des freien Mannes, denn Sklaven und Kriminellen wurden die Haare geschoren, Mönche verzichteten aus Demut auf sie.

Der Untergang ist Schneewittchen dann sicher, als sie mit der verkleideten Stiefmutter den präparierten Apfel teilt: Die Stiefmutter nimmt die weiße, unschuldige, sozusagen die fade Hälfte, Schneewittchen die rote, der Leidenschaft zuzuordnende, vergiftete Hälfte — und erstickt. Der Brocken war doch zu groß. Scheintot landet Schneewittchen quasi als Denkmal — „Denk mal!" — im gläsernen Sarg.

Der Apfel als sexuelles Symbol — wie bei der Schlange im Paradies — findet sich häufig in alten Darstellungen. Ebenso Glas als Symbol der Unerreichbarkeit und Gefühlskälte. Den magischen Schlaf der vergifteten Jungfrau könnte man — ähnlich wie bei Dornröschen — als eine Form von Frigidität deuten: beide wurden zu früh mit sexuellem Erleben konfrontiert, und zwar „giftigen" sexuellen Informationen durch ältere, alte Frauen, so wie ja auch im realen Leben vielfach Mütter und Großmütter nachkommende Generationen durch Horrorgeschichten aus Schlafgemach und Wochenbett bewußt oder unbewußt von einem erfüllten Sexualleben abhielten.

Erst das Männliche — äußerlich wahrgenommen: der Prinz, innerlich wahrgenommen: die eigene Aktivität — kann vom Fluch erlösen. Leider führt diese Märchensymbolik noch immer dazu, daß naive Frauen jahrelang auf einen Prinzen warten, anstatt ihre eigenen männlichen Anteile zu entwickeln.

Dieses Fehlverhalten kritisiert auch der Spruch „Wie viele Frösche muß ich noch küssen, bis endlich ein Prinz darunter ist?" Daher die Frage: Wieso zeigt sich das Männliche im Märchen — wirklich nur im Märchen? — so oft in Tiergestalt?

Sie kennen sicher „Die Schöne und das Tier", den Film von Jean COCTEAU, oder die Zeichentrickfassung von Walt DISNEY, in der Märchensammlung der Brüder GRIMM heißt die Parallelform „Das singende springende Löweneckerchen", worin der Kaufmann, um seiner Tochter — bei COCTEAU heißt sie Bella — das gewünschte Mitbringsel verschaffen zu können, die Tochter dem furchterregenden Löwen versprechen muß. Also schon zu Beginn eine bedrohliche Kampfsituation —

sprich Konkurrenz — zwischen Vater und künftigem Freier.

Bekannt? Wie oft wird der erste junge Mann im Leben eines jungen Mädchens als reißender Löwe an die Wand gemalt? Man kann natürlich auch lakonisch feststellen, daß der Vater nur an die Rettung seiner Haut denkt. Vielleicht ist er aber auch „nur" Kaufmann und kalkuliert die Schätze des Löwen?

Jedenfalls schreckt die Tiergestalt Bella nicht; in der GRIMM' schen Fassung darf kein Lichtstrahl auf den Löwen fallen — das alte Amor-und Psyche-Motiv! —, und als es dann doch passiert und sie kurz sieht, welch schöner Jüngling die Bestie bei Nacht ist, verwandelt sich der Pseudolöwe flugs in einen Vogel, und weg ist er: Loslösung vom Erdhaften, auf ins Reich der Gedanken. Die Heldin muß ihm dann nachfolgen, ihn suchen, es kommt noch zu einem zähen Kampf mit einer anderen Frau, bis sie den Gatten wieder in die Arme schließen darf.

Wesentlich bei diesem Märchenmotiv ist, daß der andere in seiner Tierhaftigkeit angenommen werden muß, um ihn zu erlösen, als Löwe, als Frosch oder als Fisch, wenn wir an die Nixen denken, die Damen mit dem kaltblütigen Unterleib.

In „Brüderchen und Schwesterchen" gibt es sogar die Wahl zwischen verschiedenen Ausprägungen von Animalität: Bei der ersten Quelle, aus der Brüderchen trinken will, würde er in einen reißenden Tiger verwandelt, bei der zweiten in einen verschlingenden Wolf und bei der dritten in ein flüchtendes Reh. Wie so viele Frauen nimmt Schwesterchen die dritte Möglichkeit in Kauf, in der altbekannten Hoffnung, „irgendwann wird er schon seßhaft werden!"

Wir merken also deutlich, wieviel archetypische Paardynamik in Märchen angedeutet wird. Märchen sind ja auch Psychologielehrbücher aus der Zeit, wo noch kaum jemand schreiben konnte und daher alles in kontinuierlich wiederholten Erzählungen überliefert wurde.

Zum Abschluß ein positives Bild, das Mut machen kann, einen anderen als den althergebrachten Zugang zur Sexualität zu wählen als zu warten, von einem Prinzen wachgeküßt zu werden: Rapunzel, von der Ziehmutter in einsamer Höhe eingesperrt, findet die Befreiung durch den eigenen Körper — sie wächst dem „erdverbundenen" Mann entgegen! Sie entscheidet selbst und holt ihn sich (aus der Tiefe ins Bewußtsein?) — eigentlich recht feministisch!

Was in diesem Märchenmotiv vermittelt wird, ist Vertrauen zum eigenen Körper und ein aktiver Zugang zu Männlichem.

Aus pädagogischer Sicht wünsche ich mir mehr Märchen von dieser Sorte.

Von Simson, Rapunzel und Bärenhäutern

„Der Gegenpol der Macht zeigt sich im Haarverlust."
Rüdiger DAHLKE, „Krankheit als Spiegel der Seele"

Um das Haar des Menschen rankten sich seit jeher allerlei Mythen: die einen mußten es verdecken, weil sein Sonnenglanz blenden konnte (der Held im Märchen vom Eisenhans), andere durften es weder kämmen noch schneiden (der Held im Märchen vom Bärenhäuter) und wiederum andere täuschten unter Verwendung von Tierhaaren vor, etwas Besonderes zu sein. Sie fertigten sich kunstvolle Helme aus und mit beispielsweise Pferdehaar. Je nachdem, welches Tier eine begehrte Eigenschaft symbolisierte — etwa Schnelligkeit, Schlauheit, Stärke —, dachte man diese durch das Tragen seiner Haut, Haare, Zähne, aber auch Pfoten oder Klauen zu erlangen.

Haare gelten als Sitz der Kraft.

Erinnern wir uns: Im alttestamentarischen Buch der Richter wird erzählt, wie die von den Philistern bestochene Delila versucht, dem unbezwingbaren Simson das Geheimnis zu entlocken, wie denn seine Bärenstärke zu bezwingen wäre; zuerst „gesteht" er, man müßte ihn nur mit „sieben Seilen von frischem Bast" binden. Doch als die Philister ihn zu überwältigen versuchen, stellt sich heraus, daß das nicht die Wahrheit sein kann. Auf ihr neuerliches Drängen gibt er an, man müsse ihn mit „neuen Stricken", mit denen noch nie gearbeitet worden wäre, fesseln. Auch diesmal kann er nicht niedergerungen werden. Und zum dritten Male antwortet er: „Wenn du die sieben Locken meines Hauptes zusammenflöchtest mit einem Gewebe und heftest sie mit dem Nagel ein" und kommt damit der Wahrheit schon ziemlich nahe, aber dennoch nicht in den Zustand der Schwäche; Delila gibt aber keine Ruhe und umschmeichelt ihn so lange, bis er schließlich seiner Geliebten zugibt: „Es ist nie ein Schermesser an mein Haupt gekommen; denn ich bin ein Geweihter Gottes von Mutterleibe an. Wenn man mich schöre, so wiche meine Kraft von mir, daß ich schwach würde und wie alle anderen Menschen", und sich damit den Verrätern ausliefert.

Möglicherweise wurzelt in ähnlichen Überlegungen auch der alte Brauch, Kindern bis zum vierten Lebensjahr nicht die Haare zu schneiden. Und vielleicht weinen kleine Kinder auch deswegen, wenn man sie schert (oder ihnen die Nägel schneidet), weil sie spüren, daß ihnen jetzt Kraft genommen wird.

Noch um die Jahrhundertwende war es üblich, daß kleine Buben mit Lockenköpfchen wie Mädchen umherliefen. Insofern entbehrte es nicht einer gewissen Pikanterie, daß es eben die Angehörigen dieser k. und k. Generation waren, die sich in den siebziger Jahren des zwanzigsten Jahrhunderts empörten, als im Gefolge des Musicals „Hair" die männlichen Blumenkinder der Hippie-Generation auf einmal wieder Wallemähnen zu tragen begannen: „Laßt es leben! — Gott hat's mir gegeben — mein Haar ..."

Wenn in Märchen Tiere als Helfer auftreten, geben sie dem Helden, der Heldin meistens ein Haar aus ihrem Fell (Vögel natürlich eine Feder und Fische eine Schuppe). Dieser Talisman darf nur in Augenblicken der höchsten Not gerieben werden. Dann aber erscheint sofort das Helfertier und löst auf seine „elementare" Weise das aufgetauchte Problem.

Haare wurden also als „Medium" für Glückszauber verwendet. So pflegten noch die Mütter oder Bräute unserer Urgroßelterngeneration ihren geliebten Söhnen oder Verlobten, wenn sie als Soldaten einberufen wurden, ein Amulett mit einer eigenen Haarlocke als Talisman mit ins Feld zu geben: sie sollte behüten und das Glück der heilen Wiederkehr bringen.

Somit wird Haar in seiner Schutzfunktion präsentiert. Wenn es jedoch in die falschen Hände gerät, kann es — ebenso wie abgeschnittene Finger- oder Fußnägel oder ein längere Zeit am Körper getragenes Textil — als Mittel für einen Schadzauber verwendet werden: derartige „Ingredienzien" tauchen dann in Quacksalberpasten, Hexenrezepturen oder Beschwörungsritualen auf. Es steht „pars pro toto" — der Teil für das Ganze: das Haar für den ganzen Menschen.

Diese „Stellvertreterfunktion" finden wir auch in vielen haarspezifischen psychosomatischen Reaktionen — und oft können wir sie aus unserem Alltagssprachgebrauch heraushören: wenn sich uns „alle Haare sträuben", weil wir uns gegen etwas wehren wollen oder wenn uns „ein Haar gekrümmt" wird, was nur zu oft bedeutet, daß auf uns Druck ausgeübt wird und die Gefahr besteht, daß wir uns zusammenkrümmen. Und der Ausspruch „Da treibt es einem ja die Haare zu Berge" meint nur zu oft, daß wir selber am liebsten den Berg hinauf flüchten würden.

In unserer Umgangssprache kündigen wir auch an, uns über so manche Mißlichkeit „keine grauen Haare wachsen" zu lassen, und wenn sich kein ernsthafter Anlaß für einen Streit finden läßt, üben sich notorische Streithanseln in „Haarspaltereien".

Probleme mit den Haaren weisen meist in die Richtung, daß irgend eine Attacke auf das Selbstwertgefühl verarbeitet werden muß: Haare wurden ja nicht nur als Zeichen von Stärke — und damit der Möglichkeit, sich und andere zu schützen — verstanden, sondern auch als Erkennungsmal für Würde und Weisheit, als Signal des Charakters. Und Haare symbolisierten auch Freiheit und Ehre.

Wieviele dunkelhaarige Frauen leiden unter der Suggestion „Gentlemen prefer blondes" — oder dem Vorurteil, sie wären nicht sanft und sensibel! Dann experimentieren sie oft jahrzehntelang mit ihrer Haarfarbe — und schädigen sich und ihren äußeren Kopfputz durch zuviel Chemie. Innerer Kopfputz wäre da dringender angesagt: nämlich die „Kopfbewohner" zu delogieren, die mit ihren verunsichernden Nörgeleien ständig die Ohren vollsummen.

Rothaarige hingegen galten noch vor nicht allzu langer Zeit als Kinder des Bösen, Frauen (faszinierend) als Hexen, Männer (abstoßend) als Gauner. Den Leidensweg des „Titus Feuerkopf" schildert Johann Nestroy anschaulich in seinem Theaterstück „Der Talisman". In diesem Fall ist Talisman eine Perücke.

Heute hat sich das gottlob geändert. Ganz im Gegenteil: Viele Frauen, die gerne geheimnisvoller wirken möchten, als sie sind, bringen mit Hennarot mehr Farbe in ihr blasses Profil.

„Frisuren spiegeln Geisteshaltungen".
Rüdiger DAHLKE, „Krankheit als Sprache der Seele"

Weibliche Haarpracht bildet einen starken visuellen Reiz für „paarungsbereite Männchen". Daher durften in früheren Zeiten „anständige" Mädchen ihr Haar nicht offen tragen, sondern mußten stramme Zöpfe geflochten haben — ein Zeichen ihrer Unterwerfung unter „Zucht und Ordnung". Die Zöpfe waren allerdings sichtbar und Anlaß für liebestrunkene Männerphantasien. Ich erinnere mich an einen Klienten, der von seiner von ihm getrennt in Deutschland lebenden Ehefrau — einer Aktivistin der Frauenbewegung — träumte, sie ließe wie Rapunzel im gleichnamigen Märchen von einem goldglänzenden Turm ihre zwei starken dicken Zöpfe herab, damit er „sich zu ihr emporranken könne". Oder sie besteigen, wie ich deutete. Denn in die Psychotherapie war er gekommen, weil seine Manneskraft regelmäßig versagte, wenn er bei ihr in München weilte.

„Anthropologen haben schon immer auf die merkwürdige emblematische Eigenschaft des Haares hingewiesen ... In allen Kulturen sind sie das Merkmal sexueller Reife, ein Zeichen des Erwachsenseins und der Fruchtbarkeit. Vom zögerlich sprießenden Moustache oder Backenbart bis zum geheimen Erblühen des Schamgartens ..."

Cecil HELMAN, „Körpermythen"

Waren Mädchen im Mittelalter „unter die Haube" gekommen, sprich verheiratet, mußte sie diese auch tragen — damit schon von weitem signalisiert war: die ist nicht mehr „zu haben". Noch strengere Vorschriften galten in den Kulturen, die Ehefrauen vorschrieben, sich einen Kahlkopf scheren zu lassen und fortan nur noch Perücke zu tragen, wie etwa früher im orthodoxen Judentum. Ähnlich verzichteten früher auch die „Bräute Christi" als Zeichen ihrer Demut und Entsagung weltlicher Weiblichkeit auf Haare unter ihren Nonnenhauben.

Etwas Ähnliches spielt sich auch in der Psyche mancher Frauen ab, die in den Wechseljahren „als Frau in Pension gehen": sie verlieren ihre Haardichte.

Dies allein mit dem Absinken des Östrogenspiegels erklären zu wollen, scheint mir allzu vordergründig: das Sein bestimmt das Bewußtsein und umgekehrt, Seele, Körper und Geist bilden eine Einheit und beeinflussen einander gleichermaßen. Gerade im bäuerlichen Bereich können wir oft beobachten, daß manche (allerdings nur zu oft als „stolz" diskriminierte) Frauen bis ins hohe Alter ihre aufrechte Gestalt und ihr volles Haar bewahren, ohne Hormonsubstitution — allerdings mit einer anderen Ernährung als freßsüchtige Stadtmenschen.

Daß übermäßige, vor allem kohlehydratreiche Nahrung nicht nur dick, sondern auch krank macht, hat sich mittlerweile herumgesprochen: der Körper erhält zu wenig Vitamine, Spurenelemente und Ballaststoffe, wenn „Matronen" in der Konditorei Kuchen, Torten und Cremeschnitten in sich hineinschaufeln. Dafür erhält er ein Aussehen, das kaum noch sexuell attraktive Signale aussendet. Frau läuft dann keine Gefahr mehr, umbalzt zu werden; sie vermeidet durch diese kulinarische „Süße" aber auch die „süße" Erregung oder aber den bitter-süßen Liebeskummer der späten Liebe.

Soziologische Untersuchungen haben aufgezeigt, daß in manchen afrikanischen und asiatischen Kulturen Wechselbeschwerden so gut wie unbekannt sind: dort nämlich, wo die nicht mehr fortpflanzungsverdächtige Frau ihren Schleier ablegen und an der dorfregierenden Männergemeinschaft teilnehmen darf. Je höher das Ansehen, das frau nach der Menopause gewinnt, desto beschwerdefreier bleibt sie generell.

Und um genau dieses Ansehen geht es, wenn jemand eine „haarige" Angelegenheit zu bewältigen hat.

Manche Menschen, die Psychotherapie nachfragen, benennen bereits im Erstgespräch ihren Haarausfall als das Symptom, das ihnen Selbstsicherheit nimmt und dem ihre schulmedizinisch ausgerichteten Gesundheitshelfer nicht beikommen konnten.

Ich denke hier vor allem an ein paar Frauen, die ich einige Zeit begleiten durfte: Was mir bei diesen Klientinnen besonders auffiel, ist, daß sie allesamt überaus aktive, erfolgreiche, perfektionistische Mütter hatten und von klein auf hörten, sie müßten vernünftig sein, sich zusammennehmen, dürften „keine Ausfälle" zeigen. Und das taten sie dann auch, mühten sich und hatten alle Körperenergie im Kopf. Loslassen, sich gehen lassen, „ausfällig werden" war ja nicht erlaubt.

In der Gesprächstherapie lernten sie langsam ihre verdrängten Gefühle wieder zu spüren: die Enttäuschung, nur für ihre Leistungen Anerkennung zu bekommen — nicht für ihr Dasein, die Wut über die andauernde Über-Forderung und die Sehnsucht, einmal „alles hängen lassen" zu dürfen.

Das wäre auch die passende Körpertherapie: Einerseits Streicheleinheiten für den „armen Kopf" — und damit auch eine Erklärung, weshalb das Einmassieren von Kopfwässerchen durchaus zu empfehlen ist!, und andererseits Meditation nach unten — die Entlastung des Kopfes von zuviel Anstrengung, zuviel Energie.

Eine derartige Meditation zur Verlagerung der Körperenergie vom

Kopf zu den Füßen wäre etwa eine in geistigen Bildern erlebte Tagtraumreise von Oben (Kopf: Himmel, Berggipfel, Dachboden, Baumkrone etc.) nach Unten (Füße: Erdinneres, Talsohle, Keller, Wurzelgeflecht). Zu Beginn stellt man sich vor, man „landet" auf dem jeweiligen Platz oben (mit einer Wolke, Sternschnuppe, einem Flugkörper, Vogel, fliegenden Teppich, was auch immer) und beginnt dann langsam und gemächlich den Abstieg und achtet gleichzeitig auf die Körperempfindungen: wo spüre ich was — an der Kopfhaut, den Haarwurzeln, der Stirn, den Augenbrauen, Lidern, ... über die Arme, den Rumpf und die Beine bis zu den Zehen und Fußsohlen ...).

Im Klartext geht es darum, sich von den von außen auferlegten Leistungsanforderungen zu „befreien" und zur innerlichen Leistungslust zu gelangen, zu dem „Stolz" auf das selbst Geschaffene.

Schließlich wird ja auch Unfreiheit durch — gewaltsamen — Haarverlust gekennzeichnet: Sklaven, aber auch Sträflinge wurden geschoren, ebenso Leibeigene im Mittelalter. Davon stammt auch die Diskriminierung „G'scherte". „Ungeschoren" zu bleiben, war Privileg des freien Mannes — allerdings durfte auch er bestimmte Haarlängen und -trachten nicht beanspruchen; sie gebührten den Edelleuten.

Und weil Häuptlinge und Heerführer sich von alters her durch bombastischen Kopfschmuck vom „gemeinen Fußvolk" zu unterscheiden suchten, wurden mit zunehmender Zivilisation die wesentlich schwieriger zu produzierenden Fell- und Federgehänge (von vollständigen Tiger- oder Bärenköpfen ganz zu schweigen) durch Perücken ersetzt. So symbolisierte das künstliche weiße Haar im Rokoko nicht nur Adel, sondern auch Weisheit (und verdeckte überdies Hygienemängel). Noch heute nützen die Angehörigen mancher Berufe (z. B. die Richterschaft in Großbritannien) diese Imponiertechnik.

Schockerlebnisse können aber auch unsereins plötzlich „weise" und weiß machen. So denke ich etwa an einen jungen Mann, der einen Blitzschlag überlebte: nicht nur, daß ihm zuerst die Haare büschelweise ausgingen — die nachwachsenden waren schlohweiß. Solche Wirkung kann noch als biochemische Reaktion auf konzentrierte Energie interpretiert werden. In den Bereich der Psychosomatik kommen wir, wenn diese Wirkung auf einen „verbalen" Blitzschlag folgt: wenn schockierende Nachrichten nicht nur eine psychische, sondern auch eine physische Krise auslösen. Viele derartige „verkörperte" Reaktionen können wir — vor uns wie vor anderen — verbergen.

Den Verlust des Gesichts ebenso wie den der Haare nicht.

Dornenkrone

„Was wir zum Krankheitsgewinn sagten, bezieht sich nicht auf ein bewußtes Verhalten des Erkrankten, etwa im Sinne der Vortäuschung einer Krankheit (Simulation). Es ist eine unbewußte Konfliktlösung für die nicht akzeptierten Passivitäts- und Abhängigkeitswünsche, die unerlaubten aggressiven und sexuellen Impulse."

Kurt SINGER, „Kränkung und Kranksein"

Wer kennt sie nicht, die frauenfeindlichen Witze, in denen die Dame des Hauses im verdunkelten Zimmer auf der Chaiselongue hingesunken mit der einen Hand die schmerzende Stirn bedeckend den zudringlichen Ehemann abwehrt: „Laß mich allein — ich habe Migräne!"

So festigt sich nur zu oft die Fehlmeinung, Migräne sei erstens die klassische Frauenausrede mit der geheimen Absicht, sich der sogenannten ehelichen Pflichten zu entziehen, zweitens ein weibliches Kampf- und Druckmittel, anderen Schuldgefühle zu machen, und drittens, wenn überhaupt eine Krankheit, dann eine reine Frauenkrankheit.

Jedermann — und daher auch jeder Mann — mit Erfahrung in Migräneanfällen weiß hingegen, wie sehr Licht-, Lärm- bzw. Geruchsempfindlichkeit, Übelkeit und pochender Kopf- und allenfalls Gesichtsschmerz das Denken und Fühlen und die Lebenskraft im allgemeinen beeinträchtigen können.

Nun sprechen wir in der tiefenpsychologischen Psychotherapie häufig vom „sekundären Krankheitsgewinn" und meinen damit, daß jede Erkrankung bestimmte — bewußte oder unbewußte — Verhaltensweisen und damit oft sogar unbedachte Vorteile nach sich zieht: Wir schonen uns oder auch nur bestimmte Körperteile (oder Organe) — oder beginnen vernachlässigte zu fördern oder zu trainieren, wir vermeiden bestimmte Tätigkeiten oder nehmen andere auf, von denen wir uns Heilung versprechen. Und vielfach drängt sich die Vermutung auf, daß in diesen Folgehandlungen ein verdeckter Wunsch erfüllt wird oder ein Bedürfnis Befriedigung findet, was unter anderen — „gesunden" — Bedingungen nicht möglich gewesen wäre.

Täuschungen (1)

Sie täuschte Kopfschmerzen vor —
und er glaubte ihr nicht.
Er täuschte Impotenz vor —
und sie glaubte ihm.
Das fand er unglaublich.
      Maria SUKUP

Wenn wir nun beobachten, was Migränekranke üblicherweise tun, wenn sie mit einem Anfall fertig werden wollen, fallen uns folgende übliche Reaktionen auf:

*   sie ziehen sich zurück,
*   oft in ein verdunkeltes, stilles Zimmer,
*   schützen sich vor Licht und Lärm und anderen starken Umweltreizen und
*   vermeiden vor allem auch menschliche Beziehungen. Sie wollen allein sein.

Aus diesem Blickwinkel besehen, sieht das zu Beginn gezeichnete Zerrbild der Ehefrau, die sich auf eine andere Weise „niederlegt", als es ihr Partner erhofft, ganz anders aus — nämlich nicht mehr als arglistige Täuschung, sondern als korrekte Botschaft des Körpers, der sie zwingt, das zu tun, was sie sich wohl nicht auszusprechen getraut: „Bitte nicht (weiter?) reizen!"

Auch wenn die verschiedenen Arten von Kopfschmerzen im allgemeinen auf emotionale Ursachen zurückführbar sind, ist zu allererst nachzuforschen — und auszuschließen, daß organische Erkrankungen symptomverursachend sind. Denn Kopfschmerzen können fallweise auch Hinweis auf Leber- und Nierenerkrankungen, auf Gallenleiden, ja sogar auf einen Gehirntumor sein. Aber auch Nahrungsmittel, Wetterlagen und allerlei Allergene können Symptomauslöser bilden.

Selbstverständlich können viele dieser klassischen Krankheitsbilder der Schulmedizin auch wieder auf seelische Auslöser rückgeführt werden. Körper, Seele und Geist bilden eben eine Einheit und beeinflussen einander gegenseitig. Der Arzt und Psychotherapeut Rüdiger DAHLKE meint sogar, daß Konflikten, die weder seelisch wahrgenommen und durch Gefühlsausdruck „aus-gedrückt" werden, noch geistig ins Bewußt-sein gehoben und dort als Lernaufgabe erkannt und bewältigt werden, zumeist und zumindest gelingt, sich auf der Körperebene bemerkbar zu machen.

In eben diesem Bereich unserer leib-seelischen Ganzheit weist der Migräneschmerz auf eine „abnorme Reaktionsbereitschaft der Kopfgefäße" (Henry G. TIETZE), z. B. außergewöhnliche Gefäß-verengungen und nachfolgend krampfartige Ausdehnung der zum Schädel führenden großen Kopfarterien, hin.

Manche Schätzungen sprechen davon, daß jeder zehnte Mensch an Migräneanfällen leidet. Manche vermuten eine noch größere Häufigkeit. Und Henry G. TIETZE betont, daß die ersten Anfälle unmittelbar nach der Pubertät oder im frühen Erwachsenenalter auftreten. Und daß außer-dem die meisten Migränekranken aus Familien stammen, in denen es tabu ist, den Gefühlen Ausdruck zu geben, und „folglich Aggressionen ver-drängt werden müssen". Wenn also oft vermutet wird, es gäbe eine erb-liche Disposition zu Migränereaktionen, können wir demgegenüber als sicher annehmen, daß diese Reaktionsmuster abgeschaut, „gelernt" wer-den. Wir sprechen dann von „sozialer Vererbung". Somit wird klar, wieso bestimmte Familienmitglieder so häufig im „Dauerkonflikt" stehen, irgendwann erschöpft sind und eigentlich gegen diesen Zustand etwas tun sollten, das aber nicht dürfen, da dies ja als Rebellion verstanden werden könnte. Lieber kehren sie ihre — oft unbewußten — Aggressionen nach innen und leben mit einer chronischen „Erschöpfungsdepression".

„Der Erkrankte mußte in die Kopfschmerzen ausweichen, weil er einen psychischen Schmerz nicht ertragen und nicht mehr in Sprache und Handeln umwandeln konnte."
Kurt SINGER, „Kränkung und Kranksein"

Die Erforschung der Familienmuster von Migränepatienten zeigt aber noch eine Auffälligkeit: übertriebene Leistungsanforderungen, Geltungs-sucht und Perfektionsstreben.

Ich erinnere mich an eine Enddreißigerin — nennen wir sie Sissi — mit außergewöhnlich hoher Migräneanfälligkeit. Schon als Studentin war sie gewohnt, entweder Bestleistungen zu erbringen — oder durch

Migräne an jedweder Anstrengung gehindert zu sein. Im Beruf war sie entweder die, die den „Laden schupfte" — oder krank; immer öfter schon im vorhinein, wenn sich nur das leiseste Anzeichen künftiger Konflikte, besonderer Aufgaben mit Gefahr des Scheiterns oder auch nur Konkurrenz ankündigte. So erlebte sie zunehmend die Ablehnung ihrer Kollegenschaft, die sie als Drückebergerin interpretierten. Und selbst empfand sie sich schwankend zwischen Größenphantasien und Unzulänglichkeitsgefühlen.

Ihre Kindheitsgeschichte war geprägt von mütterlicher Ablehnung und Überforderung: Genauso wie ihr Vater wurde sie täglich examiniert, ob und welche großartigen Erfolge sie zu berichten hätte. Der Vater, ein ruhiger Pessimist, zog sich zu nahe wohnenden Verwandten zurück: er war eben immer weniger zu Hause. Das kleine Mädchen mußte bleiben. Mußte strebern, um „noch besser" zu werden. Ruhe fand sie nur, wenn Mutter Migräne hatte.

„Das Bedürfnis der Betroffenen, ihre Schwierigkeiten ‚mit dem Kopf' zu verstehen und zu lösen, ist groß."

Ingrid OLBRICHT, „Alles psychisch"

Ihre eigenen Migräneanfälle datierten vom 15. Lebensjahr an, also aus der Zeit, die in der Psychologensprache gerne als „Ablösungsphase" bezeichnet wird. In diesem Alter pflegen sich junge Menschen von ihren Eltern abzugrenzen; sie experimentieren dann mit ihrem Aussehen ebenso wie mit ihrer Weltanschauung, schließen sich oft Gruppen an, die den Eltern den kalten Angstschweiß austreiben, und wollen um jeden Preis alles anders machen als „die Alten". Früher durften — oder mußten — zumindest die männlichen Jugendlichen auf Wanderschaft. So wurden allzu heftige Zusammenstöße zwischen Jung und Alt vermieden. Heute haben nur wenige junge Menschen die Gelegenheit, sich von ihren Eltern über längere Zeit räumlich zu „distanzieren". Kluge Eltern lassen ihren Kindern „Freiraum", damit sie ihren eigenen Zugang zum Leben finden können, weniger kluge kämpfen um die ewigwährende Vorherrschaft.

Sissi kam gar nicht zum Kämpfen — die Möglichkeit des Protests kam ihr nämlich gar nicht in den Sinn. Kampfesstürme spielten sich nur in ihrem Kopf ab — körperlich. Nicht einmal geistig.

Ebenso wie ihr — und vielen anderen Mädchen — schon von klein auf jede Aggression verboten war, war auch jegliche sexuelle Äußerung tabuisiert. Daß sie zur Kontrolle ihres Menstruationszyklus keinen Kalender brauchte, weil ihr ihre Migräne verläßlich den Eintritt der Blutung am nächsten Tag ankündigte, veranlaßte ihre Mutter nur zu langen Lamenti, wie arm doch die Frauen dran wären.

Erst später, in der langdauernden Partnerschaft mit einem Mann, der zwar schwierig, dafür aber in keiner Weise Konkurrenz oder ihr überlegen war, milderten sich ihre Symptome. Kaum war Sissi allerdings wieder Single, entfiel ihr Allheilmittel zur Migräneprävention: regelmäßiger, zärtlicher Geschlechtsverkehr.

Dieses Beispiel aus meiner Praxis soll aber nicht dazu verleiten, zu glauben, daß das Klischee von der „Frauenkrankheit" Migräne Männer zu recht ausschließt! Unterdrückte Wut auf Familienangehörige, Kollegen oder Vorgesetzte oder andere zurückgehaltene — aggressive wie sexuelle — Gefühle lösen auch bei männlichen „Konfliktvermeidern" nur zu oft Migräneanfälle aus. In meiner jahrelangen Praxis in den beiden Wiener Sexualberatungsstellen sind mir sehr häufig liebeslustige Ehefrauen begegnet, die sich bitter beklagten, daß ihr ehelich Angetrauter nur zu oft zum Wochenende unter Migräne leide, wo sie sich doch die ganze Woche auf eine „Hoch-Zeit" gefreut hätten...

Auch wenn es absurd klingt, wenn manche Psychologen Migräne als „Orgasmus im Hirn" bezeichnen: sie weisen mit dieser überspitzten Formulierung darauf hin, daß ein Energie- und damit Durchblutungsungleichgewicht vorliegt. Ebenso kennt die klassische Psychoanalyse die Abwehrform der „Verschiebung nach oben" (und umgekehrt auch „nach unten"): Wenn eine Empfindung, ein Gefühl, eine Phantasie nicht ins Bewußtsein dringen darf, weil sonst ein Tabu verletzt würde, wird sie (es) durch etwas anderes ersetzt; z. B. sexuelle durch aggressive Erregung.

„Sie können auch lernen, ihre Migräneanfälle einmal als Hinweis auf bestimmte Lebenssituationen, zum anderen als sichtbares Zeichen menschlicher Unvollkommenheit anzunehmen und nicht als Beweis für Unfähigkeit oder Minderwertigkeit, gegen die sie ja mit vermehrter Aktivität angehen müßten."

Ingrid OLBRICHT, „Alles psychisch?"

Wenn die amerikanische Meditationslehrerin Louise L. HAY Migräne mit sexuellen Ängsten in Verbindung bringt und darauf hinweist, daß Masturbation oft hilft, die „nach oben verschobene" Energie wieder nach unten zu bringen, so bietet sie damit einen — körperorientierten — Ausweg aus der Fehldurchblutung. Es gibt aber etliche andere, die den „Verkopften" oft leichter fallen, als der Marsch mitten durchs verbotene Revier.

Trockenbürsten, Wechselduschen, Wassertreten, aber auch Bindegewebsmassagen und Schulter-Nacken- Massagen, nennt die Ärztin Ingrid OLBRICHT als Methoden zum Gefäßtraining.

Aber auch Entspannungstechniken sind hilfreich. Hier bewährt sich vor allem Autogenes Training zur besseren Durchblutung der Extremitäten — Hände, Füße —, aber auch des Beckenbereiches. Oder Biofeedback. Oder verhaltenstherapeutische Antistreßprogramme. Oder kognitive Lernprozesse zur Erarbeitung von Selbstbehauptungsmodellen.

Und Gesprächspsychotherapie zur Aufarbeitung der vergessenen oder verdrängten Bedürfnisse zur Selbstachtung. Auch wenn die Betroffenen meist wenig Neigung zur Psychotherapie aufweisen.

Psychotherapie bedeutet ja meist Zugang zu und über die eigenen Gefühle — nicht über den Kopf.

Zum „Aus der Haut fahren"

„Die Haut als Kleid des Körpers versinnbildlicht eine Haltung oder Einstellung, die geändert, die abgestreift werden muß, weil sie dem Wohlergehen ihres Trägers nicht mehr förderlich ist."
Anne MAGUIRE, „Hauterkrankungen als Botschaften der Seele"

Von den Schlangen wissen wir, daß sie sich häuten und sich damit „erneuern". Wir denken hingegen meist wenig daran, daß auch unsere Haut sich ständig erneuert — nicht nur, wenn wir uns verletzt haben; dann können wir allerdings zusehen, wie die Wunde verschorft, eine Kruste bildet und abwirft, wenn die neue Haut dick genug ist, den Schutz der Kruste nicht mehr zu benötigen ... Oder wenn die Haut Schuppen abstößt; dann erkennen wir diesen „Wiedergeburtsprozeß" auch.

Wir sprechen zwar oft davon, daß wir uns „in unserer Haut nicht wohlfühlen" und finden das eine — oder den anderen — „zum aus der Haut fahren" und wollen im großen und ganzen „unsere Haut retten" — tatsächlich decken wir sie mit allerlei Salben und Cremen zu, färben sie und malen sie an, tragen „Masken" auf — und neuerdings ist es sogar wieder modern geworden, sich mittels Tätowierungen „auszuzeichnen".

Unsere Haut hat Signalcharakter: sie zeigt unsere Abstammung. Sie zeigt unser Alter, je nachdem, wie sehr sie noch flexibel, voll „Saft", Feuchtigkeit ist, oder schon faltig, „verdorrt", ausgetrocknet. Sie zeigt unseren körperlichen Gesundheitszustand und damit die Anzeichen zahlreicher Krankheiten. Sie zeigt unsere Reaktionen auf Sinnesreize und damit unsere emotionelle Verfassung, und oft zeigt sie auch unser Schicksal, durch Narben etwa. Künstliche Narben wie Tätowierungen (und auch Brandmale) verweisen auf lange Tradition: Es wurden die Angehörigen von Eliten auf diese Weise „initiiert" — in den Kreis der Auserwählten aufgenommen; in manchen Stämmen wurden die künftigen Könige auf diese Weise be-zeichnet. Aber auch künftige Helden — oder wer sich dafür hielt — wurden dadurch ausgewählt, daß ihnen rituell Wunden und Male zugefügt wurden, die ihre Tapferkeit (oder die Zugehörigkeit zu „besonderen" Gruppen, denken wir etwa an die SS) erlebbar und — für alle oder nur für Eingeweihte — sichtbar machen sollten. Die Fechtbodenrituale schlagender Studentenverbindungen sind heutzutage letzter Rest dieser Ideologie.

Dieser Abgrenzung „nach unten" — zu den „einfachen" Leuten — steht die Abgrenzung „nach oben" — zu den „anständigen" Leuten — gegenüber: auch Verbrecher wurden tätowiert. Leider taucht bei manchen Politikern auch heute noch zeitweilig der Gedanke auf, Menschen, die an bestimmten ansteckenden Krankheiten leiden, zusätzlich durch solche „Zeichnung" zu diskriminieren.

Die Haut hat aber nicht nur Signalcharakter für die Betrachter, sondern ebenso für ihre „Träger": sie informiert über Kontakte — über Wärme, Wind und sonstiges Wetter und andere atmosphärische „Botschaften", besonders aggressive oder sexuelle Aufladungen. Sie atmet, reguliert Temperaturen, warnt mittels Schmerzen vor möglichen Schädigungen (kratzharten Pullovern beispielsweise) und schützt damit auf doppelte Weise. Sie bildet die Grenze zwischen Innen- und Außenwelt und hat als wichtiges Immunorgan wesentliche Abwehrleistungen zu erbringen — oder anzuregen.

Zusätzliche Fettdepots schützen! Neuere Untersuchungen haben klar gezeigt, daß in den vielgeschmähten Fettschichten beispielsweise Umweltgifte abgefangen und abgelagert und somit gehindert werden, tieferliegende Organe zu beeinträchtigen.

Hat deshalb Julius Cäsar gefordert „Laßt wohlbeleibte Menschen um mich sein"? Weil die nicht so „dünnhäutig" sind und man auf „Dickfeller", die „Gepanzerten", nicht so viel Rücksicht nehmen muß wie auf „Mimosen"?

Manch einer schützt sich, indem er oder sie sich wirklich einen „Schuppen-Panzer" zulegt. Andere signalisieren durch einfache Rötung ihr „Stop".

„Vielleicht ist ein Mangel an Zärtlichkeit schuld an vielen Erkrankungen der Haut."
Otto BETZ, „Der Leib als sichtbare Seele"

Auch wenn wir es nicht wollen: unsere Hautfarbe plaudert aus, wenn wir — sexuell oder aggressiv — erregt sind. Wie eine Ampel leuchtet sie: gelb vor Neid, grün vor Haß, rot vor Wut. Bleich vor Schrecken, aschgrau vor Entsetzen.

Wir kennen aber auch die Schamesröte.

Manchmal ist sie berechtigt — dann nämlich, wenn wir „Mist gebaut" haben und draufkommen. Dann liefert uns unser Körper die Energie, alles wieder in Ordnung zu bringen — und die Gesichtsröte als Draufgabe. Manchmal ist Scham aber unberechtigt: in der Pubertät, wenn unsere Sexualhormone zu wirken beginnen und wir nur zu oft keine verständnisvolle Reaktion aus Verwandtschaft und Bekanntschaft erleben. Dann wäre es nämlich eher deren Sache, sich zu schämen.

In dieser Zeit erleben auch viele junge Menschen, vor allem die männlichen, „Hautausschlag": so wie die Bäume „aus-treiben" und Sträucher „junge Triebe" bilden und Blumen blühen, so „blüht" oft die Haut. Dann wenden besorgte Eltern ihr Augenmerk vor allem der Ernährung zu und achten, daß Sohn oder Tochter nichts „Scharfes" zu sich nimmt; dabei ist das junge Volk auf andere Weise „scharf"!

Die seelische Produktion von Pickeln oder Akne sind altbewährte Selbstschutzmethoden vor Sehnsucht nach Nähe und damit Kontakten, die bis „unter die Haut" gehen könnten. Reagieren viele Kleinkinder mit Milchschorf gegen übertrieben „ästhetische" Mütter, so finden wir auch bei Aknepatienten vielfach übertriebene Reinheitsvorstellungen: die „unreinen" Berührungswünsche, die eigentlich zum anderen Geschlecht gehörten, werden in „reinigende" in Richtung auf sich selbst umgeleitet: mit Wässerchen und Cremen darf man sich selbst die Streicheleinheiten verpassen, die plötzlich so konfliktträchtig wurden.

„Die Psychoanalyse Freuds sieht im Juckreiz gerne sexuelle Wünsche und im Bohren und Kratzen masturbatorische Handlungen."
Alfred J. ZIEGLER, „Krankheits-Bilder"

Sexuelle Erregung bringt uns in „Hitze": der Blutfluß verstärkt sich, die Blutgefäße weiten sich, der Blutdruck steigt, der Körper macht sich paarungsbereit. Ist dieser Prozeß nicht bewußtseinsfähig, kann eine „Entzünd-ung" diesen Selbst-aus-druck (bis zum autoaggressiven Ausdrücken der Pickel!) ermöglichen. Schon im Lateinischen bedeutet „prurigo" nicht nur Jucken, sondern auch Geilheit und Lüsternheit.

Und daß Reibung primär weitere Aufladung, nicht aber Linderung bringt, sondern höchstens eine Explosion und damit punktuelle Entladung und Erschöpfung, wissen alle, die in ihren sexuellen Erfahrungen nicht nur Penisspitzen-bzw. Klitoris-Orgasmen erlebt haben, sondern auch ganzheitliche, fließende.

Kleidung wird vielfach als „zweite Haut" bezeichnet. Sie schützt uns vor Kälte wie auch vor neugierigen Blicken und bietet zahlreiche Möglichkeiten zur Täuschung: „Kleider machen Leute". Und je nachdem, wie „heiß" einem ist, sehnen sich manche danach, sich als „nackte Affen" zu zeigen, wie Gott sie schuf, und andere haben genau davor Angst. Das sind vor allem diejenigen, die ihre Wünsche, beschaut zu werden, abwehren.

Oft sind es Menschen, die in ihrer Kindheit, so um den dritten Geburtstag, zuwenig Aufmerksamkeit von der Mutter bekamen: Zu dieser Zeit befinden sich Kinder nämlich in der „phallischen" Phase ihrer psychosexuellen Entwicklung, sind gerade draufgekommen, daß es zwei voneinander körperlich verschiedene Geschlechter gibt und wollen Bestätigung für sich als Buben oder Mädchen. Hat Mutter aber gerade ein Baby zu versorgen, so wird sie möglicherweise nicht „genug" bewundern und schon gar nicht Hautkontakt bieten; den wird das jüngere Kind bekommen, der „Rivale", die „Rivalin".

Die Entwicklung einer Hautkrankheit macht es niemals leichter, spontan zu den so bitter notwendigen Streicheleinheiten zu kommen — außer als „Be-hand-lung".

Von Müttern halbwüchsiger wie fast erwachsener Aknepatienten höre ich vielfach die Klage, daß der Junior keine Gelegenheit ausläßt, sich der „kratzenden" Textilien zu entledigen und im sexy Unterhöschen durch die Wohnung zu tanzen. „Damit es nicht so juckt /wehtut." Ein deutlicher Hilferuf. Nur: jetzt ist nicht mehr Mutter gefragt, wenn es um zärtliche Berührung geht. Aber die holde Weiblichkeit ist fern, macht Angst. Also folgt wieder Abwehr. Vielleicht auch Zynismus. Frauenfeindlichkeit. Bei Mädchen umgekehrt.

„Im Juckreiz somatisiert sich eine Reihe von erotischen, hostilen, ja geistigen Leidenschaften besonders dann, wenn wir uns von solchen besonders weit entfernt wähnen."

Alfred J. ZIEGLER, „Krankheits-Bilder"

Derartige Unsicherheit über die eigene Attraktivität, Minderwertigkeitsgefühle, Schüchternheit, Abwehr von Zeigelust findet man auch oft bei vielen Kontaktallergien. So erspart man sich das Tragen von Schmuck oder das Streicheln von Schmusetieren und damit die Auseinandersetzung mit eigenen unerfüllten Sehnsüchten.

Oft gibt die Frage, wann die allergische Reaktion erstmalig wahrgenommen wurde und was noch zur damaligen Zeit aktuell erlebt wurde, wesentliche Hinweise, wie es damals mit dem sozialen bzw. sexuellen Wohlbefinden ausgesehen hat.

Pubertät, aber auch Schwangerschaften, Entbindungen und Wechseljahre bringen nicht nur Veränderungen im Kontakt mit anderen, sondern auch hormonelle Umstellungen. Vielfach wird daher die Ursache der Hautreaktion im Hormongeschehen gesucht. In der psychotherapeutischen Arbeit fällt hingegen auf, daß Bewußtwerdung von Störungen und nachfolgende Veränderungen in den sozialen Bedingungen, ohne daß gleichzeitig eine traditionelle Medikation zur Anwendung käme, Symptome zum Verschwinden bringen können.

Ähnlich wichtige Hinweise bekommt man auch, wenn man genauer forscht, an welcher Körperstelle jemand versucht, „aus der Haut zu fahren". So habe ich bei Psoriasispatienten, die ihre Schuppenflechte an den Ellenbogen aufwiesen, entdeckt, daß sie Schwierigkeiten hatten, ihre „Ellenbogen einzusetzen", meist gegenüber der Familie, die sie räumlich einengte. Beispielsweise zu verhindern suchte, daß sie sich beruflich veränderten, „wuchsen". Der Konflikt, andere wegzuschubsen, sich mehr Platz zu nehmen, kam dort zum Ausdruck, wo sie „Anstoß" erregten.

„Die menschliche Haut dient, wie die Erdkruste, als Sicherheitsventil und läßt durch die Dynamik des ekzematösen Prozesses, dem Vulkanimsus vergleichbar, eine Entladung zu."
Anne MAGUIRE, „Hautkrankheiten als Botschaften der Seele"

Was durch die Haut „bricht", ist überschießende Energie — sexuelle oder aggressive — und damit ein Beweis, daß der für sich selbst oder auch andere unschädliche Weg — noch — nicht gefunden wurde.

Schaulust

„Man spricht von den Augen als dem Fenster zur Seele. Es ist die Pupille, die dieses Fenster öffnet und schließt."

Henrý G. TIETZE, „Organsprache von A — Z"

Gelegentlich tauchen in Zeitschriften Tests auf, in denen dieselbe Person auf zwei Fotos gezeigt und die Frage gestellt wird: „Welche der beiden Abbildungen wirkt auf Sie sympathischer?"

In der Testauflösung finden wir dann die Bewahrheitung dessen, was Forscher schon seit langem wissen: Mit erweiterten Pupillen wirken Menschen liebenswerter — und das ist logisch, denn die erweiterte Pupille zeigt nicht nur den „offeneren Blick", sondern ist auch ein Zeichen „freudiger", nämlich sexueller Erregung, vorausgesetzt, daß Sexualität als etwas Freudiges erwartet wird.

Kinder und oft auch Jugendliche empfinden sexuelle Erregung Erwachsener nicht als angenehm, sondern als bedrängend, angstmachend.

Kinder kennen den Wutblick der Eltern, wissen ihn zu deuten und können bald auch abschätzen, mit welchen weiteren Folgen zu rechnen ist. Kinder merken, daß der Blick eines erregten Erwachsenen dieser aggressiven Energieaufladung ähnelt — und doch anders ist; sie können ihn daher in ihrem Erfahrungsschatz nicht ein- oder zuordnen, und da sie auch die Folgehandlungen nicht einschätzen können, fehlen ihnen schützende Verhaltensmodelle. Wenn sie nun noch unter dem elterlichen Gebot stehen, immer „brav" zu sein, sich alles gefallen lassen zu müssen, sich nicht gegen Gewalt wehren zu dürfen, erstarren sie gegenüber derartigen Ausstrahlungen wie das Kaninchen vor der Schlange. Daß derart zum Dulden erzogene Menschen späterhin leicht zu Opfern sexueller Ausbeutung oder Vergewaltigung werden, erscheint als logische Folge dieses Lerndefizits.

„Es ist, als könne er die magische Kunst der Klapperschlange üben. Es ist, als könnten die Weiber, von ihm angeblickt, nicht mehr von ihm lassen und müßten, von der unheimlichen Gewalt gepackt, selbst ihr Verderben vollenden."

E. T. A. HOFFMANN, „Don Juan"

Ich vermute, daß die Furcht vor dem „penetrierenden" Männerblick auch die Motivation meiner Großmutter war, mich in jungen Jahren immer davor zu warnen, Männern zu tief in die Augen zu schauen: „Daß du nur nicht blind wirst!"

Ich habe die Warnung natürlich nicht befolgt und daher auch mit der Pubertät meine Kurzsichtigkeit erworben, die sich allerdings nach meiner ersten — Freudianischen — Lehranalyse wesentlich verbesserte! Denn da mußte und durfte ich mir „genau anschauen", was ich vorher gar nicht so genau „sehen" wollte.

Fehlsichtigkeit wurzelt nur zu oft in Verspannungen der Augenmuskulatur. *„Was die Seele nicht sehen will oder nicht sehen kann, das wahrzunehmen erlaubt sie auch den Augen nicht"*, schreibt der Augenarzt und Psychoanalytiker Wolfgang SCHLUTZ-ZEHDEN und bezeichnet das Auge daher als „Verdrängungsorgan". Verdrängt wird vor allem die von Thomas von AQUIN beschriebene *„Augenlust und ihre verderbliche Wirkung auf die Reinheit des Geistes"*, und die damit verbundenen Schuldgefühle, weil, so SCHULTZ-ZEHDEN, *„Um etwas wahrnehmen zu können, muß der Betrachter selbst aktiv werden, ist eine Interaktion mit dem Gegenüber erforderlich."*

Denn: *„Mit den Augen werden oft seelische Belastungen kompensiert."* Ob sich diese Kompensation in Kurz- oder Weitsichtigkeit ausdrückt, hängt davon ab, ob Rückzug auf das Nahe oder die Phantasiewelt der Ferne gesucht wird. SCHULTZ-ZEHDEN stellt der Kurzsichtigkeit als selbstregulierendem Mechanismus des Körpers Heranwachsender gegen die Angst vor der Sexualität eine Interpretation von Alterssichtigkeit gegenüber: *„Das In-die-Ferne-Rücken des Nahpunkts läßt auch das In-die-Ferne-Rücken der Jugend und das Herannahen des Todes zu einer Realität werden."* Ich meine, nicht nur die Jugend rückt in die Ferne, sondern auch die Hoffnung, als sexuelles Wesen wahrnehmen zu dürfen und wahrgenommen zu werden. Denn noch immer wird von den „zu jungen" wie von den „zu alten" Menschen verlangt, sexuelle Empfindungen, Gefühle, Gedanken und Phantasien zu „übersehen". Insbesondere von Frauen.

Von alters her geziemte es züchtigen Mägdelein, bescheiden den Blick zu senken, wenn eine höhergestellte Person — und das war seinerzeit jeder Mann von Natur wegen — ihr Aufmerksamkeit schenkte. Sie vermied damit, zu sehr sexuell erregt zu werden, und sie vermied damit, daß er ihr zu nahe kam, denn durch den Blick kann man sich distanzieren.

„Sehen setzt Distanz voraus, die trennende Bestimmtheit, die Fähigkeit, nicht in Kontakt zu kommen und im Kontakt Verwirrung zu vermeiden."
Maurice BLANCHOT, „Die wesentliche Einsamkeit"

Das praktizieren schon kleine Kinder, wenn sie wegschauen und krähen: „Ich bin nicht da!" Späterhin pflegen wir eine ähnliche Übung, wenn wir dichtgedrängt im Aufzug stehen: wir vermeiden Blickkontakt und schaffen uns so die Illusion, nicht von anderen eingeengt zu sein.

Aber nicht alle; manche erdreisten sich und starren ihr Gegenüber „schamlos" an. Möglicherweise erwarten sie kleinkindlich *„das Aufglänzen des Auges"* (KOHUT) der „guten" Mutter, mit dem sie nach den Erwartungen der Psychoanalyse reagieren sollte, wenn ihr Kind ihr seinen Körper darbietet.

Möglicherweise setzen sie den Blick aber auch dem Genital gleich. Schon FREUD formulierte, „ ... *das Auge wird sich wie ein Genital gebärden, aber es wird nie eines sein können* ...".

Der starre Blick als Ersatz für den starren Penis? Ein optimistischer Versuch, Kastrationsängste zu überwinden?

Scharfsinnig

So manche würden
beim Entfernen der rosaroten Brille
hellsichtig werden oder trübsinnig.
Jedenfalls würden sie
ihren Augen nicht trauen.
Maria SUKUP,

Starren wird zumeist als aggressiver Akt erlebt und als Eindringen in die Intimsphäre des, der anderen gedeutet. Daher die Gleichsetzung mit der Penetration im Zeugungsakt. Wir könnten es aber auch als Anzeichen von Unwissenheit, Unsicherheit, auch Hilflosigkeit deuten. Wir erleben ähnliches Starren ja auch, wenn Kinder neugierig auf etwas noch nicht Erlebtes hinsehen, oder wenn alte Menschen räumlich, zeitlich oder personell desorientiert keiner geistigen Bewegung mächtig sind. Und die Araber, berichtet S. SELIGMANN in „Die Zauberkraft des Auges", fürchten den ins Leere starrenden Blick eines zerstreuten Menschen, denn dann sagen sie: „Er sieht den Teufel".

Auch bei Desorientiertheit könnten wir eine Parallele zum sexuellen Geschehen ziehen: „Je länger der Schwanz, desto kürzer der Verstand" ätzt der Volksmund über mangelnde männliche Voraussicht; wenn wir an die vier polaren Grundformen des Bewußtseins, Denken und Fühlen, Intuition und Körperempfindung, denken, wird die Abwesenheit kortikaler Denkleistungen bei hochgradiger leib-seelischer Erregung nachvollziehbar.

Daß Frauen auf diese Energieabstrahlung häufig nicht lustvoll annehmend, aktiv reagieren, sondern angstvoll abwehrend oder nicht einmal das, sondern passiv, wie gelähmt, mag nicht nur mit Lerndefiziten, was Selbstverteidigung und aggressives Verhalten betrifft, zusammenhängen. Wenn Verhaltensforscher beobachten, wie weibliche Hausschweine, wenn sie paarungsbereit sind, auf Duftproben von Ebern mit Bewegungsunfähigkeit reagieren und dementsprechend abtesten, ob es sich lohnt, die Sau zum Decken zu führen, drängt sich die Frage auf, ob bei Menschenfrauen nicht auch noch Reste solch tierischer Mechanismen wirksam werden.

Solange von Frauen vor Gericht — als nur „Zeuginnen" ihrer eigenen Vergewaltigungen — in demütigender Weise der Beweis gefordert wird, daß sie sich gegen männliche Übergriffe „genügend", wenn schlußendlich auch nicht erfolgreich, gewehrt hätten, scheint die einzige Strategie zur Wahrung der so oft beschworenen Frauenwürde das von Feministinnen geforderte Kampftraining für Frauen, egal welchen Alters.

„Selbst in die Augen, draus die Funken fahren,
Die mein schon hingemordet Herz entzünden,
Starrt' ich recht fest und nah hinein,
Zur Rache dafür, daß sie vor mir flieht.
Und dann — dann schenkt' ich ihr den Liebesfrieden."
DANTE ALIGHIERI

Großmutters Rat, durch „Wegschauen" gefahrvolle Nähe zu vermeiden, wird im Konflikt zwischen lustversprechender Neugier auf Beglückung und angsterregender Horrorvision meist dazu führen, daß nur die Augen geschützt werden: durch Kontaktlinsen.

Eine Brille schützt ein bißchen mehr vom Gesicht, gibt den Anstrich von Intellektualität (und damit auch wieder Signale von Hemmung und Körperfeindlichkeit, schön zu beobachten am Design des Comic-Helden „Clark Kent" alias „Superman") oder dekadenter Verrücktheit (wie bei TV-Star „Dame Edna").

Für Frauen sind die Zeiten noch nicht so lange vorbei, in denen sie Brillen ohne Spott zu ernten erst in den „besten Jahren" („die guten schon vorbei") tragen dürfen. Als Matrone oder Oma wird ihnen sogar ein bißchen was von „Weiser Frau" gestattet; vorher haben sie dem Rollenbild des lieblichen Backfischs, treuergebenen Dummchens, sexy Powergirls, verläßlichen Kumpels oder verführerischen Vamps zu entsprechen. Augengläser als Zeichen professoraler Belesenheit, womöglich noch unter einem Doktorhut? Nur das nicht: „Mein letzter Wille — eine Frau mit Brille!"

Denn auch der ruhig prüfende, kluge Blick kann als böswilliges Starren ausgelegt werden — denn er verursacht manchem unangenehme Gefühle: er fühlt sich „durchschaut".

Möglicherweise liegen hinter dem Märchen- und Mythenmotiv vom unsichtbaren Geliebten, der nur nachts die Braut beglückt wie Amor beispielsweise Psyche, ähnliche Männergebote an Frauen, nur nicht zu genau hinzusehen, nur nicht den Mann zu „erkennen". Wenn die forschende Frau dann den vermeintlichen Unhold im Kerzenschein als schönen — schlafenden, daher nichts bewußt wahrnehmenden — Jüngling erkennt und zu lieben beginnt, netzt sie ihn mit einem Wachstropfen. Daraufhin wird er wach, gewinnt Bewußtsein: ihr Schmelzen, ihr Feuer kommt ihm zu nahe, berührt, verletzt ihn. Und er entzieht sich ihr ...

Zahlreiche Bräuche sollen vor schadbringender Nähe schützen, dem „bösen Blick", dem „scheelen (schielenden) Auge". SELIGMANN versteht unter dem „bösen Auge" den Glauben, daß gewisse Menschen, Tiere oder Geister die Kraft besitzen, durch bloßes Ansehen anderen Personen, besonders Kindern, Haustieren, Pflanzen, aber auch leblosen Gegenständen Schaden zuzufügen. Er schreibt: *„Der Blick nun, dem diese*

Zauberkräfte zugeschrieben werden, hat oft ganz charakteristische Eigenschaften, er ist entweder wuterfüllt und neidisch oder das gerade Gegenteil davon, nämlich bewundernd und liebend." Auch der „erste Blick" könne solchen Schaden zufügen. Das erinnert wieder an das Märchenmotiv, wo der Preis für den „Pakt mit dem Teufel" oder sonst einem Zauberwesen dasjenige ist, das der sterbliche Vertragspartner als erstes vor oder hinter oder im Haus erblickt.

SELIGMANN betont, daß nach dieser Ansicht liebevolle Blicke gewöhnlich mit Worten des Lobes und der Bewunderung verbunden seien, was „Berufen" oder „Beschreien" bedeute: *„Man versteht darunter das Lob der Schönheit oder Gesundheit einer Person, oder die Äußerung selbstvertrauender Kraft, welche bewußt oder unbewußt die mißgünstigen Geister zum Schaden herbeilockt."* Die unheilbringenden Worte müßten nicht einmal laut gesprochen werden, denn schon der entsprechende Gedanke — das „Hinterrücksbeschreien" — genüge oft, um Schlimmes zu stiften. Und wenn es auch nur wäre, dem Berufenen die Eigenschaften zu nehmen und sich selbst einzuverleiben!

Hinter der Angst vor dem Augenzauber steht der Glaube, das „Püppchen" (die Pupille) im Auge sei *„ein höchst reelles Wesen, das unter Umständen das Auge verlassen und in das Auge eines anderen Menschen eindringen"* und diesen krank machen könne. Ähnliche Phantasien treffen auch den augapfelähnlichen Mond und den Fotoapparat — das „gläserne Teufelsauge". Denn bei vielen Völkern besteht die Ansicht, *„daß mit der Aufnahme des Bildes ein Teil der eigenen Seele verloren geht"* und in das Bild übetragen wird.

Auch der Blitzstrahl wurde in alten Zeiten als böser Blick eines feindseligen Dämons gedeutet. Die Franzosen hingegen berufen den Blitzstrahl („coup de foudre"), wenn Amors Pfeil getroffen hat: im Kampf der Geschlechter werden ja Energien — „Leidenschaften" — aufeinander losgelassen, daß es nur so funkt und blitzt.

„Ich möchte keineswegs dein Henker sein;
Ich fliehe dich, um dir kein Leid zu tun.
Du sagst mir, daß ich Mord im Auge trage;
's ist artig in der Tat und steht zu glauben,
Daß Augen, diese schwächsten, zartesten Dinger,

Die feig ihr Tor vor Sonnenstäubchen schließen,
Tyrannen, Schlächter, Mörder sollen sein.
Ich seh' dich finster an von ganzem Herzen:
Verwundet nun mein Aug', so laß dich's tötn.
Tu doch, als kämst du um! So fall doch nieder!
Und kannst du nicht: pfui! schäm dich, so zu lügen,
Und sag nicht, meine Augen seien Möder.
Zeig doch die Wunde, die mein Aug' dir machte.
... allein die Augen,
Womit ich auf dich blitzte, tun dir nichts,
Und sicher ist auch keine Kraft in Augen,
Die Schaden tun kann."

William SHAKESPEARE, „Wie es euch gefällt"

Auch wenn Phöbe bei SHAKESPEARE die Schadlosigkeit ihres Blickes verteidigt, war die energetische Kraft des Blickes schon lange vor Wilhelm REICHS Forschungen und den Erkenntnissen der Bioenergetischen Psychotherapien bekannt.

So schreibt Katharina WEISROCK in „Götterblick und Zaubermacht" über die Faszination oder Magie des Auges:

„Durch den Blick wird der Betroffene gegen seinen Willen beeinflußt.
Der magische Blick wird zum bösen Blick, wenn er Verderbnis, Krankheit,
Siechtum und Tod bringt ... Der böse Blick lähmt das Blickopfer, beraubt
es seiner Flucht- und Angriffsmöglichkeiten ... Durch die Augen eines
Menschen kann Schaden entstehen, wenn er neidisch ist, eine verderbte
Seele hat oder krank ist ...

Gleich dem bösen Blick ist der Liebesblick Faszination. Bezaubert ist
der Mensch, den mit plötzlicher, unabwendbarer Gewalt die Liebe befällt
wie eine ansteckende Krankheit ... Magisch ist die Kraft, die das Auge im
wechselseitigen Liebesblick aussendet und empfängt ... Schon PLU-
TARCH versucht, ein rationales Erklärungsmodell für die unbestrittenen
Wirkung des Blickes bereitzustellen...Die jeweilige Affektlage des
Menschen, sei er zornig, neidisch oder liebevoll, beeinflusse die Qualität
der körperlichen Ausdünstungen, zu denen auch der Sehstrahl zähle ..."

Es fällt schon auf, wie viele Verhaltensregeln der Aberglaube gegen den „bösen Blick" auf Brautleute und von Schwiegereltern kennt!

Da darf er sie nicht sehen, daher werden ihr die Augen verbunden. Oder sie darf den Kopf nicht umwenden, weil er sonst Schaden erleiden könnte. Oder sie muß aufpassen, daß er sie nicht früher sieht, sonst bekommt sie in der Ehe Schläge ... Oder der bekommt die Herrschaft im Haus, der den anderen früher sieht, daher soll sie sich anstrengen ... Oder die junge Ehefrau muß drei Tage oder auch zwei Monate ihr Gesicht verbergen, dann erst kommt es zum „Fest des aufgedeckten Gesichtes".

Oder die Schwiegermütter müssen sich verstecken. Oder er muß sich hinter dem Schild verbergen, damit die Schwiegermutter ihn nicht sieht. Oder er darf die Schwiegermutter nicht ansehen, solange die Ehe kinderlos ist. Oder beide dürfen nur mit gesenktem Gesicht miteinander sprechen. Oder müssen sich den Rücken zuwenden. Oder sie dürfen nur unter Vermittlung eines dritten miteinander reden.

Da muß der Schwiegervater fliehen oder sich bücken und die Hand vor die Augen legen oder sich verstecken, wenn er ihr begegnet. Oder oder oder ...

Der Gedanke liegt nahe, daß es dabei vor allem um Sicherung von Vormachtstellungen geht und vor allem auch um Verhinderung von Blutschande. Wo Inzestschranken bestehen, mußten Sicherungen eingebaut werden, die verhindern, daß die Eltern sexuelle Macht über die nachfolgende Generation ausüben. Wer keine Macht ausüben soll, darf nicht schauen. Sonst gäbe es ja womöglich Überblick!

So sehe ich auch im traditionell gesenkten Blick oder kulturell verschleierten Haupt der Frauen weniger einen Schutz der Männer vor bösen Blicken als Kastrationsdrohung oder lüsternen Blicken als Symbol von Verführung als eine gezielte Demütigung — analog den Spielregeln bei Hof, wo die untergeordneten Männer bestimmte Haltungen einzunehmen oder Kopfbedeckungen zu tragen bzw. nicht zu tragen hatten, die vor allem „auf einen Blick" zeigten, wer welchen Rang bekleidete. Ähnliche Verhaltensregeln werden noch heute — vor allem von Älteren gegenüber Jüngeren! — als „Höf-lichkeit" abverlangt, auch wenn es keinen Hof und keine Hofetikette mehr gibt.

Anderen angstfrei — oder „frech", wie es die nennen, die sich dadurch provoziert fühlen — ins Gesicht zu schauen, stärkt das Selbstbewußtsein und damit die Lust, ein freier mann, eine freie Frau zu sein.

„Die Macht, welche der Schaulust entgegensteht und eventuell durch

sie aufgehoben wird, ist die Scham" wußte schon Sigmund FREUD. Wer das Duell der Blicke verliert, erlebt eine Niederlage. *„Scham macht krank"* habe ich 1991 formuliert, um zu zeigen, wie sehr diese Rückzugsbewegung um sich klein zu machen und das Verharren in dieser verengten Geistes- wie Körperhaltung, seelischem Wachstum und damit pulsierender Lebendigkeit schaden.

„Die reine Scham ist nicht das Gefühl, dieser oder jener tadelnswerte Gegenstand zu sein; sondern überhaupt ein Gegenstand zu sein, das heißt, mich in jenem degradierten, abhängigen und starr gewordenen Gegenstand, der ich für andere geworden bin, wiederzuerkennen. "

Jean-Paul SARTRE, „Das Sein und das Nichts"

Scham wird ausgelöst durch *„das Zurückweisen eines bestimmten Gegenstandes vor dem körperlichen Auge in eine Sphäre des Unsichtbaren"* (MANTHEY). Der „Gegenstand" ist ein Mensch im Vorbewußtsein seiner Widerstandskraft und des Widerstehens.

„Senke den Blick!" „Wage es nicht, mich anzusehen!" und „Geh mir aus den Augen!" — wer kennt sie nicht, die Verbalstrategien schwarzpädagogischer Eltern, alle nur darauf ausgerichtet, in ihren Kindern Scham zu erzeugen! Und die Kinder kehren den Blick nach innen, und ihre Eltern wundern sich dann, weshalb sie schielen.

Manche Kinder dürfen ihr Leid nicht einmal hinausweinen, denn „Weinen macht häßliche Augen". Dabei wäre Weinen eine Form ganzheitlicher Entgiftung: körperlich werden mit Hilfe der Tränensekretion schmerzende und schädigende Fremdkörper aus dem Auge entfernt, und chemisch analysiert, läßt die Tränenflüssigkeit erkennen, welche Giftstoffe durch sie ausgeschwemmt werden. Tränen reinigen aber auch psychisch.

„Der Blick des menschlichen Auges bekommt durch die Tränenflüssigkeit einen eigenen Glanz und gewinnt damit Leuchtkraft und Lebendigkeit" schreibt Otto BETZ. Er meint damit wohl den tränenumflorten Blick, der seelisch entspannt. *„Die Träne quillt, die Erde hat mich wieder"* läßt GOETHE seinen Faust sprechen.

Es gibt aber auch die rot- oder blindgeweinten Augen, die verquollen ein Bild des Jammers bieten. Sie signalisieren, daß sozial keine Ent-

spannung eingetreten ist, sondern die Ursache des Schmerzes noch
besteht — man ist noch nicht leergeweint. Hier wäre „Erste Hilfe" durch
die Personen, die Anlaß der Verhärmung sind, angebracht; meist sind sie
aber gerade die Gegner im Konflikt, daher begehen sie psychisch
„Fahrerflucht". Statt einfach zu konstatieren „Ich merke, daß ich dich verletzt habe" und „Bitte sag, was du jetzt brauchst", kommen weitere
Draufgaben: „Erspar' dir deine Krokodilstränen!" und „Ich geb' dir gleich
eine (Ohrfeige), damit du einen Grund hast zu weinen!"

Daß viele Menschen daraufhin alles unternehmen, um sich das
Weinen abzugewöhnen, ist nur zu verständlich; sie schädigen sich damit
aber selbst. Der „verschlagene" Blick ist wirklich die Folge von zuviel
Schlägen und zu wenigen Tränen. Nur zu oft plagen sich später dann
Psychotherapeuten, die verdrängten Gefühle von Schmerz und Trauer —
den „Geist" der Schädigung — aufzuspüren. „Seelenmassage" hat den
Sinn, den Ausdruck der blockierten Gefühle zu ermöglichen: Angst,
Schmerz, Trauer, Wut, Freude, Liebe. All das wird auch durch die Augen
ausgedrückt und damit im Blick sichtbar.

Nach SELIGMANN war das Berufen und Beschreien *„eine Tätigkeit
des germanischen Arztes: durch Geschrei und laute Besprechung mittels
einer Zauberformel die Krankheitsdämonen aus dem Körper des
Leidenden zu vertreiben".* Allerdings stand er auch im Verdacht, die schä-
digenden Geister in gleicher Weise wieder zurückrufen und in Menschen
hineinbannen zu können. Auch heute kann der diagnostische Blick der
erste Schritt zur Heilung sein — und ebenso zur Fehldiagnose, zum
Kunstfehler, zur finanziellen, manchmal auch sexuellen Ausbeutung, zur
Medikamentensucht.

Die Österreichische Ärztekammer warb vor einiger Zeit mit dem
Slogan „Dein Arzt schaut auf Dich!" Sehnsüchte nach dem Glanz im
Auge der Mutter werden wach. Der Arzt als Mutterersatz? Genauso überlastet durch Trivialpflichten wäre er ja. Zum eigentlichen Beruf und damit
dem Berufen kommt er kaum — wie Mutter auch. Vielleicht sollte es besser einmal heißen „Dein Arzt schaut auf sich", legt den professionellen
Suchblick ab und nimmt sich Zeit zum „Fühlschauen".

Auch mit der Gefahr, unerwünschte Gefühle zu bekommen. Zum
Beispiel erotische.

„Dabei kann sich vor allem zeigen, daß hinter der Sexualisierung des Blicks häufig die Angst vor Nähe und Körperlichkeit verborgen ist."
Thomas KLEINSPEHN, „Der flüchtige Blick"

Der Arzt gewinnt damit die Chance zu lernen, als ganzer Mensch zu lieben und nicht nur als Liebhaber organspezifisch zu begehren. So pflegt er auch seine Heilwirkung.

„Ist das Sehen nicht selbst schon ein Surrogat, wenn es die lustvolle körperliche Berührung in zunehmendem Maße nicht mehr vorbereitet, sondern immer schon ersetzt?"
Jürgen MANTHEY, „Wenn Blicke zeugen könnten"

Authentisch — wahr — sein heißt, alle echten Gefühle innerseelisch zuzulassen und nicht zu verdrängen. Das bewirkt Bewegung, Flexibilität, Lebendigsein anstelle von Starrheit, Rigidität, Totstellen. Mit totenstarrem Blick können Gefühlserregungen zumindest bei sich selbst verhindert werden. Der lebendige Blick hingegen berührt, bewegt und wird berührt, läßt sich bewegen.

Augenblicke

Als er ihr eines Tages
wirklich in die Augen blickte,
und sich sein Bild
in der Tiefe ihrer Seele widerspiegelte,
waren sie einander
für einen Augenblick
so nah wie niemals zuvor.
Maria SUKUP

Vulkan unter Eis

Eines der Märchenmotive, das in vielen Kulturen immer wiederkehrt, ist der versteinerte Prinz. Immer wird er von einer bösen Frau verzaubert und immer dann, wenn seine Manneskraft ihren sexuellen Wünschen im Wege steht — wie in der „Geschichte vom versteinerten Prinzen und den bunten Fischen" in „1001 Nacht" — oder sich zu sehr um seine Liebste und nicht um die Hexe kümmert — wie in „Jorinde und Joringel" — oder wenn seine Liebste sich nicht um ihn kümmert — wie in dem tschechischen Kunstmärchen „Prinzessin Silberweiß".

Da verhext nämlich eine böse Zauberin aus verschmähter Liebe den purpurroten Prinzen, er müsse an seinem achtzehnten Geburtstag beginnen, langsam zu Stein zu werden, wenn er es nicht schaffe, bis zu diesem Tag mit der Frau, die er liebe, verheiratet zu sein. Nur: er findet die im Traum bereits erblickte Prinzessin Silberweiß erst an diesem Geburtstag, an dem er dann auch versucht, ihre Hand zu gewinnen. Vorschnell lehnt sie ab — und wird danach von seltsamer, unheilbarer Traurigkeit befallen. Niemand kann die Prinzessin erheitern, langsam siecht sie dahin — bis eine „alte Frau" — eine gute Fee — ihr erklärt, daß die vordergründige „Depression" ein klarer Fall von Liebeskummer ist. Daraufhin macht sich das Prinzeßchen auf den Weg, den nunmehr erkannten Geliebten zu suchen, besteht viele Abenteuer und sammelt auf dem beschwerlichen Weg bis ans Ende der Welt all ihre Tränen. Als sie ihn endlich findet, ist er schon ganz Stein — nur die Augen bewegen sich noch. Da zerbricht sie ihr Tränenkrüglein und zusammen mit ihren frischgeweinten Zähren kann sie „den Stein erweichen". Und wenn sie nicht gestorben sind ...

Das Motiv der bösen Zauberin, des bösen Zauberers, die beide junge Menschen in Stein verwandeln, unbeweglich, unlebendig machen, interpretiere ich als Inzestmotiv. Übermächtige Frauen und Männer — Elternfiguren, die viel mehr wissen und können, als die Jungen — lassen die Heranwachsenden nicht los. Durch Angstmache — „Du kannst allein nicht bestehen" — oder durch Verführung — „So gut wie bei mir hast du's nirgends!" — präsentieren sie sich selbst als einzig mögliche oder zumindest konkurrenzlos bessere Liebes- und/oder Sexualpartner. Konfrontieren ihre Kinder mit ihrer vermeintlich perfekten Sexualität — und lassen so den Jungen keinen Freiraum, keine Freizeit, um ihre eigene Sexualität zu erleben. Und um nicht auf die elterlichen Sexualäuße-rungen zu reagieren — um ihr Blut nicht in Wallung kommen zu lassen — verengen die Kinder ihre Blutgefäße, drosseln den Blutfluß, stellen sich tot. Auch der Anblick der Medusa, dem Monster mit dem Schlangenhaupt aus dem Perseus-Mythos, verwandelt ebenso in Stein wie der ihrer Schwestern Stheo und Euryale.

„Irgendeiner von ihnen ins Gesicht zu blicken, bedeutet den Tod, eine Verwandlung in eine Statue aus Stein — oder sogar in eine stumme Maschine.“

Cecil HELMAN, „Körpermythen“

Das schlangenumzüngelte Gesicht der Medusa, das den Betrachter starr werden läßt, wird häufig als Symbol für das weibliche Genital gedeutet. Wir können weiter interpretieren: ist es das männliche Genital, das erstarrt, so kann es die Medusa penetrieren — unterwerfen. Ist es der ganze Mann, der erstarrt, hat sie gesiegt — sie bleibt beweglich, er nicht.
Versteinerung ist ein Symptom einer schweren Depression. Und Depression kann als nach innen gerichtete Aggression gedeutet werden. Die Kraft, die dazu dienen sollte, das Geliebte zu erobern oder das Feindliche zu bekämpfen, wird nicht freigesetzt, sondern fest im Körperinneren unterdrückt.
Der Körper lädt sich mit Energie auf — er macht sich paarungs- oder kampfbereit. Und mit dieser Energieaufladung müssen wir alle erst ein-mal umgehen lernen. Altersspezifisch stellt sich diese Lernaufgabe in der Pubertät, wenn der Körper mit der Hormonproduktion beginnt. Wir ste-hen dann „unter Druck“.

„Ursprünglich stellt sich der Körper in Notsituationen durch hohen Blutdruck auf Flucht oder Kampf ein.“

Kurt SINGER, „Kränkung und Kranksein“

Robert etwa erwirbt seine Hypertonie im siebzehnten Lebensjahr. Seine erste Liebe, eine Klassenkameradin, ist ebenso scheu wie ihr Kollege. Kein Wunder, daß die beiden nicht zusammenkommen. Kein Wunder aber auch, daß die voyeuristischen Mitschüler den Jungen in

„Weißglut" bringen — einerseits wollen sie ihre eigenen Chancen bei dem Mädchen nicht zerstören, andererseits üben sie sich im beliebten Männerspiel des Aushandelns der Hackordnung. Und wer „blind vor Liebe" ist, sieht nicht so gut, wo Gefahren lauern — die „Hitze" nämlich, im Hitzkopf, als Feuer im Herzen, als Feuer im Bauch.

Gebet

Wut in meinem Bauch
geschätzt werde deine Anwesenheit.
Deine Glut komme -
unser Wille geschehe.
Vielleicht nicht im Himmel,
dafür aber auf Erden.
Meine tägliche Kraft gibt mir heute,
und vergib mir zuviel Geduld,
wie auch wir vergeben unsern Duldern.
Führe mich oft in Versuchung
und erlöse mich aus der Erstarrung —
Amen!

Maria SUKUP

Manche werden so feurig, daß sie sich entzünden. Das sieht man dann meist an der Haut. Pubertätsakne läßt dann so manchen Burschen, so manches Mädchen alles bisher aufgebaute Selbstwertgefühl verlieren: „Kann ich denn liebenswert sein mit solch fetter Haut, fettigen Haaren, Pickeln ..." und oft auch noch Fett am Körper. Auch das setzt „unter Druck".

Märchen wie das von der Schönen und dem Tier weisen darauf hin, daß die Erlösung dann eintreten kann, wenn das Monster als liebenswert erkannt und angenommen wird. Auch wenn es fett ist, auch wenn es fette Haare hat — nur, weil es lieb ist.

Gerade in der Pubertät, wo es darum geht, seine sexuelle Attraktivität zu entfalten, fressen sich viele Jugendliche mit Süßigkeiten Babyspeck an. Durch erhöhte Zuckerzufuhr glauben sie, dem Absturz in die Depression begegnen zu können — ähnlich wie Alkoholkranke mit dem

„schnellen Viertel" ihren Zuckerspiegel heben und die zugrundeliegende Frustration überdecken wollen. Durch dieses Ersetzen von psychischen Zärtlichkeiten durch eßbare „Süße" können Menschen einerseits asexuell bleiben, andererseits eine Schutzschicht aufbauen. Das ist sie nämlich wirklich: In der Fettschicht werden Schadstoffe abgelagert und so tiefer liegende Organe teilweise vor Umweltgiften geschont.

Nur: Ernährungssünden schädigen die Konsistenz der Blutgefäße. Nach Rüdiger DAHLKE *„stehen die Gefäßwände für die Widerstände, die sich uns entgegenstellen, für die Grenzen, an die wir auf unserem Lebensweg ständig stoßen."* Zu enge Grenzen würgen ab, zu weite lassen den Blut- und damit auch Lebensfluß druck- und führungslos werden.

„Menschen, die an psychisch bedingtem hohem Blutdruck leiden — unter Gefäßverengung infolge einer unangemessenen Verarbeitung des Alltagsstresses—, weisen oft einen variablen Blutdruck auf. Es heißt dann, der Blutdruck sei labil: er steigt und fällt je nach Stimmung und Anspannung des betreffenden Menschen. Kranke, deren Blutgefäße infolge Ablagerungen verengt sind, haben hingegen einen relativ stabilen hohen Blutdruck, und zwar ungeachtet ihrer Stimmungen. Daher läßt sich diese Form des Bluthochdrucks auch durch Medikamente nur schwer beeinflussen."

Henry G. TIETZE, „Entschlüsselte Organsprache"

Der Blutdruck ist — unbewußt — selbst gemacht: als Unterdrückung der Reaktion auf das, was unter Druck setzt. Unerwünschte sexuelle Erlebnisse bedeuten ebenso Druck wie Demütigungen oder deutlichere Herausforderungen zum Kampf. Übrigens: Auch die Blutdruckuntersuchung durch den übermächtigen Experten Arzt symbolisiert mit ihrer Einengung jenes Körperteils, den jeder Muskelmann stolzgeschwellt als Zeichen seiner Potenz präsentiert, dieses Geschehen!

„Aber auch Zorn und wilde Wut können das Blut in Bewegung bringen, es schießt in den Kopf, die ‚Zornesröte' zeigt an, daß das Blut in Wallung geriet oder eine ungehemmte Aggressionslust sich durchsetzt."

Otto BETZ, „Der Leib als sichtbare Seele"

In der Pubertät stellt sich die Herausforderung der Ablösung von den Eltern. Wenige von ihnen haben die menschliche Größe, in den in dieser Entwicklungsphase unvermeidlichen Machtkämpfen Niederlagen einzustecken — die Jungen in der Verwirklichung ihres Lebensentwurfes erfolgreich sein zu lassen. Vor allem Väter rivalisieren mit ihren Söhnen, glauben, ihrem eigenen Alterungsprozeß entgehen zu können, wenn sie den Junior beim Autofahren, auf dem Tennisplatz oder beim Balzen vor den Disco-Ladies übertrumpfen. Daß sie sich meist lächerlich machen, fällt ihnen nicht auf.

Viele Kinder schonen ihre Eltern, sind hin- und hergerissen im Konflikt zwischen Elternliebe, Angst vor Repressalien und Impulsen zur Selbstbehauptung, und gehen sicherheitshalber Konfrontationen — oder den Eltern überhaupt — aus dem Weg.

„Der typische Bluthochdruckpatient hat ein nur schwach ausgeprägtes Selbstbewußtsein, ist verunsichert und neigt zu übertriebener Anpassung. Nach außen hin wirkt er sehr beherrscht und diszipliniert ... Innerlich werden deshalb aber Verstimmungen und aggressive Impulse ausgelöst, die er jedoch verdrängt, da seiner Meinung nach feindselige Gefühle nicht statthaft sind."
Henry G. TIETZE, „Entschlüsselte Organsprache"

Jeder Wutausbruch wäre ein Schritt zur Selbstheilung. Robert etwa zerbricht Bleistifte, wenn er gar nicht mehr an sich halten kann. Er drückt seine Wut in geringster Dosis körperlich aus und vermeidet damit die höheren Stufen der Bewußtheit — die seelische, die geistige. Wut zu fühlen und in Sprache auszudrücken, entspräche dem Schritt vom Sklaventier zum reifen, emanzipierten Menschen, der keine Angst mehr hat — nicht vor den anderen und nicht vor sich selbst.

„Leidet man unter Bluthochdruck, können einem Patienten mit niedrigem Druck einiges über das Problem verdeutlichen", schreibt Rüdiger DAHLKE, *„In beiden Fällen steht die Frage, welchen Raum die eigene Lebenskraft einnimmt, im Mittelpunkt."*

Ich teile nur bedingt die Ansicht von TIETZE, daß sich Menschen mit niedrigem Blutdruck den Forderungen des Lebens nicht voll stellen, ihren Energieaufwand möglichst niedrig halten und nicht an die Grenzen ihrer

Belastbarkeit gehen. Auch sehe ich ihre Situation nicht wie DAHLKE, der meint, daß es in ihrem Leben ständig darum gehe, *„sich vom Krankenbett zu erheben"*. Er schreibt: *„An diesem Punkt bleibt der Hypotoniker hängen und kämpft oft ein Leben lang jeden Morgen aufs neue mit dem neuen Tag ... Erst gegen Abend geht es dem Hypotoniker wieder besser, wenn der Tag überstanden und diese kleine Lebensaufgabe, die aber symbolisch die große darstellt, bestanden ist...Der Körper ist durch seine Symptome auch in dieser Situation ausgesprochen ehrlich: Die einzige Situation, in der sich der Patient wohlfühlt, ist die Horizontale, die ruhende Position. Dann kann genug Blut ins Gehirn fließen, und alle Symptome sind verschwunden."*

Aus meiner Sicht fehlt es den Niederdruckpatienten an Herausforderung. Unbewußt ist ihnen klar, daß ihr Leben fad, ihre Berufsarbeit anspruchslos, ihre Partnerbeziehung öd ist. Allerdings wagen auch sie nicht, diese Gefühle und Empfindungen von Unzufriedenheit, Unbefriedigtheit anzusprechen. Dann wären sie nämlich fordernd, „herausfordernd", und würden sich exponieren, würden sichtbar, angreifbar. Auch sie schützen sich selbst, indem sie sich flachlegen, in Deckung gehen und an die Schutzbereitschaft anderer, Stärkerer, appellieren.

Ich habe in meiner therapeutischen Arbeit beobachtet, daß von dem Zeitpunkt an, als sich Niederdruckpatienten „gewollt" — nämlich persönlich wahrgenommen und angesprochen — fühlten, der Blutdruck anstieg: sie lösten sich aus dem „Zauberschlaf" — sie wurden lebendig.

Im Märchen vom „Dornröschen" folgt der Zauberschlaf auf die Verletzung an der Spindel der alten Frau im Turm, just am fünfzehnten Geburtstag, so, wie es der Fluch der dreizehnten Fee bei der Taufe vorausgesagt hatte. Ob diese Alte die böse Fee in Verkleidung darstellt oder eine Kupplerin symbolisiert, sei an dieser Stelle unbeachtet. Die Verletzung an einem spitzen Gegenstand gemahnt an ein sexuelles Trauma wie auch die zeitliche Plazierung zum fünfzehnten Geburtstag — dem Höhepunkt der Adoleszenz. Der hundertjährige Schlaf hinter der dichten Dornenhecke, an der die nicht berufenen Prinzen hängenbleiben, wird traditionell als sexuelle Gefühlskälte gedeutet, die Dornenhecke als die Grenze des Schamhaars, das die dahinterliegenden Lustzentren schützt. Erst nach Ablauf des magischen Zeitraums kann der ersehnte Erlöser zu Dornröschen vordringen — die Dornenhecke öffnet sich ihm von selbst, hingerissen vom Liebreiz der Ruhenden sinkt er in die Knie, und sein Kuß erweckt die schlafende Schönheit.

Auch respektvolles sexuelles Begehren kann die Lebensgeister wecken.

Wer durch Worte verflucht wurde, kann durch Worte geheilt werden, wer durch eine Gewaltbeziehung traumatisiert wurde, kann durch eine gewaltverzichtende Beziehung geheilt werden — alles etwas andere Formen von Homöopathie.

Außer Atem

„Die eingeatmete Luft gibt uns ein Gefühl der Leichtigkeit, wir fühlen uns getragen, beschwingt und gehoben. Sind wir in gedrückter Stimmung, dann lastet eine Bürde auf uns, wir fühlen uns ‚niedergedrückt‘, haben ‚schwer zu tragen‘, werden durch ein Engegefühl beunruhigt."

Otto BETZ, „Der Leib als sichtbare Seele"

Asthmatiker kennen diese Leichtigkeit nicht. Höchstens die unerträgliche. Sie haben Schwierigkeiten mit dem Ausatmen, Entspannen, Hergeben, Loslassen.

„Asthmatiker können ihre Atemmuskultaur nicht passiv stellen. So staut sich die eingeatmete Luft in den Lungen, diese werden überdehnt, und es kommt zu einer Lungenblähung."

Henry G. TIETZE, „Entschlüsselte Organsprache"

Wenn Jean-Paul Belmondo in dem Film „Außer Atem" als verfolgter Verbrecher auf der Flucht Jean Seberg in heroisch schweigsamer, dennoch angeberischer Männlichkeit dazu bringt, sich um ihn zu kümmern, auch wenn er sie gleichzeitig schlecht behandelt, dann bietet er, ohne daß es das Drehbuch vorschreibt, unbewußt das Bild des klassischen Asthmapatienten. Nur die Gauloise im Mundwinkel stört.

Asthmapatienten rauchen nicht. Nicht einmal vor Wut. Denn das wäre bereits Ausdruck von Gefühlen.

Asthma wird von psychosomatischen Forschern traditionell als zurückgehaltener Schrei nach Zuwendung und — eine Seelenschicht tiefer — als verborgene Angst gedeutet. So spricht Kurt SINGER vom *„Hilfeschrei nach der Mutter"*, unterdrücktem *„Wutschrei gegen die Mutter"* und *„Bruchstücken eines Weinens"*.

Herbert, ein soignierter Wirtschaftsfachmann in den ersten Jahren seiner Pension, erlebte einen Erstickungsanfall kurz nachdem sich seine Ehefrau von ihm getrennt hatte. Dabei war es ihm durchaus recht gewesen, daß sie weg war — damit hörten die ewigen Streitereien um Wohnungsgestaltung, Speisepläne und Freizeitgestaltung auf. Jahrelang pflegte er allein nach eigenem Gutdünken zu disponieren und sie, ihn anschließend zu kritisieren. Da er nun den ganzen Tag zu Hause war und noch immer nicht auf ihre — möglicherweise berechtigten — Verbesserungsvorschläge reagierte, zog sie dann die Konsequenz und aus.

In die Therapie kam er, weil sein Bestreben, die Lücke an verfügbarer Weiblichkeit in seinem Leben zu schließen, durch Sorgen um seine Manneskraft behindert wurde.

Wann immer er eine passende Partnerin kennenlernte — und das war häufig der Fall —, vermied er jeden Gefühlsausdruck, damit nur ja nicht so viel Intimität aufkäme, daß der Vollzug der Sexualität in die Nähe rücken könnte. Er ging aus — ins Restaurant, ins Theater, an lauter Orte, wo kaum Gefahr war, daß er — oder sie — sich zu Zärtlichkeiten hinreißen ließe.

Den Gang in die Natur vermied er im dreifachen Sinn: Zur Angst vor einem Anfall und mangelnder ärztlicher Hilfe kam die Angst vor auslösenden Pollen (auch im Spätherbst) und die Angst, die Frau könnte von ihm Annäherungsversuche erwarten. Natur bedeutete für ihn nicht nur unzivilisierte Wildnis draußen sondern auch tief drinnen.

„So haben hinsichtlich der Atemtätigkeit Gefühlsstaus erhebliche Auswirkungen, da sie eine Verhärtung des Zwerchfells bewirken. Von oben her gesehen erscheint das Zwerchfell wie ein muskulöser Deckel, der fest auf der Bauchschale aufliegt."
Henry G. TIETZE, „Entschlüsselte Organsprache"

Unter diesem „Deckel" brodelt es im „Topf" vor Lust, vor Angst, damit es nicht zur Lust kommt, und vor Wut, weil es nie zur Lust kommt.

Herbert wollte so gern perfekt sein, ordentlich, sauber — nicht so unverläßlich wie seine Ehefrau, die ihre Hausfrauenpflichten und ihn im Stich ließ und sich mit einem anderen Mann in unsauberen Verhältnissen gehen ließ. Vielleicht scheute er auch deshalb gelebte genitale Sexualität: er wäre vielleicht ins Seufzen gekommen, ins Keuchen, hätte gar einen Lustschrei ausgestoßen, hätte seinen Atem verströmen müssen, dürfen, sich hingeben, loslassen, auch seinen Samenfluß, und dann hätte es Spuren gegeben von dieser Schwäche ...

Herbert war aber bemüht, nur ja nichts fließen zu lassen — nicht den Atem, denn da hätte ja Seufzen und Weinen mit herausfließen können, und nicht die Gefühle. Denn all das erinnerte ihn an seine Kindheit, an die Minderwertigkeitsgefühle gegenüber der älteren Schwester und auch der allmächtigen Mutter, der die Schwester ja glich. Er war anders. Sich gegen die beiden Frauen durchzusetzen versuchte er in Männlichkeitsposen, die er den Kriegshelden abschaute: zäh wie Leder, flink wie Windhunde, hart wie Kruppstahl. Und vor allem: distanziert. Dennoch war er nicht so groß, wie er es erträumte, und bedürftig nach Liebe.

TIETZE sieht Asthmatiker immer zwischen schwacher Passivität und aggressiver Forderung schwanken. Auch Herbert wollte einerseits beschützt werden — vor Forderungen anderer, vor Herausforderungen zur Konkurrenz, aber auch vor den Forderungen seiner Triebnatur —, andererseits konnte er weder diese noch andere Forderungen ausdrücken. Nur in seinen Träumen durften Aggressionen und leidenschaftliche Sexualität die Seelenzensur durchbrechen. Allerdings waren es Albträume, in denen „unsaubere" Frauen — Huren und Hexen — gleichsam als Incubus auf ihm ritten und ihm wiederum den Atem nahmen.

„Es gibt Erlebnisse, die atemberaubend sind, also vor Erregung den Atem nehmen; man muß dann nach Atem ringen. Man kann aber auch mit vollen Zügen atmen, also genießen. Es ist befreiend, seinem Herzen Luft zu machen. Mancher ist so erschrocken oder geschockt, daß ihm die Luft wegbleibt."

Kurt SINGER, „Kränkung und Kranksein"

Wenn in Märchen und Legenden der Alpenländer die „Trud" sich dem Schläfer auf den Brustkorb setzt und ihm die Luft wegdrückt und damit oft Sorgen und böse Gedanken assoziiert werden, die den Schlafenden nicht ruhen lassen, so wird damit wiederum passiv die Verantwortung für das eigene Denken, Fühlen, Empfinden und Intuieren nach außen — nämlich in den Dämon — verlegt. Die „Trud" — nämlich das, was „traut", vertraut ist — als eigenen Seelenanteil zu akzeptieren, wäre zu gefährlich, denn dann könnte die reale oder imaginierte Mutterfigur böse werden und ihren Schutz versagen.

Bei Asthmatikern kann in der Tiefenarbeit auch fast immer eine problematische Mutterbeziehung gefunden werden. Einerseits möchte das Kind von ihr unabhängig werden, sich — auch aggressiv — abgrenzen, ihr „was husten", andererseits löst dieser Fluchtimpuls wieder Angst aus, denn das Kind braucht die sorgende Mutter ja noch. Die Mutter reagiert auf den Weglaufimpuls in der Regel zwar besorgt, aber auch kontrollierend, und so entsteht eine Überfürsorglichkeit, die dem Kind „zu wenig Luft" läßt. Entsteht Asthma schon im Kindesalter, gibt die Krankheit diesem Teufelskreis von einengendem Verhalten beider zusätzliche Berechtigung.

Hilde etwa war schon als Kind Asthmatikerin. In die Therapie kam sie, weil sie sich in der Liebesbeziehung mit ihrer Freundin eingeengt und unterdrückt fühlte. Daß sie ihre Beziehung zu ihrer ewig unzufriedenen, nörgelnden, kontrollierenden Mutter wiederholte, ergab sich bald.

Sie suchte nach einer liebenden Mutter. Die leibliche konnte sich Liebesgesten nur abringen, wenn Hilde einen Anfall hatte. Ihre Lebenspartnerin — eine Krankenschwester — reservierte ihre Liebesfähigkeit ebenfalls für ihre Patienten; zu Hause wollte sie sich gehen lassen. Daß Hilde Medizin studierte, wunderte mich nicht: so könnte sie einstmals doch auf die andere Seite wechseln. Oberflächlich betrachtet schien sie eine Bummelstudentin. Dabei lieferte sie nur anhänglich ihrer Mutter weitere Gründe, sie zu kritisieren, nicht erwachsen — ernst — zu nehmen und abhängig — eingeengt — zu halten.

Mit dieser Mutter konnte sie sich nicht identifizieren — eher mit dem zwar begabten, aber passiv vor sich hinträumenden Vater. So träumte auch sie vom Abschluß ihres Studiums, brachte aber erst in der Therapie genügend Aggressivität auf, klare Ziele anzupeilen und alles Störende auszugrenzen. Beispielsweise die Grenzverletzungen abzustellen, die nicht nur ihre Lebensgefährtin, sondern auch die beiden anderen Frauen, mit denen sie in Wohngemeinschaft lebten, begingen. Daß diese sich daraufhin eine andere Bleibe suchten, brachte noch mehr Freiraum. Mit der so gewonnenen Freiheit verschwanden dann auch die Symptome der Krankheit. Das brachte neuerlichen Freiheitszuwachs, denn jetzt konnte sie auch ihrer geliebten Gartenarbeit wieder nachgehen, die ihr vorher von dem anderen Frauenpaar streitig gemacht wurde.

War Hilde also gar nicht gegenüber Erde und Pflanzen allergisch, sondern gegenüber den weiblichen Eindringlingen? Ging es gar nicht um Schutz vor Verunreinigung durch (Mutter) Erde und (männlichen) Samen, oder um die in psychosomatischer Literatur gerne beschworene, fast zwangsneurotische Ordnungsliebe der Asthmapatienten, die durch Unkraut immer wieder in Frage gestellt wird, sondern um die Freiheit, sich im Chaos und Dreck der „Natur" zu suhlen und hindernde Andere zu vertreiben?

Natur wird Asthmatikern zumeist nur in Form von Bergen verordnet. Berge sind sauber, und auf Bergen ist man weitgehend frei von unerwünschten zwischenmenschlichen Kontakten. Außerdem stärken Höhenerlebnisse den Zug zu Grandiosität und Heroismus, den man bei Asthmapatienten häufig beobachten kann. Aber ersetzen Höhenkuren in reiner Luft nicht wieder andere Gipfelerlebnisse? Sexuelle?

Herbert wollte nicht zur Kur. Er wollte die Aufmerksamkeit der jeweiligen Mutterersatzfigur Arzt. Als sein Asthma bronchiale nicht mehr genügte, legte er sich zusätzlich Herzrhythmusstörungen zu. „Psychogen" lautete der Kommentar seines Hausarztes. Also suchte er Fachärzte auf, Spitäler, um zu beweisen, daß er wirklich krank sei und kein Simulant. Aber immer, wenn er von Angst getrieben zum Arzt kam, waren keine Symptome mehr vorhanden.

Diese „nervöse" Körperreaktion könnte auch auf mehrfachen „sekundären Krankheitsgewinn" hinweisen: Einerseits läuft Herbert so keine Gefahr, geheilt zu werden — er kann immer und immer wieder die Mutterfigur Arzt aufsuchen; er kann aber auch an der nicht genügend Aufmerksamkeit oder Liebe spendenden Mutterfigur Rache nehmen — indem er ihr ihr hilfloses Scheitern beweist.

So kann er sich ungestraft aufregen — er ist ja nicht wütend, es ist ja sein Herz, das verrückt spielt, und er darf ungestraft schnauben — denn er ist ja nicht wütend, er bekommt nur keine Luft. Und vor allem: er braucht weder als erwachsener Mann sein Herz liebend öffnen noch im Flüstern und Seufzen seinen Atem mit dem einer liebenden Geliebten verschmelzen. Er kann trotziges Kind bleiben.

„Wenn der Atem dem Rhythmus des Lebens entspricht, dann ist unsere Aufgabe nicht ein kontrollierendes Wollen, sondern das Einschwingen in die große Bewegung."

Otto BETZ, „Der Leib als sichtbare Seele"

Lieben — sich seelisch und körperlich einer, einem anderen öffnen und sich verströmen, lernen wir in der liebenden Begegnung mit einem Menschen, der uns annimmt, so wie wir sind, mit unserer Unzulänglichkeit, mit unserem Begehren und unserem Widerstand, mit unserer Wut, mit unserer Trauer und auch mit unserer Lust.

Nur: Unsere hochtechnisierte Wirtschaftswelt fordert gepanzerte Maschinenmenschen. Das einseitig auf Siegen ausgerichtete Ich (Ego) zählt, ein ausgewogenes Selbst nicht. DÜRCKHEIM mahnt davor: wir hätten vom Ich her nur das Halten und Ver-Halten gelernt, nicht aber das Lassen und Sich-Verlassen.

„Wer das Sich-Lassen im Ausatmen beherrscht, erfährt im Einatmen die Freiheit zur rechten, d. h. standfesten, werktüchtigen und kontaktfähigen Persönlichkeit."

Karlfried Graf DÜRCKHEIM, „Hara"

Unsere über Jahrhunderte leibfeindliche und darüber hinaus auch noch frauendiskriminierende Erziehung hat in der Mann-Frau-Polarität den Geist dem Mann zugesprochen und gegenüber Leib und Seele, die den Frauen zugeteilt wurden, bevorzugt. Wird das Weibliche aber vernachlässigt, verkümmert die Menschheit. Dementsprechend ungesund — unheil — ist unser Leben.

„Wo zur Selbstbehauptung die Selbsthingabe kommt, zum Sich-Wahren das Sich-Geben, zum Sich-Schließen das Sich-Öffnen, zum Sich-Halten das Sich-Lassen, zum Habenwollen das Dienen, ist der Mensch schon im Begriff, ganz Mensch zu werden."

Karlfried Graf DÜRCKHEIM, „Hara"

Eine eurozentristische sogenannte Zivilisation hat so ziemlich alles verpönt, was es außer wohlgesetzter Rede an „Dampfablassen" gibt: Seufzen, Schluchzen, Keuchen, Schnaufen, Schnauben, Schreien, Gähnen, Niesen, Rülpsen, Schluckauf oder Kotzen. Selbst im Orgasmus erlauben sich die durchschnittlichen Zivilisationskrüppel nur das, was ihnen das Vorbild Pornofilm als zulässig vor Augen und Ohren geführt hat. Es bleibt zu hoffen, daß durch mehr Innenschau die Stimme des Körpers — der Vernunft! — wieder hörbar wird.

„Wenn die Atmung ein polares Geschehen ist, dann haben wir auf beide Pole dieser Rhythmik zu achten: das ‚Oben' der wachen Bewußtheit und das ‚Unten' des Sich-Hergebens, die Kraft des Haltens und das Sich-fallen-Lassens der Hingabe."

Otto BETZ, „Der Leib als sichtbare Seele"

Von Herzensbrechern

„Das Leben kommt wahrhaftig vom Herzen her und hängt an seiner Funktionstüchtigkeit."

Otto BETZ, „Der Leib als sichtbare Seele"

Wenn zu Ende des Grimm'schen Märchens vom Froschkönig das glückliche Brautpaar im Wagen mit acht weißen Pferden mit weißen Straußenfedern auf dem Kopf seiner Zukunft entgegenfährt, steht hinten drauf Heinrich, der treue Diener des Bräutigams. Von ihm heißt es, er „hatte sich so betrübt, als sein Herr war in einen Frosch verwandelt worden, daß er drei eiserne Bande hatte um sein Herz legen lassen, damit es ihm nicht vor Weh und Traurigkeit zerspränge". Das Märchen schließt folgendermaßen:

„Und als sie ein Stück Wegs gefahren waren, hörte der Königssohn, daß es hinter ihm krachte, als wäre etwas zerbrochen. Da drehte er sich um und rief: ‚Heinrich, der Wagen bricht.' ‚Nein, Herr, der Wagen nicht, es ist ein Band von meinem Herzen, das da lag in großen Schmerzen, als Ihr in dem Brunnen saßt, als Ihr eine Fretsche (Frosch) wast (wart).' Noch einmal und noch einmal krachte es auf dem Weg, und der Königssohn meinte immer, der Wagen bräche, aber es waren nur die Bande, die vom Herzen des treuen Heinrich absprangen, weil sein Herr erlöst und glücklich war."

An diese Szene erinnerte ich mich sofort, als ich mit Hanna, einer meiner liebsten Klientinnen, an ihrer Kontaktscheu arbeitete. Wir waren gemeinsam dem Gefühl gefolgt, das sie immer beherrschte, wenn sie dem Burschen in die Nähe kam, der ihr so gut gefiel; nur stockend konnte sie sich äußern, daß sie sich so gehemmt vorkomme. Wo sie denn diese Hemmung spüre, hatte ich gefragt. Sie deutete auf die linke Brust: „Wie wenn mein Herz von einem Eisenband eingeklemmt wäre" formulierte sie, „das es am Schlagen hindert."

Hanna entstammte einer „hartherzigen" Familie: Gefühle waren tabu und sie zu zeigen noch viel mehr. Man hatte zu funktionieren. So wunderte es mich nicht, daß Hanna kaum Erfahrung im Umgang mit anderen Menschen hatte: jedes Wort mußte sie sich abringen, und es dauerte Wochen, bis sie sich entschließen konnte, mir die Hand zu reichen. Auch der Gesichtsausdruck des jungen Mädchens war verschlossen — wie ihr Herz.

Das Herz gilt als Sitz der Liebe — aber auch der bösen Gedanken. Otto BETZ schreibt, das Herz sei der Ort, „wo sich ein Mensch Gott öffnen — oder sich ihm verschließen kann, wo das Gute und das Böse aufsteigt", und zitiert die Bibel „Der Herr erforscht die Herzen (1 Chr 28,9)". Daran dachte wohl auch der Wiener Psychoanalytiker Harald PICKER, einer meiner Ausbildner, als er mir einmal eine Kanne Kaffee in mein Beratungszimmer in „seinem" Sozialtherapeutischen Institut vorbereitete — ich fand nämlich daneben sein Billett „Dieser Kaffee kommt vom Herzen — daher ist er schwarz!"

„Wer hat die Liebe uns ins Herz gesenkt?" heißt es in einer Léhar-Operette. Hoffentlich schon die Eltern! Bei Hanna war das nicht der Fall — sie mußte jegliche Geborgenheit vermissen, nicht einmal ihr Bett war ihr sicher: wenn Sommergäste kamen, mußte sie schon als Kind auf die Dachbodenstiege übersiedeln und dort ein Matratzenlager beziehen. Kein Wunder, daß ihr die ersten Versuche ihres Herzens, sich liebend zu öffnen, Angst machen mußten!

Angst kommt von Enge — lateinisch angustiae (selten angustia) —, der Enge des Herzens, der Blutgefäße, des Atemvolumens: wir halten ja auch die Luft an, wenn wir Angst haben, ziehen die Schultern hoch und machen uns klein, um nur ja wenig Angriffsfläche zu geben. Wir „stellen uns tot".

Aufs Herz bezogen heißt das, daß wir es verengen, „engherzig" werden statt „weitherzig", und das ist alles andere als „herzig". Ist dieser Zustand von Dauer, werden wir „hartherzig". Und oft stellt der Arzt dann auch eine Verengung der Herzkranzgefäße fest. Und meist spricht er dann von der „Managerkrankheit" und gibt den Rat, den Streß abzubauen.

Schon Wilhelm HAUFF hat in seinem Kunstmärchen „Das steinerne Herz" gezeigt, wie der Held Kohlenmunkpeter sein Herz gegen Geld und Prestige eintauscht — und wie er doch noch durch die Liebe geheilt werden kann. Heutzutage tauschen ebenfalls viele Yuppies jüngerer oder älterer Jahrgänge ihr Herzensglück gegen Karriere oder was sie dafür halten. Allerdings stelle ich immer wieder fest, daß viele gar nicht primär ehrsüchtig oder aufstiegsgeil sind, sondern vielmehr deshalb den Erfolg suchen, weil sie durch diesen Weg nach oben bewußt oder unbewußt eine Chance sehen, einengenden Familienbeziehungen zu entkommen.

Eine solche einengende Familienbeziehung ist die Ehe mit einer „Ilsebill" — einer Frau, die nicht genug bekommen kann von den Erfolgstrophäen, die ihr ehelich angetrauter „Versorger" heimschleppen soll; so wie die Ilsebill im Märchen vom „Fischer und siner Fru" schickt sie ihn dann mit immer überfordernderen Wünschen auf „Fischzug", so daß der gute Mann gar nicht mehr zum Durchatmen kommt. Hechelnd müht der sich dann ab, seine Frau zufriedenzustellen — zu „befriedigen" — und kann sich schlußendlich nur durch den vom Arzt angekündigten Herzinfarkt dieser Lizitation entziehen.

Eine andere Form einengender Familienbeziehung besteht in dem Konflikt zwischen starker sexueller Vitalität und eingeforderter ehelicher Treue: Vielen Herzinfarktpatienten wird durch die potenzsenkende Wirkung ihrer Medikation das Dilemma erspart, allzu flott in der Damenwelt unterwegs sein zu können.

Ich erinnere mich an Matthias, einen stadtbekannten „Herzensbrecher": der verheiratete Mittdreißiger hatte eine Grippe „übertauchen" wollen. Statt seine Infektion im Bett auszukurieren, entschied er sich, den vermeintlichen Berufserfordernissen einer Dienstreise zu gehorchen — samt den damit verbundenen amourösen Abenteuern. Prompt bekam er eine Herzentzündung. Das nächste halbe Jahr verbrachte er im Rehabilitationszentrum, abwechselnd heimgesucht von seinen zwei außerehelichen Herzensdamen. Zweimalige Rückfälle waren dann auch die Folge: er hatte seinem Herzen wohl einiges zu viel zugemutet.

„Man kann mit Sicherheit vermuten, daß die Intensität oder Fülle der Liebe eines Menschen sich im Zustand seines Herzmuskels widerspiegelt."

Alexander LOWEN, „Liebe, Sex und dein Herz"

Frauen, so heißt es immer wieder, seien in jüngeren Jahren durch ihre Östrogene vor dem Herzinfarkt geschützt. Ich kann diese hormonelle Sicht durchaus teilen, sehe aber auch einen anderen Aspekt: Wer liebt, öffnet sein Herz, läßt seine Energie dem oder der Geliebten zufließen und stärkt damit sein Immunsystem. Wenn es darum geht, lieben zu dürfen, begünstigen die klassischen Geschlechtsrollenbilder — noch — die Frauen. Egal ob eine Frau glücklich oder unglücklich liebt, sie wird auf jeden Fall zur großen Liebenden; Männer laufen viel mehr Gefahr, zur lächerlichen Figur gemacht zu werden: aber spricht aus der Diskriminierung als „verliebter Gockel" oder „verliebter Kater" nicht nur der Neid der weniger Erfolgreichen? Übrigens: Auch der Neid wohnt im Herzen!

„Das kalte und verhärtete Herz, gleichsam versteinert, macht aus einem Menschen ein Monstrum, weil seine innere Mitte nicht mehr wirklich lebendig ist."

Otto BETZ, „Der Leib als sichtbare Seele"

Was aber, wenn das Herz weit offen ist und darauf wartet, daß der oder die Geliebte darin Platz nimmt — und er oder sie kommt nicht? Wenn Liebe „ins Leere fällt"? Dann spüren wir diese Weitung schmerzhaft. Dann haben wir Herzweh.

Wie gut, wenn es dann jemanden gibt, dem wir „unser Herz ausschütten" können! Denn wann immer das Herz offen — und daher keine Mördergrube — ist, tragen wir es auch leicht „auf der Zunge". Tragisch hingegen, wenn das weitgeöffnete Herz im Schock erstarrt, wenn zur unerwarteten, schmerzlich erlebten Ablehnung oder Untreue des oder der Geliebten noch Unfairneß und Unwahrhaftigkeit kommt — dann kann sich das Herz zusammenkrampfen, sekundenlang „stehen bleiben" oder „einen Sprung bekommen". Und manche Menschen sterben sogar an „gebrochenem Herzen".

Als ich eine junge Studentin war, erlebte ich, wie meine Tante Rela beschloß, nicht mehr leben zu wollen: Sie mußte innerhalb einer Woche den erstgeborenen Sohn, einen übergewichtigen Raucher-Trinker-Fresser, und den Zweitältesten, einen klassischen Gesundheitsapostel, durch Herzinfarkte verlieren; vierzehn Tage lang jammerte sie, der Verlust dieser beiden Söhne bräche ihr das Herz. Eine Autosuggestion? Protest gegen ein grausames Schicksal kam ihr jedenfalls nicht über die Lippen. Der Restfamilie fiel keine andere Reaktion ein, als auf die lebenden Kinder und Enkelkinder zu verweisen — auch eine Form von Einengung! Und auch dagegen protestierte sie nicht — Aggression war tabu. Nach zwei Wochen brach sie sich einen Oberschenkel, nach weiteren zwei Wochen folgte sie ihren Lieblingssöhnen nach.

Es bleibt zu überlegen, wie weit sie dadurch doch noch ihrer

Aggression Ausdruck geben konnte — allerdings auf destruktive Weise, anstatt konstruktiv ihre Trauer, ihren Schmerz, auch ihre Enttäuschung und ihre Wut herauszulassen.

„Die Sehnsucht des Herzens drängt danach, mit anderen Herzen zu verschmelzen, bis wir ein Herz und eine Seele sind."
Rüdiger DAHLKE, „Herz(ens)-Probleme"

Liebe kann das Herz gesund machen, Liebe kann das Herz auch zum Stillstand bringen. Dann nämlich, wenn Liebe hoffnungslos scheint. „Der Kopf ist für das Geldverdienen da, die Genitalien für ‚Juchheirassa', und das Herz, das arme Herz, hat seine Verbindung zur Welt verloren, weil es von Kopf und Genitalien getrennt wurde," schreibt der Begründer der Bioenergetik, der Arzt Alexander LOWEN.

Und genau diese Trennung führt dazu, daß viele Menschen genau dann, wenn Liebe nicht nur das Herz, sondern auch die Genitalien durchflutet, auf Kopf umschalten, um nur ja nicht Sklaven ihrer „niederen Triebe" zu werden. Denn, so Lowen, „wenn man im Kopf lebt, betrachtet man den Körper als Instrument des Ich oder Ego" und ignoriert seine Signale, zwingt ihn zu Aktivität oder Verzicht, je nachdem, und gewöhnt sich jegliches „Gespür" ab.

Lowen macht deutlich, daß die Pulsation des Herzens und der Arterien dazu dienen, den Körper auf einer unbewußten Ebene zu vereinen. Auf der bewußten Ebene wird diese Funktion vom Atem übernommen. Auch er pulsiert, und seine Wellen durchlaufen von Kopf bis Fuß: „Die Einatmung beginnt tief im Unterleib und setzt sich fort bis zum Kopf, während das Ausatmen in die entgegengesetzte Richtung verläuft", schreibt er. „Werden diese Wellen nicht durch Verspannungsringe im Körper behindert, können wir uns selbst von Kopf bis Fuß *spüren*."

Die Ringe — da sind sie wieder. Wer Angst hat, sich selbst zu spüren, vor allem sexuelle Regungen bewußt wahrzunehmen — was noch lange nicht heißt, sie in Verhalten umzusetzen! —, wird unbewußte Strategien finden, seine sexuelle (oder aggressive — die braucht man zur Annäherung!) Energie „nach oben zu verschieben", zu „verkopfen", um nur ja nicht „heiß zu laufen" oder „in Hitze" zu geraten. Er oder sie wird versuchen, „cool" zu bleiben, was auch heißt, sich „tot zu stellen". Nur: dann ist man „herzlos".

Vom Schlucken und Schweigen

„In vielen Situationen gibt uns der Körper Signale, macht uns darauf aufmerksam, daß wir uns unbehaglich, ängstlich, aufgeregt fühlen. Meist finden wir es vernünftiger, diese Zeichen zu ignorieren. Und oft haben wir die Hinweise unseres Körpers so lange mißachtet, daß wir sie gar nicht mehr wahrnehmen — bis er sich mit einer charakteristischen Störung meldet."

Frauke TEEGEN, „Ganzheitliche Gesundheit"

Gastritis gehört zu den Krankheiten, die „man kennt", so wie Bronchitis, Mittelohrentzündung oder Grippe. Schon von klein auf sind wir mit irgendwem, Onkel oder Tante, Großmutter oder -vater, Eltern und Geschwister nicht zu vergessen, konfrontiert, der mit schmerzverzerrtem Gesicht Essen ablehnt und auf Befragen leidend aufzählt, was ihm alles nicht bekommt: nichts Scharfes, nicht Saures, nichts Süßes, nichts Pikantes, nichts Paniertes, nichts Rohes, nichts Heißes, nichts Kaltes ... kein Kaffe, kein schwarzer Tee, kein Cola, keine Frucade ...

Unser Mitleid ist der bedauernswerten Jammergestalt sicher, wenn wir hören, was sie essen darf: Hafer- oder Reisschleimsüppchen, Breichen, eventuell ein Semmerl in Milch getunkt...kurz: Babykost. Essen für Zahnlose.

Und so konzentriert sich das Hauptinteresse der Gastritispatienten — und ihrer Bezugspersonen, die für sie kochen oder gemeinsam mit ihnen essen — auf ihre Nahrungsaufnahme: die entzündete Magenschleimhaut soll nur ja nicht noch mehr gereizt werden, sondern sich erholen können, eingeschmeichelt vom leichtverdaulichen feinen Getreidebrei und „Informationen" zartester Gemüse, später vielleicht durchhaucht von fein passiertem Fleisch vom Kälbchen und Hühnchen. Deftige Haus-Manns-Kost ist tabu. Solche Grobereien würden nur wieder sauer aufstoßen ...

Wir können, müssen, sollen Energie aufnehmen und abgeben: Nahrung für den Leib — aber auch Nahrung für die Seele. Beides kann aufbauend sein, beides kann schaden.

Nach der Gesundheitsdefinition der Weltgesundheitsorganisation WHO ist Gesundheit nicht nur das Fehlen von Krankheit und Behinderung, sondern „vollkommenes körperliches, psychisches und soziales

Wohlbefinden". Gesundheitspolitiker definieren dieses „soziale Wohlbefinden" als ausreichenden Genuß von Licht, Luft und Bewegungsraum
und bemühen sich um die Umsetzung in Programmen für „Gesunde
Städte" und „Gesunde Dörfer".

Ich definiere „soziales Wohlbefinden" als Ergebnis respektvollen
Umgangs miteinander: Worte und Beziehungen können krank machen,
sie können aber auch heilen — das Geheimnis der Heilkraft von
Psychotherapie.

*„Gesundheit als kultureller und politischer, individueller und kollek-
tiver Lebensentwurf ist überall da gefährdet, wo Menschen daran gehindert werden, über ihr eigenes Leben zu bestimmen und es selbstverant-
wortlich in ihre Hände zu nehmen."*

Annelie KEIL, „Gezeiten"

Denken wir nun an die übliche Essenserziehung — besser gesagt:
Dressur.

Wenn ein Baby auf die Welt kommt, ist es vorerst ein schmerzhaft lee-
rer Magen und ein gierig schnappender Mund. Sein ganzes Leben hängt
an der Nahrungsversorgung. Klappt die nach seinen Bedürfnissen,
erwirbt es „Urvertrauen": „Wenn ich etwas brauche, bekomme ich es
auch", und da es sich eins mit der Welt fühlt (denn Menschen und Dinge
als „nicht Ich" zu erkennen, gelingt erst um den achten Lebensmonat),
fühlt es sich dementsprechend gut. Bekommt es aber nicht, was es
braucht — oder zu früh oder zu spät —, so gibt es Signale des Unwillens
von sich. Meist wird dann der Schluß gezogen, Baby sei „schlimm", und
oft bekommt es dann „zur Strafe" gar nichts, kein Essen, keinen
Körperkontakt, keine Zuwendung. Was bleibt ist der Hunger oder die
Resignation. Und so finden wir später Menschen, die entweder unentwegt
fordern und haben wollen — oder solche, die gar nicht auf die Idee kommen, sie könnten etwas bekommen.

Im zweiten Lebensjahr hat Baby Zähne, kann beißen, zubeißen und
dementsprechend massiver zeigen, wenn ihm etwas nicht paßt, und — es
beginnt zu sprechen. „Mag's nicht!" „Nein!" Höhepunkt dieses „ersten
Trotzalters" ist so um den zweiten Geburtstag meist der tägliche Kampf
ums Hergeben der verdauten Nahrung: die „Reinlichkeitserziehung".

Weniger als Gesprächsstoff, dafür aber um so nervenaufreibender erleben Mütter (Väter sind eher nachgiebig) den Zwang zum Essen und Aufessen. Erinnern Sie sich?

Sind damals fördernde Worte gefallen — oder schädigende? Und wie war die Beziehung? Wurde Ihr Geschmack berücksichtigt? Oder nur der der „Großen"? Und wie ist es Ihnen dabei gegangen? Mußten Sie runterschlucken, auch wenn es „zum Kotzen" war oder zumindest „sauer aufstieß"? Hat es Ihnen „den Appetit verschlagen"? Durften Sie widerreden? Oder wurden Sie zum Schweigen verdammt? Haben Sie sich dann oft „ein Loch in den Bauch geärgert"?

Durch dieses Zuviel an Magensäure kann wirklich ein Loch entstehen: zuerst eine winzige Verletzung der Schleimhäute der Magenwand, schlußendlich ein perfektes Zwölffingerdarm- oder Magengeschwür. Dabei hat es Ihr Unbewußtes gut gemeint mit dieser überreichen Magensaftproduktion: immerhin haben Sie ja nicht nur den kulinarischen, sondern auch den verbalen Kotzbrocken zu verdauen gehabt!

„Was seelisch empfunden wird, möchte auch körperlich ausgedrückt, geistig verstanden, sozial ausgelebt und spirituell erfahrbar werden."
Annelie KEIL, „Gezeiten"

Von Sigmund FREUD stammt der Hinweis, daß die wesentlichen Prägungen unseres Lebens in den ersten fünf, sechs Lebensjahren stattfinden. Schlucken und Schweigen lernen Menschen in den ersten beiden Lebensjahren. Ihre Eltern jubeln dann, wie „brav" ihre Kinder sind. Die „schlimmen" Kinder lassen sich nicht so leicht „mundtot" machen: sie reden zurück, werden aggressiv und richten ihren Ärger und Zorn dorthin, wohin sie gehören — zu denen, die sie „oral" (über den Mund) vergewaltigen, zu den „Essens-Zwangsbeglückern", die sie nicht verstehen (wollen), wenn sie selbst entscheiden wollen, was sie in sich hineinlassen und was nicht.

Brave sind nicht aggressiv: Um des lieben Friedens willen oder aus falsch verstandenem Heldentum schlucken sie ihre Aggressionen hinunter — sie richten sie gegen sich selbst. Der Krieg spielt sich dann auf dem Feld der Magenschleimhaut ab — gerade in der „Region, in der Geborgenheit und Harmonie regieren sollte" (DAHLKE).

Gilt doch nicht nur im Zen-Buddhismus der Bauch als Entsprechung der Erdmitte (Hara) und zeichnen sich deshalb die fernöstlichen Götter durch runde Bäuche — den Schwer-Punkt des Körpers im wahrsten Sinn des Wortes — aus. Auch in vielen Meditationen konzentriert sich der Übende daher auf seinen Nabel als seinen eigenen Mittelpunkt, eine Form, „zu sich zu kommen". Daher sollten wir Europäer nicht über die „Nabelschau" spötteln.

Wir sollten lieber darüber nachdenken, warum es in unseren Landen so verpönt ist, „zu sich selbst zu stehen", anderen zu „widerstehen". Standhaftigkeit, Standfestigkeit ist etwas, das das kleine Kind erst gegen Ende des ersten Lebensjahres zu lernen beginnt. Dann muß es jahrelang üben, nicht bei jedem Windhauch (scharf ausgestoßenem Atem) umzufallen.

Ich erinnere mich an Waltraud, eine mittdreißigjährige Mittelschullehrerin; brav fuhr sie jeden Samstag heim zu Muttern ins Burgenland, auch wenn sie lieber mit ihrem jeweiligen Partner die Wochenenden in Wien verbracht hätte. Mutter verlangte, daß die Tochter heimkäme, „weil in Wien ißt du ja nichts Ordentliches, dann ist's ja kein Wunder, wenn du Gastritis hast!" Waltraud hingegen hatte den — unausgesprochenen — Verdacht, daß es eher Mutters Germungetüme waren, die ihr so schwer im Magen lagen und sauer aufstießen.

In der Therapie brach aus ihr heraus, daß sie ihr ganzes erwachsenes Leben lang von ihrer Mutter tyrannisiert wurde — wie die übrige Familie auch. Alle duldeten schweigend. Der schmal verkniffene Mund war fast schon das Erkennungszeichen ihrer Sippschaft — denn bereits in der Vorgeneration hatte die Großmutter diese Spielregeln unerbittlich befolgen gemacht: die Chefin der Küche kontrolliert, wer sich was und wann einzuverleiben hat. Auswärts zu essen ist ein Tabubruch. Was auf den Tisch kommt, mußte selbstverständlich aufgegessen werden. Reste werden eingepackt und müssen spätestens am nächsten Tag aufgegessen werden. Und Waltraud befolgte diese Gebote! Auf die Idee, zu hinterfragen, ob sie das denn auch wirklich „müsse", war sie noch nicht gekommen.

Sie vertraute noch immer den Worten der Elterngeneration — wider ihr eigenes Besserwissen. Denn genau davor hatte sie Angst: vor ihrer eigenen „Besserwisserei" — hätte die doch bedeutet, daß ihre Mutter nicht klug und perfekt wäre; daß sie ihr besser doch nicht blind vertrauen sollte, weil da mancherlei Schaden entstehen könnte. Sie hätte ihre

Versorgungswünsche aufgeben müssen und sich selbst versorgen. Und das hätte das kleine Mädchen tief in ihrem Herzen (und ihrem Magen) noch nicht ertragen.

Oder Reinhard: auch er litt unter chronischer Gastritis. Allerdings hatte er bereits Mutter gegen Hausarzt eingetauscht, hielt sich zwar wenig an dessen Diätvorschriften, ließ sich dafür aber zusätzlich oral mit Medikamenten versorgen. Ehefrau, Bürokollegen und etliche Freunde, von Kellnern ganz zu schweigen, brachte er mit seinen Essens-Verweigerungs-Spielen zur Verzweiflung. Seine Botschaft lautete: „Ihr könnt mich ja doch alle nicht versorgen!"

Er war zwar nicht mehr so passiv wie Waltraud, sondern hatte eine Lebensform gefunden, wo er Teile seiner Aggression unterschwellig anderen hinüberschieben konnte; manche Familienangehörige — seine Ehefrau etwa — verweigerten die Annahme und schlugen ihm freundlich vor, selbst für seine Mahlzeiten zu sorgen. Daraufhin legte er sich Freundinnen zu, die ihn ob seiner Magenqualen bedauerten, Schonkost zubereiteten — die er „gar nicht hinunterbrachte" — und dafür sorgten, daß der Thermophor auf seinem Bauch gleichmäßig Wärme verstrahlte.

Auch er mußte erst mühselig lernen, von seinen Sehnsüchten, gehegt und geschont zu werden, zu sprechen. Er war ein Meister der indirekten Botschaften: der leidende Blick, der zusammengepreßte Mund, die suchende Hand am Oberbauch sollten seiner Meinung nach genügen, daß die jeweils anwesende Frau Mutterglück über ihn fließen lasse.

Babys können noch nicht sprechen: daher haben sie ein Anrecht darauf, ohne Worte verstanden zu werden — eine gigantische Herausforderung an die Empathie der versorgenden Bezugspersonen.

Wer auf diesem psychischen Entwicklungsstand fixiert bleibt, fordert auch als Erwachsener von seinen Partnern die Privilegien des Säuglings: Einfühlung, Versorgung, Verwöhnung. Nur: Ein Baby „kann" —physisch — wirklich noch nicht all das verdauen, was scharf, sauer, süß, pikant, paniert oder roh, heiß oder eiskalt ist; es braucht seine Zeit, bis sein Magen hinreichen „desensibilisiert" ist, „derbe Kost" zu verdauen. Und psychisch ist es noch viel zu wenig welterfahren und ich-stark, daß es scharfe Töne aushalten könnte. Das wissen wir. Deshalb wird auch kein vernünftiger Mensch Sätze wie „Gib ihm Saures!" in bezug auf ein Kleinkind sagen — die Wirkung wäre (seelisch) verheerend.

Kinder sind, solange sie noch unverbildet sind, auch mißtrauisch gegenüber „siebensüßen" Menschen, mögen keine „pikanten Anspielungen" — sie stehen ihnen verständnislos gegenüber — und mögen auch keinerlei „Verhüllungen" (Panier): sie wollen aufrichtige, wahre Aussagen — und geben selber auch solche von sich: Der berühmte „Kindermund".

Wahrheit hat mit Rohheit wenig zu tun. Roh ist, wer jemandem anderen weh tun will. Wer das nicht will, findet leicht unter den vielen Möglichkeiten, eine Botschaft zu formulieren, eine, die dem anderen „nahegeht", ihn aber nicht „angreift" (beides im Doppelsinn des Wortes!).

In den Sprachschöpfungen des Volksmundes findet sich uralte Weisheit.

So erkannte auch Reinhard, daß „Nur keine Bröseln" nicht nur „keine Panade" bedeute, sondern auch „Nur nichts sagen, was zu Versagungen (und damit innerseelischen Konflikten: „Laß ich es mir gefallen oder wehre ich mich?") führen kann". Damit erst wurde ihm klar, daß er sprechen, seine Angst vor Liebesverlust überwinden müsse, wenn sich seine Partner auskennen sollten.

Konfliktfähigkeit heißt das zugehörige Codewort. Für viele ein Fremdwort.

Ich benütze in meiner psychotherapeutischen Arbeit gerne die Metapher vom „Ausspucken": Wenn wir uns vorstellen, wir bekommen etwas Eßbares angeboten, dann können wir es ohne Prüfung hinunterschlingen und sind dann vielleicht todesmutig. Vielleicht haben wir aber auch nur Angst und sind gar keine Helden, sondern Feiglinge. Wir können es aber auch testen: genau besehen, daran schnuppern, es ablecken, in den Mund nehmen, kosten, und erst wenn all diese Proben zufriedenstellend ausgefallen sind, sollten wir kräftig zubeißen, zermalmen, runterschlucken und hoffentlich gut verdauen. Und wenn all das auch noch Genuß macht — wunderbar.

Wenn aber nur ein Augenblick des Unbehagens eintritt, sollten wir den Bissen ausspucken — und das können wir in weitem Bogen wie ein Lama oder diskret. Auf jeden Fall nicht dem Anbieter ins Gesicht — das wäre doch völlig unnötig! Er weiß ja nicht, daß es uns nicht schmeckt. Ihm schmeckt's vielleicht. Oder er kann nicht gut kochen (schade für ihn!).

„Mangelnde Schleimhautproduktion und die dadurch bedingte Vernachlässigung des Selbstschutzes beruht auf einer Durchblutungsstörung der Magenschleimhaut."

Rüdiger DAHLKE, „Verdauungsprobleme"

Das richtige Maß zu finden bedeutet lebenslange Meßarbeit. Wir müssen nicht alles mit Riesenaggressionen bekämpfen — es genügt oft schon ein ruhiges „Nein, danke!". Auch Aggressionen kann man dosieren. Mit zunehmendem Abgrenzungsbedarf immer stärker.

Gerade wer zu Gastritis neigt, sollte sich Zeit nehmen, jedes „Angebot" genau zu prüfen:

Will ich das? Will ich es wirklich?

Nützt es mir? Wozu/wobei?

Sind irgendwelche Nachteile zu erwarten?

Bekomme ich die zu erwartenden Vorteile vielleicht anders besser?

Kann ich die zu erwartenden Nachteile abwenden?

Gibt es Schutz/Helfer gegen die zu erwartenden Nachteile, wenn ich ablehne?

Wie formuliere ich meine Ablehnung kurz, klar und freundlich?

(Und wenn sich die anbietende Person dann noch immer kränkt oder beleidigt ist, dann ist das ihr Spiel, und sie darf es ruhig spielen — allein!)

Von Angst, Wut und Hunger nach Liebe

„Der Diabetiker will Liebe. Er traut sich nur nicht, in dieser Hinsicht aktiv zu werden, und zugleich sehnt er sich danach."

Henry G. Tietze, „Entschlüsselte Organsprache"

Wenn wir die Zuckerkrankheit auf umfassendere Weise verstehen wollen als Schulmedizin oder Schulpsychologie, sollten wir sie nicht als Defekt des Organismus begreifen, der nur möglichst schnell zu beseitigen ist, sondern vom „Fehler" lernen, was uns fehlt.

Die klassische Frage von Arzt und Seelenheiler lautet ja auch: „Was fehlt Ihnen?" und die Patienten antworten mit ihren Symptomen. Diese enthüllen dem Kundigen dadurch die Situation und die Seelenlage, in der sie sich befinden.

Bei Zuckerkranken (des Typus Diabetes mellitus I, oft auch Jugenddiabetes genannt, der insulinabhängig ist — im Gegensatz zum Typus II, populär Altersdiabetes, bei dem meist konsequente Diät ausreicht, erhöhte Blutzuckerwerte zu senken) greifen Abwehrzellen, die eigentlich Krankheitserreger beseitigen sollten, die Inselzellen (Langerhansschen Inseln) der Bauchspeicheldrüse an, in denen das lebensnotwendige Insulin gebildet wird. Ohne Insulin kann aber der aus der Nahrung gewonnene Zucker nicht vom Blut in die verschiedenen Zellen eindringen und dort in Energie umgewandelt werden, sondern sammelt sich im Blut und wird mit dem Urin ausgeschieden. Dieser häufige Harndrang sowie Durst und auffallende Mattigkeit (und Gewichtsabnahme) stellen auch die Alarmsignale dar, von denen aus Diabetes vermutet wird.

In psychosomatischer Sicht liegt der Zuckerkrankheit ein selbstschädigendes Kampfgeschehen zugrunde: durch eine Streßsituation werden Abwehrzellen alarmiert, nur findet die Aggression — die Aufladung mit Energie und Annäherung an eine bestimmte Person oder Aufgabe — nicht in der „richtigen" „Richtung" statt, sondern wendet sich gegen sich selbst: gegen wesentliche Teile der Energieproduktion.

Aus zahlreichen Untersuchungen wissen wir, daß dem Ausbruch der Zuckerkrankheit häufig schwerwiegende Belastungen vorausgingen (Todesfälle, Scheidungen, heftige Streitereien) und daß Diabetiker auf emotionalen Streß mit rascherer Zuckermobilisation reagieren als gesunde Kontrollpersonen. Wir wissen, daß Diabetiker aus Familien kommen, die sich durch eine Atmosphäre der Starrheit, Unlebendigkeit und sehr geringen Kontakt der Familienmitglieder untereinander auszeichnen. Auch haben Studien gezeigt, daß Diabetiker überzufällig hohe intellektuelle Begabungen aufweisen, die sie aber aufgrund ihrer vielfältigen Hemmungen gut zu verbergen wissen, wie sie auch sonst zu Passivität, Unentschlossenheit und — Sexualängsten neigen.

Ich habe bei den Diabetikern, mit denen ich psychotherapeutisch gearbeitet habe, immer wieder dieselben Muster beobachtet: primär die immense Schwierigkeit, Aggression zuzulassen, auszuhalten und sprachlich auszudrücken — Grenzen zu ziehen (oder zu überschreiten), vor allem Grenzen gegenüber den nächsten Bezugspersonen. Das begann vor allem bei der Mutter, der Ehefrau; dem Vater, aber auch Geschwistern, Freunden und Freundinnen. Autoritätspersonen.

Das kann schon bei der Unfähigkeit beginnen, Wünsche nach Ruhe, nach Friedlichkeit, nach Alleinsein zu formulieren — denn das könnte schon bedeuten, zuzugeben, daß einem die Eltern (die Ehefrau, die Freunde ...) zu laut, zu nahe, zu bedrohlich scheinen: daß man sie „ablehnt".

So entwickelte etwa ein Mann in den späten Zwanzigern seinen Diabetes, als ihn seine kurz zuvor verwitwete Mutter aufforderte, in Hinkunft bei ihr zu wohnen — „wo doch der Vater nicht mehr da ist!" — und auch das leere Ehebett zu besiedeln. Der Sohn wagte nicht, die notwendige Aggressivität zu entwickeln, das Angebot dankend abzulehnen, „weil die Mutter nun ja so einsam ist!", und wählte (natürlich unbewußt) statt dessen genau die Krankheit, die aus ganzheitsmedizinischer Sicht dadurch charakterisiert ist, daß „Süßes" — Liebe — nicht „verdaut" werden kann. Die Mutter kam ihm zu nah: Die Einladung ins Ehebett. Inzestängste wurden laut. Demgegenüber hatte er kein lebbares Modell des Widerstandes verfügbar: er wollte zwar nicht tun, was Mutter verlangte, wollte aber gleichzeitig der Mutter den Wunsch nicht abschlagen, sie nicht beleidigen; eine klassische Doppelmühle.

Er wollte nicht kämpfen, nicht flüchten; also stellte er sich — zumindest nach außen hin — tot. Ließ passiv geschehen.

Unbewußt war die Aggression wohl da — die Abwehrzellen aktiviert — nur fand der „Kampf" nicht statt, weder als tätliche noch als sprachliche

Auseinandersetzung; die verwirrten Killerzellen suchten — und fanden in den Inselzellen ein friedfertiges Opfer. Statt Kampf nach außen fand der Kampf nach innen statt — in der Selbstschädigung.

Oftmals tritt Diabetes in der Pubertät in Erscheinung. Wiederum lädt sich der Körper aggressiv auf — nur geht es jetzt nicht um Abgrenzung, sondern Annäherung. Nämlich die ans andere Geschlecht. Um den „Kampf der Geschlechter". Und wieder „beißt" sich so manches Mädchen, so mancher Bursch „lieber die Zunge ab", als zuzugeben, daß ihr oder ihm wer anderer Herzklopfen macht! Wieder wird nicht ausgesprochen, nicht „angegriffen" (im Doppelsinn des Wortes!). Der „Angriff" findet in der Bauchspeicheldrüse statt: durch die gestörte, zerstörte Insulinproduktion ist jedenfalls sichergestellt, daß Zucker — Liebe — nicht assimiliert (dem Körper als Energie — der Seele als Nahrung — zur Verfügung gestellt) wird. Stattdessen gibt es die ungefährliche „Ersatznahrung" der Insulinspritze. Lieber sich selbst verletzen — und wenn es schließlich durch die Injektion geschieht! — als jemand anderen.

Nur: die Aggression bleibt bestehen, auch wenn sie nicht bewußt ist. Sie wird „verkörpert": Die Zuckerkranken werden immer „saurer" und saurer. Zuerst fühlen sie sich im Verborgenen vom Schicksal benachteiligt, damit gelingt es ihnen dann, sich so zu verhalten, daß es ihnen immer wieder „passiert", was die Verbitterung weiterhin fördert, worauf man beginnt, ihnen aus dem Weg zu gehen, was sie isoliert, worauf sie noch verbitterter werden ... Zuletzt sind sie oft chronisch versauert.

„Ich bin sauer wie eine Zitrone" schrieb mir einmal ein Diabetiker, dem seiner Meinung nach wieder einmal — wie so oft — Unrecht getan wurde. Daß er durch seine wenig entgegenkommende Art möglicherweise die Abfuhr provoziert hatte, kam ihm natürlich nicht in den Sinn. Denn er war immer demonstrativ „beherrscht".

Auch in der therapeutischen Arbeit finden sich diese Muster: So folgt auf die vorsichtige Einladung, Gefühle auszudrücken: „Jetzt ärgern Sie sich?!" zuerst einmal totale Abwehr (mit wütender Stimme): „Nein! Ich ärgere mich nicht!" Minuten später kann es dann aber doch heißen: „Ich habe mich halt gerade geärgert!" — und das ist ein Forschritt!

Denn Diabetiker sprechen nur schwer über sich und ihre geheimen Gedanken, Wünsche, Ängste, ihre Körperempfindungen und Gefühle. Dabei wäre diese Selbstbeobachtung verbunden mit dem Mut, die

Eigenwahrnehmungen auszusprechen, bereits ein Schritt zum Erlernen eines gesünderen Verhaltensmusters. So haben Studien gezeigt, daß dadurch verhindert werden konnte, daß der Blutzuckerspiegel jedesmal ansteigen mußte. Das Ziel einer Psychotherapie mit Diabetikern muß aber sein, eine „normale" Stoffwechsellage zu erreichen, um Spätschäden wie Nierenversagen, Durchblutungsstörungen mit nachfolgendem Absterben von Gliedmaßen (gefährdet sind vor allem die Füße) oder Netzhautablösungen zu verhindern.

In der geschützten Situation einer Therapie sollte es wohl möglich sein, das auszusprechen, was so großen Streß verursacht — und lernen, auch die Begleitgefühle und -empfindungen auszudrücken. Dazu eignen sich vielerlei Methoden, nicht nur die Sprache: auch Pantomime oder Tanz und vor allem bildnerische Techniken helfen, Selbstheilungskräfte zu aktivieren. Allerdings bedarf es großer Geduld, nicht an der Verschlossenheit der Patienten zu verzweifeln. Sie sind es so gewohnt, „korrekt", das heißt ohne Emotion, zu sein, daß Kollegen vielfach davon abraten, sich in eine therapeutische Beziehung mit Diabetikern einzulassen: denen sei nicht zu helfen.

Ich habe da andere Erfahrungen. Positive, aber auch negative. Wenn Diabetiker lernen, in Begleitung einer „treuen", belastbaren und verläßlichen Bezugsperson (z. B. Psychotherapeuten) ihre emotionale Erregung auszudrücken und zu verarbeiten, helfen sie sich selbst, ihre Blutzuckerwerte zu stabilisieren.

Aber auch die Angehörigen — und Kollegen! — von Diabetikern sind hilfreich, wenn sie derartige Unterstützung geben können: nicht gleich beleidigt sein, wenn der Diabetiker, die Diabetikerin herbe Worte fallen läßt oder grausame Handlungen setzt, sondern nachforschen, was ihn/ sie bewegt, ruhig bleiben, wenn er oder sie „wagt", sich aufzuregen — das ist ein Schritt in Richtung gesünder werden!

Und selbst wenn die Kranken Beziehungen zerstören oder abbrechen, Nachsicht üben und gegebenenfalls verzeihen: Er oder sie hat eben wieder einmal eine Chance vertan, diesen Schritt in Richtung Gesundheit zu tun! Schade.

Diabetiker weisen nur zu oft eine Biographie voller Mängel an Anteilnahme, Verständnis, Geduld und Solidarität auf. Selbst wenn sie dies alles dann angeboten bekommen, können sie es oft nicht annehmen.

Denn sie neigen dazu, überall nach Feinden Ausschau zu halten (wie ihre Killerzellen), sodaß sie Freunde nicht erkennen (wie ihre Inselzellen).

Aus dem Bauch heraus

„In gewisser Weise steht der Ausdruck ‚Bauch' für den ganzen Unterleib, für den Teil des Körpers, der vor allem die Verdauungsorgane aufnimmt und damit für die Selbsterhaltung zu sorgen hat."

Otto BETZ, „Der Leib als sichtbare Seele"

Wenn ein Baby zur Welt kommt, ist es zuall ererst einmal Bauchwesen: ein hungriger Magen, ein schnappsaugender Mund, dann wiederum ein wohlig gefülltes Bäuchlein, oft auch drückendes Gedärm, lustvoll entleerter Darm, schlußendlich ein von Nässe beleidigter Po ... und der Kreislauf beginnt von neuem.

Einfühlsame Mütter — und lernbeflissene Väter — erkennen dann am Tonfall von Babys Geschrei, wo genau es im Bauch zwickt und zwackt, und schaffen schnell Abhilfe. Und so kommt es, daß in diesem Lebensalter dem Bauch noch die Aufmerksamkeit gewidmet wird, die ihm auch wirklich zusteht. Später ist das leider immer seltener der Fall.

Dann werden wir nämlich „verkopft". Wir werden mit Geboten und Verboten diszipliniert, mit Schulbuchwissen vollgestopft und mit multimedialen Informationen überreizt. Dabei gehen nur zu oft unsere Intuition, unsere Instinkte und unsere Gefühle „verschütt".

Vielleicht liegt es gerade an diesen „gefährlichen" Eigenschaften, daß der Bauch so oft geschmäht wird: unsere Intuition beispielsweise warnt uns vor falschen Entscheidungen, unsere Instinkte lassen uns „falsche Freunde" enttarnen und unsere Gefühle sind untrügliche Ratgeber. Wen wundert's dann, wenn Eltern, Lehrer oder andere Autoritäten unwirsch reagieren, wenn „intuitiv" gegen ihre Forderung nach Gehorsam Widerstand geleistet wird? Sokrates wurde aus ähnlichen Gründen gezwungen, den Schierlingsbecher auszutrinken: er verderbe die Jugend, so hieß es in der Anklageschrift gegen ihn. Er hatte sie nämlich zum selbständigen Denken angeleitet. Aber selbst heutzutage noch findet sich immer wieder jemand, dem es nicht recht ist, wenn auf den Bauch statt auf ihn gehört wird. Völlig logisch, wenn dann von dieser Seite die Aufmerksamkeit auf die „innere Stimme" als „Nabelschau" geschmäht wird. In östlichen Kulturen ist es gerade umgekehrt: dort gilt die Leibesmitte sowohl als Schwerpunkt des Körpers als auch als Sitz des Lebens. Mag sein, daß gerade deswegen Buddha immer mit einem lebensfrohen Bäuchlein dargestellt wird. Mittelalterliche Pfäfflein übrigens ebenso. „Laßt wohlbeleibte Männer um mich sein", fordert Julius Cäsar bei Shakespeare und wähnt sich wohl im Kreise der Satten sicher vor Intrige und Verrat: wessen Nahrungshunger gestillt ist, dem traut man auch keine sonstigen Begierden zu.

Heute ist es gerade umgekehrt: Rubensfiguren sind out — Magersucht ist in. Nicht nur in der pathologischen, lebensgefährlichen Form taucht sie immer häufiger in Kliniken und psychotherapeutischen Praxen auf; auch im milderen „Schönheitsideal" untergewichtiger Frauen und Männer sorgt sie für „fette" Umsätze bei Schlankheitspillen, -säften und -menüs. Daß dabei nicht nur der Verdauungsapparat leidet, sondern auch die Seele, wußten schon unsere ländlichen Vorfahren: „Essen und Trinken hält Leib und Seel z'samm!" lautet ein bäuerlicher Wahrspruch.

Fasten fördert Vergeistigung und damit auch Geistererscheinungen, Halluzinationen. Nun fasteten Mönche und Nonnen seit jeher aber nicht nur, um dem „Geist" näher zu kommen. Sie kasteiten sich, um „das Fleisch" abzutöten — die fleischlichen Begierden. Nur: „Wer nicht genießt, wird ungenießbar," weiß wiederum der Volksmund.

Das sieht man ihm/ihr dann meist auch an: ein verkniffener Mund will nichts herein- und nichts hinauslassen, zusammengebissene Zähne halten ab oder auch zurück: Küsse ebenso wie An- und Aussprache.

Verbale Kommunikation tauscht Informationen aus, z. B. über die eigene Befindlichkeit, klärt Beziehungen und setzt Appelle. Verbale Kommunikation dient aber auch dazu, Vermutungen aufzuklären, Phantasien über andere zu überprüfen, Mißverständnisse frühzeitig zu beseitigen. Wer „den Mund nicht aufbringt", dem stoßt vieles „sauer" auf, ohne daß er/sie sich erleichtern könnte. Andere wiederum schlucken und schlucken und wissen nicht, wie sie sich dagegen wehren könnten, wenn ihnen „das Maul gestopft" wird.

Belastungen

Sie war ihm wie ein Klotz am Bein.
Er lag ihr wie ein Stein im Magen.
So hatte jeder sein Kreuz mit dem anderen.

Bis er sie beim Hals raushängen —
und sie ihn satt hatte.
Da löste er sich von ihr —
und sie hatte Zeit zu verdauen.

Maria SUKUP

Wie kann man da genießen, wenn man Unverdauliches zu schlucken hat oder zu große, zu schwere Brocken?

„Wenn wir jemand nicht leiden können, finden wir ihn „zum Kotzen", können ihn nicht riechen oder meinen, kein Hund würde ein Stück Brot von ihm nehmen."

Elke LIEBS, „Das Köstlichste von allem"

Gerade darauf weisen aber Verdauungsstörungen hin: daß etwas, das angenommen werden sollte, dafür nicht lange genug behalten wird, oder daß etwas, das ausgeschieden werden sollte, zu lange zurückgehalten wird. Der Verdauungstrakt dient dem Stoffwechsel, ähnlich wie die Atmung: rein — raus. Glücklich, wer auf eine ähnlich gleichmäßige Rhythmik vertrauen kann! Aufgenommen, verwertet und entsorgt wird aber nicht nur unbestritten Lebensnotwendiges wie Luft (inklusive Sauerstoff und dem Stoffwechselprodukt Kohlensäure) oder materielle Nahrung (mit Nähr- und Ballaststoffen sowie Unverwertbarem); es handelt sich immer auch um „Informationen": es ist nun einmal nicht gleichgültig, was wir in uns aufnehmen, Fleisch etwa (Yang, sauer, aggressiv, „männlich") oder Gemüse (Yin, basisch, friedlich, „weiblich"). Und es gibt auch einen energetischen Stoffwechsel unter Lebewesen, besonders im sexuellen Energieaustausch zwischen Mann und Frau. Unser Verdauungsgeschehen spiegelt nur zu oft und nur zu deutlich unsere Aufnahme- und Loslaßbereitschaft. Analoges Verhalten kann man dann auch in der Verarbeitung von Informationen jeglicher Art beobachten — sogar im Umgang mit der „Information" Mann bzw. Frau.
Die einen gleichen einem Durchhaus: sie pflegen sich viel zu viel (an Kontakten) einzuverleiben. Tiefere Eindrücke vermeiden sie. Kommen ihnen ihre Partner zu nahe, lassen sie flugs los, und dagegen wehren sich ihre Partner. Konflikte, Chaos, Überforderung sind die Folge. Und wieder

nehmen sie sich nicht die Zeit, sich gründlich mit ihren Wünschen und Ängsten auseinanderzusetzen, die Situation zu „bereinigen". Das hieße am Ende doch Nähe — und davor haben sie zuviel „Schiß".

Andere sind hingegen „zurückhaltend"; geduldig bleiben sie am Ort („Örtchen") des Geschehens und geben nicht auf. Sie wollen nicht — und nichts — „verlieren". Vor allem nicht sich selbst. Hingabe ist für sie ein Problem, sei es nun die ihrer Produkte oder die ihrer selbst.

Matthias fällt mir ein: der attraktive Enddreißiger neigt ebenso zu überfallsartigen Verliebtheiten wie zu urplötzlichen Durchfällen. Dabei sehnt er sich nach Stabilität — nur: er zerstört sie im Ansatz. Zwar erwartet er von seinen jeweiligen Freundinnen, daß sie ihm treu bleiben und verläßlich auf ihn warten, wenn er wieder einmal zur Seite springt (oder auf den Abtritt muß), daß er dazu aber auch etwas beitragen müßte, ist ihm noch nicht eingefallen. Er erwartet Großzügigkeit, so wie er sie bietet — finanziell. Denn auch das Geld rinnt ihm durch die Finger wie seine sonstigen Potenzen.

Matthias mußte von klein auf darauf schauen, daß er was „Gutes" erhaschen konnte: stets gab es Konkurrenz durch ältere Geschwister. Im Jagen und Kämpfen hat er es daher auch zur Spitzenklasse gebracht; Ruhen und Genießen, Horten und Bewahren konnte er allerdings nicht lernen.

Demgegenüber Roswitha: sie hält zurück — ihr Geld genauso wie ihre Liebe und ihre Sexualkraft. Nicht daß sie geizig wäre! Sie lebt einfach asketisch — zu unvorstellbar ist es für sie, daß sie genügend bekommen könnte. Und beschenkt zu werden, wagt sie nicht einmal zu träumen.

Roswitha ist ein Nachkriegskind. Ihre ausgezehrte Mutter konnte nicht stillen; das kleine Mädchen wurde mit schwarzem Tee und Erbsenpürree aufgezogen. Seltene Leckerbissen schnappte ihr ein älterer Cousin weg, später waren sie Besänftigungsgaben für den aus der Gefangenschaft heimgekehrten Vater. Roswitha hat ihre Lektion im Sparen und Verzichten gut gelernt: ihr Flüssigkeitskonsum ist so minimal, daß es nicht wundert, wenn ihre Verdauungsprodukte steinhart sind. Und daß solch ein „Steinbauch" wenig Lust auf Kontakte „von Bauch zu Bauch" macht, ist wohl verständlich.

„Konflikte mit den gebenden Personen können sich in einer Störung der Aufnahme zeigen."

Ingrid OLBRICHT, „Alles psychisch?"

Was bleibt, sind vielfach unspezifischer Hungergefühle. Sie sind oft Ausdruck eines tieferliegenden Bedürfnisses, das einstmals nicht befriedigt wurde; meist mangelte es an Zuwendung. Aber auch Aufmerksamkeit, Anerkennung, Beschäftigung, einfach körperliche Nähe oder überhaupt „Reize" können andauernd gefehlt haben.

Um Aufmerksamkeit und Anerkennung geht es auch, wenn kleine Kinder lernen, ihre Ausscheidungen zu kontrollieren. Früher, in den arbeitsintensiven Zeiten vor Erfindung der Waschmaschine und der Wegwerfwindeln, trachtete jede Mutter ihr Kind so früh wie möglich sauber zu bekommen. Und oft bekamen kleine Kinder nur dann Beachtung oder sogar Lob, wenn sie etwas „gemacht" hatten. Späterhin liegt dann die Versuchung nahe, diese Strategie beizubehalten oder auszubauen: „Stuhlgang heute" wird dann zum Hauptkonversationsthema, „aufgebläht" und „hinaustrompetet", angereichert mit Horrorgeschichten von Blutungen, Polypen und anderen krankhaften Veränderungen. All dies bildet vielfach selbsterfüllende Prophezeiungen, die durch vernünftige Ernährung, ausreichende Bewegung und befriedigenden Energieaustausch mit anderen Menschen, die einen liebhaben, zu vermeiden wären.

„Alles, was wir ausschließen, wird letztlich zu unserem Feind."
Rüdiger DAHLKE / Robert HÖSSL, „Verdauungsprobleme"

„Satan wohnt in den Gedärmen" sagt Jesus im „Essener Evangelium" und gibt seiner eifrig lauschenden Zuhörerschar Hygieneanleitungen zur Darmreinigung. Einen Rankkürbis sollen sie aushöhlen und mit Wasser füllen, das von der Sonne gewärmt wurde, und die Engel des Wassers, der Luft und der Sonne bitten, das Säuberungswerk zu heiligen. Dann sollten sie die Ranke in ihr Hinterteil einführen: sie würden wohl spüren, wie sich Satan dagegen wehren werde, aus dem Darm ausgetrieben zu werden ... Wahrlich eine „Erlösung"! Denn alte Verdauungsrückstände führen zur Selbstvergiftung und beeinträchtigen Körper- wie Geisteshaltung: man wird „giftig". Der befreiende Einlauf „klärt" beides.

„Bauchkrankheiten weisen im allgemeinen darauf hin, daß der von ihnen betroffene Mensch eine gewaltige Gefühlsaufladung im Bauch zurückhält."
Henry G. TIETZE, „Entschlüsselte Organsprache"

Manchmal rumort Wut im Bauch. Manchmal sind es zärtliche Gefühle, die im Unterleib fest eingemauert werden.

Beides kann Streß bedeuten — und Streß durchblutet die Darmwände übermäßig stark, die daraufhin hyperaktiv reagieren, was wiederum zu Verletzungen führen kann.

Gerda BOYESEN war die erste, die begann, Gefühlsregungen mit den begleitenden Darmgeräuschen in Beziehung zu setzen — eine andere Form, nach innen zu horchen.

Wut im Bauch

Wut im Bauch
sei meine Begleiterin.
Ich brauche dein Licht.
Nicht, um den Schein zu wahren,
sondern um den Selbstbetrug zu durchleuchten.
Ich brauche dein Feuer.
Nicht, um flammendes Inferno zu entfachen,
sondern um meine Grenzen zu wahren.
Wut im Bauch
mach mich lebendig.
Mach mich heiß.
Aber verbrenne mich nicht.
Maria SUKUP

Der Psychoboom, den Europa seit den achtziger Jahren erlebt, hat eine Rückkehr zum Körper und damit auch zum Gefühl gebracht — wohl als Reaktion auf immer mehr Rationalisierung, Elektronisierung, Digitalisierung, Medialisierung und damit immer weniger mitmenschliche Kontakte. Träger — Nachfragende wie Anbieter — sind die Angehörigen der Nachkriegsgeneration. Sie waren es, die vielfach auf zärtliche Zuwendung ihrer Eltern verzichten mußten, weil diese im Krieg oder in der Gefangenschaft geblieben, auf der Flucht vor Bombenangriffen oder Besatzungsmächten gestresst, mit Hamstern und Wiederaufbau ferngehalten waren.

Psychotherapeuten holen nach, was Eltern versäumten, und dienen damit

der leib-seelischen Ganzheit: Wir lernen wieder, „aus dem Bauch heraus"
zu leben.

Wenn die Glücksbringer „Nein" sagen

„Gerade im Bereich der Sexualität spielen psychosoziale und kulturell bedingte Faktoren eine große und prägende Rolle für das Selbstverständnis des Menschen als Sexualwesen."

Ingrid OLBRICHT, „Alles psychisch?"

„Es war einmal ...", „vor langer, langer Zeit, als das Wünschen noch geholfen hat ..." — so oder ähnlich beginnen Märchen. Und sie handeln von Irrungen und Wirrungen, von Ungerechtigkeiten und Heldentaten, aber zum Schluß bekommen Held und Heldin einander und werden ein Paar, „... und wenn sie nicht gestorben sind, so leben sie noch heute". Und manchmal hilft eine Fee dabei, besonders, wenn vorher eine Hexe den Helden oder die Heldin „verzaubert" (versteinert oder in ein Tier — „kalt wie ein Frosch" — verwandelt) hat.

Derartigen „Schadzauber" fürchteten besonders Männer, denn es mußte wohl eine Hexe daran schuld sein, wenn ihnen die Manneskraft plötzlich versagte! Vielleicht war sogar die lockende Weiblichkeit der Begehrten nur vorgetäuscht, und hinter der hübschen Larve verbarg sich eine Teufelsfratze?

Viele Frauen mußten im finsteren Mittelalter unter genau diesen Anschuldigungen „peinliche Befragungen", Folter und meist auch Hinrichtungen über sich ergehen lassen.

Anschaulich schildert Victor Hugo in seinem Roman „Der Glöckner von Notre Dame", wie die Zigeunerin Esmeralda vom lüsternen, aber verklemmten Rollo der Hexerei bezichtigt wird: sie muß doch eine Zauberin sein, wie könnte sie sonst in dem so kirchentreuen und keuschen Rollo den Funken der Begierde entflammen?

„Ein wegen Malefizium geschiedener Mann durfte — im Gegensatz zu jenem, bei dem wegen natürlicher Impotenz die Ehe aufgelöst wurde — jederzeit wieder heiraten. Weshalb die angebliche Unfruchtbarkeit durch Liebeszauber zu einem bequemen Mittel geworden war, lästige oder alt gewordene Gattinen los zu werden, um eine neue Geliebte zu ehelichen."

Hilde SCHMÖLZER, „Phänomen Hexe"

In dem Essayband „Fanatismus und Massenwahn" schildert der Grazer Religionsphilosoph Anton GRABNER-HAIDER die konkreten Nöte und Probleme dieser Zeit, die von Verdrängung, Sexualangst und Schuldgefühlen geprägt erscheint. Ausschließlich Hexen können, so zitiert er aus dem „Hexenhammer", in Menschen unbezähmbare sexuelle Begierden wecken, Männer impotent machen, „in Männern die Phantasie, ihre Sexualorgane seien entfernt" erzeugen, Frauen unfruchtbar machen, Ehen zerstören und die sexuelle Begegnung der Geschlechter verhindern, dadurch „daß sich männliche und weibliche Dämonen zwischen die Ehepartner legen, so daß diese sich nicht vereinigen können".

Der Zeitgeist unserer Gegenwart verdrängt Sexualität nicht mehr, ganz im Gegenteil: viele meinen, daß uns heute immer und überall Sexuelles aufgedrängt wird, was auch Sexualangst und Schuldgefühle hervorruft — die Angst, immer zu müssen und zu sollen, zu versagen, nicht gut genug zu sein und Selbstvorwürfe, daß man oder frau überhaupt die Ursache in sich trägt, solche Zweifel haben zu müssen. Ein wahrer Teufelskreis!

Unter Sexualstörungen verstand man früher nur sexuelle „Dysfunktionen": wenn also beim „rechten Gebrauch" der Genitalien Hindernisse oder unerwartete, unerwünschte „Sensationen" auftraten. Den althergebrachten Begriff „Impotenz" lehnen Sexualwissenschafter heute als wenig aussagekräftig ab und sprechen statt dessen von „Erektionsstörungen".

Er entstammte dem Kirchenrecht, wo ja von altersher die wenigen Scheidungsmöglichkeiten festgehalten waren: „impotentia coeundi" war die Unfähigkeit, Geschlechtsverkehr auszuüben, „impotentia generandi" dagegen die Unfähigkeit, Kinder zu zeugen.

Auch unterscheidet die Sexualforschung der letzten Jahrzehnte präzise zwischen „Hemmungen der Lust" (mangelndem Begehren), ausbleibender Erregung (alle Formen von Erektionsstörungen beim Mann, aber auch Ausbleiben der Lubrikation — der Scheidensekretabsonderung — bei der Frau), Ejakulationsstörungen beim Mann (vorzeitiger, verzögerter oder ausbleibender Samenerguß), Orgasmusstörungen bei beiden Geschlechtern, aber auch Vaginismus (Scheidenkrampf) bei der Frau, der ein Eindringen des Penis unmöglich macht. Berührungsängste oder -phobien, Anästhesien (Empfindungslosigkeit an bestimmten Körperstellen), Dyspareunie (Schmerzen beim Geschlechtsverkehr, die die Vereinigung

110

unmöglich machen) sind nur einige andere „unerwünschte Nebenwirkungen" des „Heil-Mittels" Liebe.

Ich möchte an den Namen „Dysfunktion" anknüpfen, setzt er doch voraus, daß klar ist, was die „wohlgelungene" Funktion zu sein habe. In einer Kultur wie unserer mitteleuropäischen, die jahrhundertelang die Dominanz des zeugenden Mannes über die passiv empfangen müssende Frau voraussetzte und wo zumindest in den Zeiten, wo Katholizismus Staatsreligion war, Geschlechtsverkehr der Zeugung zu dienen hatte, galt Lust ohne Zeugung als „Unzucht" (von „Züchten"!).Und damit all die, die nicht zeugen konnten oder sollten — Kinder, Jugendliche, Kranke, Behinderte, Alte, aber auch bestimmte Berufsgruppen wie Knechte und Mägde und sogar niedere Beamte —, nicht auf „schlechte Gedanken" kommen sollten, wurden Legenden und Märchen aufgetischt, die alles Sexuelle mit Tabu und Geheimnis verhüllten: vom Klapperstorch, der die künftige Mutter ins Bein beißt, damit er sich merkt, daß er ihr ein Baby bringen muß, bis zur Rückenmarkschwindsucht, wenn man(n) unter der Bettdecke Hand an sich legt ... und wer daran nur fest genug glaubte, den traf dieser „Fluch" zumindest mit Zwangsgedanken.

Auch heute noch bewirken solche „Ammenmärchen", egal ob zur Angstmache oder „aus Spaß" erzählt, bei vielen Menschen Hemmung, Symptom und Angst. Ich erinnere mich an eine Patientin, die, wenn sie liebte, nicht wagte, den Geliebten zu berühren, geschweige denn zu umarmen. In der Tiefenarbeit stellte sich heraus, daß ihr Vater einmal beiläufig erwähnt hatte, eine Frau solle nie einen Mann „angreifen". Wie er dies gemeint hatte — wörtlich oder übetragen —, ließ sich nicht mehr überprüfen, da er tot war. Seiner Tochter hatte er mit diesem „Fluch" jegliche zärtliche Annäherung verboten.

In diesem Fall war er der „Hexer". Nach der analytischen Psychologie C. G. JUNGs könnten wir feststellen, die Frau wäre „animusbesessen" — sie stehe noch immer unter dem „Bann" des Vaters, sei noch nicht „Frau" für „ihren Mann". Ich spreche gerne von „ewiger Vertochterung" — eine der „Zeitfallen": Eben weil es mit Angst besetzt ist, zur Frau zu reifen und den Mann an- und in sich aufzunehmen, werden Symptome gebildet, die ersparen, „nein" oder „noch nicht" zu sagen. Der Körper wird kontrolliert, Hingabe blockiert, Lust nicht zugelassen (denn da könnten ja die sicheren Grenzen der Vergangenheit überschritten werden!).

111

Frauen wurde — und wird leider noch immer — nicht gestattet, ihre Sexualität anders als „unter der Schürze" zu definieren: sie sollen Mutter werden, sein und bleiben, eine gute nämlich und daher für alle, die bemuttert werden wollen.

„Es genügt dann, daß Frauen fürsorglich sind,
also moralisch überlegen."

Jessica BENJAMIN, „Macht und Begehren der Frau"

Muttersein ist asexuell — es entspricht dem Archetyp der Madonna mit dem Kindlein. Da gibt es kein Vorher und kein Nachher, ihre Empfängnis ist unbefleckt vom männlichen Samen. Unterwirft sich eine Frau diesem „Mythos", bleibt sie passiv: jegliche Aktivität — Begehren, Werben, Stimulieren, Vereinigen — wird dem Manne zugeteilt, der dann als Verantwortlicher oder gar Gewalttäter eine andere Spielart des mächtigen Vaters leben muß. Von eigenverantwortlicher genitaler Reife ist frau damit noch weit entfernt.

Gefühlskälte

Weil ihre Gefühle für ihn abgekühlt waren,
stempelte er sie als „gefühlskalt" ab -
anstatt sie mit seinen Blicken zu wärmen,
anstatt sie mit seinen Worten zu berühren.
Lieber litt er unter ihrer Distanz
als ihre Gefühle neu zu entfachen.
Denn einem Eisklotz kann Hitze gefährlich werden.

Maria SUKUP

Im Vaginismus lautet die Botschaft des Körpers: ich will mich nicht freiwillig öffnen. Auch in der Psychotherapie zeigen sich Vaginismus-Patientinnen verschlossen; es braucht Geduld, bis sie beginnen, Vertrauen zu haben. Dann allerdings werden sie selbst aktiv.

Manche beklagen sich aber auch, daß ihr Partner nicht „energisch genug" sei, und tatsächlich: Der zugehörige Mann erweist sich meist als zaghaft, aggressionsgehemmt. Er will seiner Liebsten nicht „weh tun".

Und oft verliert er seine Erektionsfähigkeit genau dann, wenn seine Partnerin endlich „offen" für ihn ist.

Erektionsstörungen hängen mit abgewehrter Aggressivität zusammen: ohne dieses „Alzerl" Aggressivität mehr, das wohl im Y-Chromosom wohnt, könnte der Mann ja nicht die Körpergrenze der Frau durchstoßen ... wird die Frau aber als übermächtig erlebt, als Mutterfigur der frühen Kindheit samt Inzesttabu, verliert der gehemmte Mann allen Mumm, wenn er sich ihr nackt und bloß nähern soll. Manchmal hat man(n) aber auch als kleiner Junge gehört, daß Mädchen zart sind, daß er seine kleine Schwester beschützen muß oder in Ruhe lassen, und vielleicht wurde ihm auch noch das Märchen von der „Prinzessin auf der Erbse" indoktriniert... Vielfach liegt dann insgeheim auch eine ordentliche Wut im Verborgenen, daß die Frau so viel Schutz zugebilligt bekommt und auch, daß sie so gar keine „sichtbaren" Potenzängste oder Probleme hat, weil ihre sexuelle „Leistungsfähigkeit" nicht schon von Anbeginn des Paarungsverhaltens überprüfbar ist.

Diese Wut zeigt man(n) nicht, man(n) ist ja Kavalier und hat „seinen Mann zu stellen" — und genau darin liegt das Dilemma: Wenn der Körper „Nein" sagt, heißt das im Klartext: Du willst „jetzt" oder „mit dieser Frau" nicht.

Ich erinnere mich an einen Klienten, Vertreter von Beruf, ungebunden, der in jeder „seiner" Städte eine Verehrerin wußte, die ihm gerne die einsamen Abende versüßen wollte. Nur: aus den süßen Phantasien wurde nichts, es folgte stets die herbe Enttäuschung, daß sein Penis weder ihm noch ihr das erhoffte Glück brachte. Erst als er sich dazu durchrang, daß er ja nicht „müsse" — und erkannte, daß Phantasievorstellungen, „es wäre doch ganz nett..." eines sind, die körpersprachliche Botschaft seines „Glücksbringers", „Ich will ..." aber etwas anderes, erlebte er sich wieder als erregten Mann. So erwarb er die nötige Aggressivität, sich gegenüber den Wünschen einer Frau, die er gar nicht — oder nicht genug — begehrte, abzugrenzen.

Viele Männer glauben, ihrer Partnerin immer sexuell zu Willen sein zu müssen — gewissermaßen Mammis braves Bubi. Und viele glauben das vor allem dann, wenn ihr Herz (und ihre Sexualkraft) in Wirklichkeit einer anderen zuneigt.

Wie bei den Hexen im Mittelalter: es liegt ein „Dämon" zwischen den

Eheleuten — zumindest auch der Sicht einer possessiven Ehefrau. Umgekehrt geht es auch vielen Frauen so. Sie dulden Geschlechtsverkehr, ohne erregt zu sein, und viele — brutale — Männer scheren sich keinen Deut, daß eine Frau erst paarungsbereit ist, wenn ihr Genital nicht nur Feuchtigkeit absondert, sondern auch entsprechend dem männlichen angeschwollen ist. Bei ihren läufigen Haustieren sehen sie diese Signale wohl, beim Menschenweibchen glauben viele, auf Stimulation verzichten zu können. Dabei zeigen die Hunde ganz klar, wie die gelungene Reihenfolge abläuft: erst schnüffeln, dann lecken, dann erst aufreiten.

Täuschungen (2)

Sie täuschte einen Orgasmus vor
und er bemerkte es nicht.
Er täuschte einen Orgasmus vor
und ihr war es egal.
Da war er aber enttäuscht.
Maria SUKUP

Viele sogenannte psychosomatischen Reaktionen sind ganz klare Folgen mangelnder Paarungsrituale. Dann heißt die körpersprachliche Botschaft einfach „So nicht!"

Natürlich gibt es gelegentlich auch organische Ursachen, bestimmte Erkrankungen (z. B. Störungen des Hormonhaushalts), bestimmte Medikationen (z. B. blutdrucksenkende Mittel), bestimmte Verhaltensweisen (z. B. Substanzmißbrauch); sie alle können schnell als Ursachen für Erektionsstörungen herausgefunden werden. Weniger rasch, dafür aber häufiger stellen sich hingegen Leistungsdruck, Versagensängste, aber auch Beziehungsstörungen als Ursachen ausbleibender Erregung oder Befriedigung dar — beim Mann wie bei der Frau. Im Wort „Befriedigung" wird angedeutet, daß Frieden einen vorhergehenden Zustand des Kampfes (der Geschlechter?) oder der Aggression ablöst. Mit vorzeitigem Samenerguß „entzieht" der Mann seiner erregten Partnerin diese Befriedigung. Psychosomatisch kann die „eiaculatio praecox" unterschiedlich gedeutet werden: als Angst vor dem Verschlungenwerden durch die Hexe Frau — man(n) „macht sich an" wie ein kleiner Junge.

Die Lösung: Eben wie ein kleiner Junge lernt, seinen Harnstrahl zu kontrollieren, kann der erwachsene Mann Muskelkontraktionen üben, beim Urinieren ebenso wie bei der Selbststimulation und später immer und überall. Denn viele Männer haben überhaupt noch nicht darauf geachtet, wie es sich anfühlt, wenn sich der „Punkt der Unvermeidlichkeit" nähert...

Die Körperbotschaft kann aber auch verdeckte Aggression sein: „Keine Freude sollst Du mit mir (durch mich) haben!" Und wieder kann das Entdecken dieser geheimen Botschaft Angst auslösen...

„Die propagierte und realisierte Dominanz des Mannes beruht ausschließlich auf dem ‚Besitz' eines männlichen Geschlechtsorgans. Es ist daher kein Wunder, daß ein derart mit sekundären Funktionen, insbesondere mit Machtfunktionen überfrachtetes Organ so leicht störbar ist und so deutlich das Selbstverständnis erschüttert."

Ingrid OLBRICHT, „Alles psychisch"

Das männliche Glied wird oft als Waffe phantasiert. Es kann aber auch als besonders verletzlicher Körperteil verstanden werden. Das macht auch wiederum Angst — trägt der Mann doch sein Genital ungeschützt außerhalb der Körperhöhlen. Und je nachdem, ob er als kleiner Bub erfahren hat, das „Spatzi" sei „pfui", oder ob er bestätigt bekam, daß er mit diesem Körperteil sehr viel Freude haben könne, nur nicht bei allen Gelegenheiten und an allen Orten, wird er sich selbst mögen oder nicht. Und je nachdem wird er der Geliebten gegenüber unsicher sein, schamhaft, oder selbstsicher, stolz. Das Vorbild des Vaters wird ihn beeinflussen und — die Reaktion der Mutter auf den Vater.

Nur wer seiner selbst sicher ist, wird auch Unsicherheit ertragen, den Verlust von Selbstkontrolle: die Verwischung der Ich-Du-Grenzen im Geschlechtsakt.

Die Tierfrau

„Würden ‚die Tage‘ zur Garantie für einen Freiraum, wo nicht mit Frauen zu rechnen ist, wären sie in der zentralen Zeit ihres Lebens unberechenbar. Das aber würde dem weiblichen Archetyp durchaus entsprechen. Alles zu berechnen ist ein Anliegen des männlichen Pols. Solange der allerdings die Regeln des Lebens bestimmt, wird Unberechenbarkeit eine Schande bleiben und Spontaneität ein Schattendasein fristen."

Rüdiger DAHLKE, „Lebenskrisen als Entwicklungschancen"

Kleine Kinder haben putzige Gesichtchen mit blanken, offenen Augen, niedliche Näschen und krähende Stimmchen und wenn sie weinen, einen Zwei-Loch-Mund. Dann sieht man ihnen richtig an, daß sie auf Gott und die Welt böse und überhaupt schwer beleidigt sind. Sie stapfen tapfer durch die Welt, an den zupackenden Händen der Großen, die viel zu schnelle und zu große Schritte machen, und bemühen sich redlich, im gleichen Takt zu bleiben. Und irgendwann setzt die geschlechtsspezifische Erziehung ein — und dann heißt es für Mädchen trippeln und für Buben treten, auftreten.

Dann sollen Mädchen brav und lieblich sein, demütig und anmutig — und Burschen mutig. Das ist das Erziehungsprogramm von gestern, als es noch keine außerhäuslichen Arbeitsplätze für Frauen gab und sie daher darauf angewisen waren, so schnell wie möglich aus dem Elternhaus weggeheiratet zu werden, wollten sie nicht als alte Jungfern den glücklicheren, weil mit Familie gesegneten Verwandten zur Last fallen. Und um schnell weggeheiratet zu werden, mußten sie entweder wunderschön oder bienenfleißig oder zumindest gehorsam sein, am besten alles zusammen.

Nur: kaum wurde so ein Backfisch mannbar, so fiel er trotz aller Dressur zur Anpassung an den künftigen Herrn und Gebieter durch einen *„zyklisch auftretenden Zustand"* (Cecil HELMAN) auf, in dem, so schien es, alle bisherigen Erziehungsmühen vergebens waren. Himmelhoch jauchzend zu Tode betrübt, unleidlich gegen sich und andere, kratzbürstig und bissig und — blutend.

„In den von Männern und der Medizinwissenschaft geschaffenen Erklärungsmodellen für das Prämenstruelle Syndrom wird die Frau als die Sklavin des Mondzyklus hingestellt, als gewalttätig und unbezähmbar,

wenn das ‚verborgene Tier in ihr' in seinem monatlichen Wutausbruch mit Fängen und fliegendem Haar auftaucht und sein ansteckendes Blut über die kontrollierten Gewißheiten des männlichen Lebens vergießt", schreibt Cecil HELMAN in seinem Essay „Der prämenstruelle Werwolf". Entstanden ist dieses Prämenstruelle Syndrom (PMS) aus der Suche nach einer Erklärung für weibliche, daher unverständliche Gewalttaten, denn: eine „richtige Frau", nämlich eine friedliebende und daher friedliche, bleibt zufrieden mit ihrem Schicksal, was immer ihr auch angetan wird, und hat nur ein Ziel — andere, nämlich Männer, Kinder, Eltern, nur nicht sich selbst zu befriedigen.

Vieles, was von Strafverteidigern als wissenschaftlich untermauerter Entschuldigungsgrund vor Gericht vorgebracht wurde und wird, nistet sich, hast du's nicht gesehen, flugs in die Gehirne der unkritischen Leser und Leserinnen der Gerichtsaalberichterstattung ein und wird so unbestritten ins Alltagsdenken übernommen.

So erinnert die amerikanische Biologieprofessorin Anne FAUSTO-STERLING an die „Erfinderin" des von ihr als „prämenstruelles Syndrom" bezeichneten „periodischen Kollers", die britische Ärztin Katharina Dalton, deren Aussagen als Gerichtsgutachterin unbeherrschtes weibliches Fehlverhalten aus Stimmungsschwankungen und Stimmungsschwankungen aus Hormonschwankungen erklärte. Dadurch gelang es zumindest in dem von FAUSTO-STERLING zitierten Fall, eine Verurteilung zur Todesstrafe wegen Mordes zu verhindern, weil die Täterin an „prämenstrueller Geistesstörung" gelitten habe und daher juristisch nicht verantwortlich gemacht werden sollte; das bedeutet immerhin für die seinerzeitige Verteidigung einen Erfolg. Vielleicht auch für alle Frauen, die nach einem Grund suchen, sich nicht beherrschen zu müssen. Sicher nicht für die Frauen, die gleichberechtigt ernst genommen werden wollen.

Sich beherrschen, sich beherrschen lassen — das sind Forderungen, die Frauen von altersher oktroyiert wurden: sie wurden in juristischem Sinn als Sache gesehen, als Besitz zuerst des Vaters, des Bruders oder der Sippe — und sollten daher auch einen guten Preis erzielen, wenn ein Brautkauf getätigt wurde — und später des Ehemannes bzw. dessen nächster Anverwandter, als Eigentum, mit dem man nach Lust und Laune schalten und walten konnte, das man daher auch gebrauchen, mißbrauchen, ja sogar töten durfte.

118

Die Monatsregel verhinderte so manchen lustvollen Gebrauch.

„... diese monatliche Menses entzieht die Frauen der Macht des Männlichen und unterwirft sie statt dessen mysteriösen kosmischen oder hormonellen Kräften."

Cecil HELMAN, „Körpermythen"

In dieser Zeit des Wandels, der Erneuerung, der Reinigung konnte sich das junge Mädchen, die Frau zurückziehen und etwas für sich selbst tun. Das war ja sonst kaum möglich, denn sie hatte zur Verfügung zu stehen. In der Menses — der Mondzeit — war frau tabu — unberührbar. Manche deuteten um: unrein.

„Den Rabbinern war der Geschlechtsverkehr in den Tagen, an denen das Blut fließt, strengstens untersagt, denn daraus, so hieß es, entstünden Monster ... Es ist ein Tabu, das nur jene Hälfte der weiblichen Natur anerkennt, die sich auf Schwangerschaft und Geburt bezieht."

Penelope SHUTTLE / Peter REDGROVE,
„Die weise Wunde Menstruation"

Im Englischen wird die Periode auch als „The Curse" — „Der Fluch" — benannt; die Erklärung dessen, was das junge Mädchen während der ersten Regel erlebt, kann oft wirklich mit vollem Recht als Verfluchung fürs spätere Frauenleben bezeichnet werden. Noch immer reagieren manche Mütter schockiert — „Was, jetzt fängst du auch schon an!" -, verordnen peinlich berührt Geheimhaltungspflichten — „Daß nur ja Dein Vater nichts merkt!" — oder ergehen sich in Unzuchtsphantasien — „Daß Du mir nur ja nicht mit einem Kind nach Hause kommst!" Kein Wunder, daß viele Frauen jahrelang für diese Blamage an Schuldgefühlen leiden!

Schuldgefühle sind kein Zustand der Entspannung — im Gegenteil: sie bedeuten Streß. Frau muß in Deckung bleiben, sich klein machen, zurücknehmen, und sollte sich doch hochaufrichten und stolz sein, nun gebärfähig zu sein. Schuldgefühle bedeuten zurückgehaltene Wachstumskräfte: eigentlich sollte ich so funktionieren, wie man(n) es von mir verlangt, ich will aber nicht, ich bin aggressiv, weil ich nicht sein darf, wie ich bin, eigentlich sollte ich mich wehren, aber ich trau' mich nicht, ich halte meine Aggressionen zurück, um mich nicht zu exponieren ... das alles ergibt Anspannung und Anspannung bedeutet auch Verkrampfungen, Schmerzen.

„... PMS ist die physisch erlernte Sprache gegen die eigene Verleugnung des Blutes ... Der Preis, den der Körper dafür zahlen muß, ist hoch. Die physischen Veränderungen sind erheblich, oft schmerzhaft: Hautveränderungen, Hitzewallungen, Kopf — und Rückenschmerzen, Völlegefühl, Wasseransammlungen, Verdauungsbeschwerden, unerträgliche Schwellungen und Spannungen in der Brust. Der Körper ist ‚überspannt‘, aber nicht nur der Körper ...“

Jutta VOSS, „Das Schwarzmondtabu“

„Mit der Menarche beginnt die Patienten — Karriere der werdenden Frau“ klagt die Schweizer Jungianerin Jutta VOSS, *„Ihre Erziehung zur Schwachen, Hilfsbedürftigen wird von seiten der Medizin und Pharma — Industrie stark beeinflußt, denn ihre Schwäche ist ein lukratives Geschäft für Ärzte, Apotheken und Industrie-Konzerne ...“* Fühlt sich frau hilfsbedürftig, haben sie alle Grund zum Feiern. Daß es auch für die nahestehenden Frauen einen Grund zu Feiern gäbe, daß wieder eine Tochter zur Frau gereift ist, spricht sich erst langsam und vor allem bei den Leserinnen von Luisa FRANCIAS „Drachenzeit“ herum.

Jutta VOSS bezeichnet das Prämenstruelle Syndrom als *„historisch anerzogen, psychisch von Frauen internalisiert und ‚gelernt‘“* und damit als Selbstdiskriminierung. Im Ei der Frau sieht sie die erwünschte Fruchtbarkeit samt Verordnung sozialer Isolation in der Kleinstfamilie, im Blut die unerwünschte Nicht-Fruchtbarkeit, die der Frau eine soziale Rolle im Beruf und damit Konkurrenz mit dem Mann ermöglicht.

Die schon von Sigmund FREUD und seinen Epigonen immer wieder angesprochene Aufspaltung des Frauenbildes in Madonna und Hure präzisiert die Theologin VOSS als Trennung in *„reine und weiße Maria, die ohne Geschlechtsverkehr schwanger wird, und die sündige, dunkle Maria Magdalena, die trotz Geschlechtsverkehr nicht schwanger wird. Also muß sie eine Hure sein ...“* und damit Symbol für eine sinnliche Sexualität, die nicht die Geburt eines Kindes zum Ziel hat, sondern die Geburt der eigenen sexuellen Persönlichkeit.

Jahrhundertelang versuchten Philosophen wie Ärzte, alles Geschehen rund um die Menstruation der Frau als mangelhaft/gehemmt (ARISTO-TELES), Folge eines untätigen Lebens (GALEN), giftig (PLINIUS), unterentwickelt (AVICENNA), schwach (THOMAS VON AQUIN), blöde (HELMONT aus Brüssel) darzustellen; da fallen Vergleiche wie Zivilisationsschaden (ROUSSEAU), Katarrh (VIRCHOW), Abortus (BARNES) und pathologischer Charakter (LOEWENTHAL). VOSS schließt diesen historischen Überblick mit den poetischen Deutungen der ersten Psychoanalytiker und hebt hervor, daß erst Karen HORNEY zu formulieren wagte, diese „monatliche Neurose" entstünde nicht durch ein „verlorenes Kind" oder einen „verlorenen Penis", sondern durch die verlorene Freiheit und verlorene Aggressivität — durch verlorene Ganzheit.

„Gynäkologen geben vor, die Frauen dadurch von ihrer prämenstruellen Seuche befreien, also ihnen etwas Gutes tun zu wollen, indem sie ihnen ein lebenslanges Hormonkorsett verpassen als Ablösung des Fischstäbchenkorsetts des letzten Jahrhunderts ... Um die Frauen wirklich von ihren enormen prämenstruellen Belastungen zu erlösen, muß nicht die Menstruation, sondern ihre dreitausend Jahre alte patriarchale Verteufelung abgeschafft werden."

Jutta VOSS, „Das Schwarzmondtabu"

Verteufeln heißt, etwas zum Teufel zu machen — aus der Einheit in und mit Gott, aus der Ganzheit auszustoßen, ihm Lebensraum, Bewegungsfreiheit nehmen zu wollen. *„Die innere Einstellung zu Liebe, Sexualität und zum Körper überträgt sich von Generation zu Generation jeweils auf die Nachkommen,"* behauptet Henry G. Tietze. *„Wenn eine Mutter Sexualität als etwas ‚Niedriges' empfindet, wenn sie mit ihrer Weiblichkeit nicht zurechtkommt, dann überträgt sich dies auf die Tochter."* und empfiehlt: *„Wer sich als Frau selbst kennen und verstehen lernen will, muß seine Mutter kennen und verstehen."*

Wie einfach! Cherchez la femme! Wieder einmal ist die Mutter schuld. Und die Großmutter, und die Urgroßmutter, und so fort — bis zur Urmutter Eva. Diese schlichte Denkweise besagt also: hat eine Frau kein gutes Verhältnis zu ihrem Körper, so hat sie die Leibfeindlichkeit ihrer Mutter übernommen — nicht etwa abwertendes Verhalten des Vaters gegenüber der Mutter verinnerlicht. In der „vaterlosen Gesellschaft" (Alexander MITSCHERLICH) wird ja der Vater weder an- noch mitgedacht. Aber auch wenn er tatsächlich fehlt, ist er dennoch geistig präsent: als Bewertender, als Sanktionierender.

Ich habe bei zahlreichen meiner Patientinnen in der Biographie entwertende Äußerungen des Vaters über menstruierende Frauen gefunden: vom Ärger über die periodische Abwehr seiner sexuellen Annäherungsversuche über uninformierten Ekel bis zum bloßstellenden Triumph über die schwache Frau mit ihrem Unwohlsein; aber auch Hilflosigkeit gegenüber der Abwehr des ängstlichen Liebhabers, der Blut mit Infektionsgefahr assoziierte. Ich habe von altmodischen Sündephantasien frauenfeindlicher Religionslehrer erfahren und von sprachlichen Entgleisungen wie dem Satz eines Grazer Hochschulprofessors an der juridischen Fakultät: „Meine Damen, setzen Sie sich bitte in die hinteren Reihen — ich kann den Geruch von Menstruationsblut nicht ertragen!" (Gesprochen im Dezember 1991!)

Manche Psychoanalytiker wie Bruno BETTELHEIM sehen in den Wunden, die in manchen Kulturen — und zwar nicht nur in den sogenannten primitiven, sondern durchaus auch bei uns, denken wir nur an die Mensuren schlagender Verbindungen und den Stolz ihrer Mitglieder auf ihre Schmisse! — jungen Männern anläßlich ihrer Initiation in die Gruppe der Erwachsenen künstlich zugefügt werden, eine Imitation der natürlichen weiblichen Initiation in die Gruppe der gebärfähigen Frauen.

Das „Bild einer männlichen Menstruation und der vielen Spannungen, die ihr vorausgehen" sieht Cecil HELMAN in den Werwolflegenden: „Auf sehr ähnliche Weise wird auch der Körper des mythischen Werwolfes in jedem Monat des Mondjahres verwandelt: plötzlich sprießen ihm unkontrolliert Haare, dieses Signal für ‚Animalität' und ‚Weiblichkeit' — und darauf folgen Qual, Chaos und Blutvergießen." Haare, Mond und Blut sieht er nicht nur als den innersten Kern des Werwolfmythos, sondern ebenso als „ehrfurchtgebietende Trinität starker weiblicher Symbole".

Ich sehe auch die Verbindung zu den Begleiterscheinungen der Geschlechtsreife: die Körper- und insbesondere Schambehaarung sprießt, das helle Licht der Vollmondnächte läßt Gefühle, Impulse und Gelegenheiten sichtbar werden, und viele genitale Erstkontakte werden mit Blut besiegelt.

122

Manche Forschende behaupten, daß in alten Zeiten Empfängnis-
verhütung durch „Lunaception" betrieben wurde: bei Vollmond schliefen
die Frauen nicht in ihren Schilfhütten, Zelten etc., sondern im Freien —
und das war ein Signal für die stimulierten Männer, den Beischlaf voll-
ziehen zu dürfen; zu Neumond hatten die Frauen dann die Regel oder
waren schwanger.

Eben diese Forschenden entdeckten auch, daß sich auch heutzutage
der Zyklus der Frau, wenn sie den Schein des vollen Mondes nicht durch
Vorhänge aus ihrem Schlafgemach ausperrt, auf diesen Vier-Wochen-
Rhythmus einpendelt, und daß diese Wirkung des Vollmondlichtes auf die
Hypophyse und die von dort aus gesteuerte Ausschüttung von Geschlechtshormonen sich auch durch künstliches Lampenlicht simulieren
läßt.

Analog dazu scheint die Wirkung des Vollmondes auf das männliche
Verhalten erhöhte Paarungs- bzw. Aggressionsbereitschaft auszulösen.

Zwar geistern alljährlich Forschungsergebnisse durch die Medien, daß
eine signifikante Auffälligkeit nicht festgestellt werden konnte, ich jeden-
falls höre immer wieder von Exekutivbeamten, daß häusliche ebenso wie
Gewalttaten in Lokalen und auf der Straße und dementsprechend die
Polizeieinsätze bei Vollmond deutlich zunehmen gegenüber anderen
Teilen des Mondmonats. Die Werwölfe sind also doch unter uns.

Zum Werwolf wird man durch Ansteckung — durch den Biß (Kuß?)
oder die Blutvermischung mit einem anderen Werwolf. Assoziationen zu
AIDS drängen sich auf. Zur Ansteckung mit dem HIV ist die Idee kaum
warnend genug daß man(n) selbst oder ein anderer „Werwolf" gefahr-
bringend sein könnte, das zeigen die Erfahrungen der Präventions-
versuche. Das einzige, was anscheinend bewußtseinsfähig ist, ist Angst
und Ekel und Warnung vor der blutenden Frau. Und daß die auf diese ihre
vielfache Erfahrung nicht nur seelisch, sondern auch körperlich reagiert,
ist als logische Folge nachvollziehbar.

Ob Pubertätsriten oder Werwolfgehabe — Heulen und Anfallen —, im
Sinne des „zweiten Sündenfalles" wird klar, weshalb die nach Dominanz
Strebenden ihre Kopie als höherwertig gegenüber dem Original deklarie-
ren müssen: sie müssen ihre Unterlegenheitsgefühle ins Gegenteil ver-
kehren, und das geht am besten, wenn man das konkurrierende „Andere"
abwertet.

Wir sollten nie vergessen: das weibliche Original dient der Regeneration und erinnert an die Erschaffung von Leben, die männliche Kopie dient der, wenn auch rituellen, Verletzung und erinnert an Tötung.

„Das männliche Blut, auch das Blut Jesu, ist und bleibt Tötungsblut.“
Jutta VOSS, „Das Schwarzmondtabu“

Krebs — Die dämonische Schwangerschaft

„Überschießendes chaotisches Wachstum ohne Rücksicht schont weder fremde Territorien noch die eigene Lebensbasis."
Rüdiger DAHLKE, „Krankheit als Sprache der Seele"

Krebs — da denken manche an die Schalentiere, denen man nachsagt, einen Schritt vor und zwei zurück zu gehen (in Wirklichkeit marschieren sie zielstrebig seitwärts), und andere wiederum denken an das Sternzeichen, dem man Sensibilität und Treue zuschreibt. An die Krankheit Krebs denkt niemand gerne. Dazu ist sie viel zu unheimlich-heimlich nämlich, dadurch oft auch unkalkulierbar und leider oft auch unkontrollierbar. Oft erfahren Patienten ihre Diagnose Krebs erst in fortgeschrittenem Krankheitsstadium, wenn sich die Krebszellen so verbreitet haben, daß jeglicher Kampf gegen diese Übermacht aussichtslos erscheint — und kapitulieren; daß diese Form von Unterwerfung unter das „Schick-sal" nicht sein muß, beginnt sich erst langsam herumzusprechen.

Krebs wird oft als „dämonische Schwangerschaft" bezeichnet: denn auch in diesem Falle wächst etwas vorerst unbemerkt heran, nimmt Raum, drückt, schafft Übelkeit und Beschwerden. *„Der heilige Hieronymus muß an eine Krebserkrankung gedacht haben, als er schrieb: ‚Der dort mit seinem geschwollenen Bauch geht schwanger mit seinem eigenen Tode'* ... " schreibt Susan SONTAG in „Krankheit als Metapher". Und tatsächlich eint beide Phänomene nicht nur, daß klammheimlich im Körper etwas wächst und Gewachsenes verdrängt, sondern daß viele aus Angst zu chirurgischen Problemlösungen schreiten, um sich vom ungebetenen Keimen zu befreien.

Krebspatienten haben Angst — sie machen aber auch Angst. Ihren Angehörigen, die nämlich oft Phantasien entwickeln, sie könnten vom Krebs angesteckt werden wie von der Pest. Das ist nun wirklich nicht möglich! Dennoch hat Wilhelm REICH, später nach den USA emigrierter österreichischer Psychiater und FREUD-Schüler, von der „emotionalen Pest" als Krebsverursacherin gesprochen. Krebs hingegen bezeichnete er als „Sexualhungerseuche". Hunger bedeutet, daß sich eine Leere bemerkbar macht. Leere ist ein räumlicher Begriff. Aber für Sexualhunger, für Beziehungshunger wird üblicherweise kein Raum gegeben.

„Metaphorisch gesehen ist Krebs nicht so sehr eine Krankheit der Zeit als eine Krankheit oder Pathologie des Raumes," stellt SONTAG fest. *„Seine hauptsächlichen Metaphern beziehen sich auf die Topographie (Krebs ‚breitet sich aus‘, ‚wuchert‘ oder ‚dehnt sich aus‘; Geschwülste werden chirurgisch ‚entfernt‘), und seine am meisten gefürchtete Folge, fast gleichrangig mit der Furcht vor dem Tod, ist die Verstümmelung oder Amputation eines Teiles des Körpers".*

Also wiederum Leere.

Die Angst vor dem unkontrollierten Wachstum setzt nicht erst ein, wenn Krebszellen diagnostiziert wurden; nach meiner Beobachtung besteht sie bereits lange bevor — nur bezieht sie sich da noch nicht auf die Vermehrung wildgewordener Zellsoldaten, sondern auf die Entstehung unerwünschter Gefühle und Gedanken. Oft sind sie sexueller Natur, wie es Wilhelm REICH pionierhaft aufgezeigt hat. Ich fand öfter noch aggressive Inhalte. Und sie können sich sogar als Trauer maskieren.

Krebs ist *„ein Protest gegen die objektiv herrschenden Bedingungen des Unlebens"* schreibt Adolf MUSCHG in seinem Vorwort zu dem autobiographischen Roman „Mars" eines Krebskranken, der sich das Pseudonym Fritz ZORN wählte. Dieser junge, reiche Zürcher konnte zwar seine Krebserkrankung nicht überwinden, sehr wohl erkannte er aber wesentliche Lebensbedingungen, die deren Entstehung begünstigten: ein Elternhaus, in dem alles schaumgebremst, „harmonisch" zugehen mußte, in dem Anpassung an das, was sich gehört, was erwartet wird, um jeden Preis betrieben wurde und in dem daher echte Gefühle keinen Platz finden konnten.

„Das Verhalten der Krebszelle zeigt als Grundthema eine Wachstumsproblematik. Nach zuviel Vor- und Rücksicht schlägt die Zelle ins Gegenteil um."

Rüdiger DAHLKE, „Krankheit als Sprache der Seele"

Gefühle verlangen nach Ausdruck. Sie wollen ausge-drückt werden. Werden sie das nicht — werden sie unterdrückt —, erzeugen sie Druck. Bedrücken. Drücken Gesundes weg und schaffen sich so auf destruktive Weise Raum. Und zwar an den Körperstellen, in den Organen, die den Ort des Konfliktes symbolisieren.

Elsa beispielsweise opfert ihre linke Brust just zu dem Zeitpunkt, als ihre einzige Tochter ihr Studium beendet und damit auch ihre Bindung ans Elternhaus: sie zieht weg, in die Stadt, in der sie künftig arbeiten wird. Die Mutter bleibt zurück — mit einer Leere rund ums Herz, allein mit einem Ehemann, dessen Aggressionen sie nun allein aushalten muß, ohne die Tröstung, sie täte dies dem Kind zuliebe. Daß ihre Krankheit die linke Körperseite betrifft, wundert nicht, gilt doch die linke Körperhälfte als die dem Gefühl zugeordnete (im Gegensatz zur rechten, die dem Verstand, dem Denken zugewiesen wird).

Elsa „verkörpert" den Typ der Schweigerin und Dulderin. Wenn ihr Mann — Chef eines mittleren Unternehmens — zu Hause losbrüllt, erstarrt sie — ganz Dame — und verläßt höchstens „leidend" den Raum. Sie setzt keine Grenzen, protestiert nicht, „um des Friedens willen", und richtet lieber jegliche Aggression gegen sich selbst als gegen andere. Das hat sie von Luise, ihrer Mutter, gelernt, deren stereotype Redewendung „Nur keinen Verdruß!" ihr den Ruf eingetragen hat, eine „sanfte Tyrannin" zu sein. Die alte Dame hat ebenfalls eine Brustkrebsoperation hinter sich, allerdings wurden ihr nur Teile aus der linken Brust entfernt; just in dem Jahr, in dem auch ihre Tochter wegzog: ihr Ehemann war versetzt worden. Ganz entfernt wurde ihr hingegen die Gebärmutter. Auch dort war Krebs diagnostiziert worden. Und das in einem Jahr, in dem die Kriegerwitwe vor der Entscheidung stand, sich nochmals zu verehelichen. Sie tat es nicht. Was hätten denn die Leute gesagt, wenn sie auf ihre alten Tage einen neuen Mann „zugelassen" hätte?

Elsa erlaubt sich keinerlei „unerwünschte" Gefühle, und sie wagt auch nicht, sozialen Raum für sich zu beanspruchen. Auch Luise gibt dem Ziel, bei allen beliebt zu sein, Vorrang vor ihrer Selbstachtung.

Das Ehepaar SIMONTON — er Arzt, sie Psychologin — machte 1978 mit seinem Bestseller „Wieder gesund werden" von sich reden. Nicht nur in Fachkreisen! Sie stellten in diesem Buch nämlich ihr Forschungs- und Therapieprogramm vor: demnach deutet sehr viel darauf hin, daß die seelische Einstellung eines Menschen wesentlich daran beteiligt ist, ob er in einer Streßsituation Krebs entwickelt oder nicht. Und sie zeigten auf, daß Einstellungsänderungen das Wachstum der Krebszellen stoppen konnte, ja sogar Rückbildungen möglich waren.

Sie publizierten mutig ihre Hypothese, daß Krebs *„oft auf andere,* *etwa sechs bis achtzehn Monate vor Ausbruch der Krankheit entstandene Probleme im Leben des Erkrankten schließen läßt"* und zwar *„auf Probleme, die sich aus anhaltenden Streßerfahrungen ergeben oder durch sie verschärft werden".* Besonders war ihnen aufgefallen, daß die zukünftigen Krebspatienten auf diese Streß-Situationen mit einem tiefen Gefühl der Hoffnungslosigkeit reagierten. Und sie wagten, lange bevor ihnen die Ergebnisse der Neuroimmunologieforschung recht geben konnten, zu behaupten: *„Diese Gefühlsreaktion löst unserer Meinung nach ihrerseits eine Reihe von physiologischen Reaktionen aus, die die natürlichen Abwehrkräfte des Körpers schwächen und ihn zur Bildung anomaler Zellen disponieren."*

Das war neu.

Bisher waren die Wissenschafter uneinig, ob es nun „karzinogene" Substanzen, also Schadstoffe wie Asbest, Teer, Anilinfarben etc. wären, oder Strahlungen, die auf die genetische Information einer Zelle einwirkten und auf diese Weise Krebs erzeugen könnten, oder allzu fettreiche Ernährung, oder ob es überhaupt Erbanlagen gäbe.

Soziale Komponenten wie Streßsituationen waren ebensowenig berücksichtigt worden wie deren seelische Verarbeitung.

Nun könnte man irrtümlich annehmen, nur Verlusterlebnisse brächten Streß: zwar rangieren auf der „Skala zur Bewertung der sozialen Anpassung" der Tod eines Ehepartners (100 Punkte), Scheidung (73), Trennung der Ehepartner (65), Gefängnishaft (63) und Tod eines Angehörigen (63) an höchster Stelle, aber dann folgt nach Körperverletzung oder Krankheit (53) überraschenderweise Heirat (50), gefolgt von Entlassung (47) und wiederum Aussöhnung der Ehepartner (45).

Ja sogar hervorragende persönliche Leistung (28) oder Urlaub (13) können Streßoren sein, die die zur Verfügung stehenden Bewältigungsstrategien überfordern!

Wenn Sohn oder Tochter das Haus verlassen, werden beispielsweise 29 Streßpunkte angesetzt!

Nur „geringfügige Gesetzesübertretungen" hingegen dürften weitgehend kalt lassen — mit 11 Punkten bilden sie das Schlußlicht.

Falschparken scheint also keine gesundheitsschädigenden Auswirkungen zu zeitigen!

„Die gleiche Macht, die uns erlaubt, negative Erfahrungen hervorzu-
rufen, kann auch positive Erfahrungen herbeiführen."
SIMONTON / MATTHEWS-SIMONTON / CREIGHTON, „Wieder
gesund werden"

Die SIMONTONS setzen als „Antikrebstherapie" die Vorstellungs-
kraft ein: Als ersten entscheidenden Schritt zur Änderung der Erwartung
gilt es, sich seiner Einstellung und ihrer möglichen Auswirkungen bewußt
zu werden. Dann wird bewußt Hoffnung zugelassen — als „Hinwendung
zum Leben". Hoffnung ist ein wichtiges Überlebensmoment für den
Krebspatienten. Und hier funken oft Angehörige dazwischen, die nicht
verstehen können — oder wollen —, wie jemand, der eine so schwere
Krankheit in sich trägt, dennoch das Leben und seine Vergnügungen
genießen will. Oder plötzlich auf sich selber schaut, Forderungen stellt, in
Konflikte hineingeht.

Ich erinnere mich an Heidrun. Auch wenn sich ihr Hautkrebs schon
weit in ihrem Körper ausgebreitet hatte, wollte die Enddreißigerin alle
Kräfte aktivieren um zu überleben; ihre drei Kinder brauchten die Mutter
und ihre Familie ihr Einkommen — ihr Ehemann hatte nämlich seinen
gutdotierten Job aufgegeben, um sich die Selbstverwirklichung eines
zweiten Hochschulstudiums zu gönnen. Die Last der Familienerhaltung
hatte er einfach an seine Frau „delegiert". Diese fühlte sich nicht nur
ungeliebt, sondern auch entsprechend überfordert. Ein Liebhaber, der ein
wenig Wärme in ihr kaltes Leben gebracht hatte, hatte sie nach den ersten
Operationen verlassen.

In der Therapie forderte ich sie auf, ihren Gefühlen nachzuspüren, sie
in geistigen Bildern auszudrücken. Ihr Ehemann tauchte auf: als ein rie-
siger Granitstein, den man nur schwer „umgehen" konnte und der
Ursache war, daß der Weg — ihr Weg — Absturzgefahr bot. Über den
Stein drüberzusteigen, wagte sie nicht. Hilf- und Hoffnungslosgkeit
machten sich breit. Ich bat sie, sich die beiden visuell vorzustellen — welche Gefühle sie bei ihr auslösten? Wut — und damit in weiterer Folge den
Energiezuwachs, der es ihr ermöglichen könnte, über den Stein hinwegzu-
kommen. In der darauffolgenden Stunde ging es ihr deutlich besser. Auf
die Frage, wie sich ihre Haut anfühle, kamen Phantasiebilder von Hasen,

die sich an ihre Wange, ihren Hals, ihre Achselhöhlen kuschelten — die Stellen, an denen ihre Krankheit zu wachsen begonnen hatte. Schon wagte sie, Erinnerungen an verschwiegene sexuelle Wünsche zuzulassen. Zur dritten Stunde kam sie nicht mehr — dafür rief ihr Ehemann an: er „erlaube" nicht, daß seine Frau sich durch Psychotherapie so „errege" — anstatt sich zu „schonen". Ob er sie denn schone, fragte ich zurück. Er sei mir keinerlei Rechenschaft schuldig, erklärte er daraufhin mit feindseliger Stimme, denn ER habe gottlob keinerlei Probleme. Schade. Ich habe Heidrun nicht mehr wiedergesehen.

Wenn die Unterstützung der Angehörigen fehlt, mangelt es an einer wesentlichen Kraftquelle für das „soziale Wohlbefinden" — und an einem Ziel, für das zu leben sich lohnt.

Ruth etwa bekam von ihrer Gynäkologin die erschreckende Nachricht, daß sich ihr Zellabstrich bedenklich verändert habe, exakt neun Monate nachdem ihr Ehemann gebeichtet hatte, er habe ein außereheliches Kind gezeugt. Sie selbst hatte auf ein drittes Kind verzichtet, weil der Ehemann nach ihrer zweiten Entbindung beschlossen hatte, zwei Töchter seien genug. Nun begann der Krebs genau dort zu wuchern, wo sie so sehr verletzt worden war: im Zentrum ihrer Weiblichkeit, am Gebärmutterhals. Wie wenn sie sich dort den Tod herbeiholen wollte, wo sie nicht Leben geben durfte. Ruth ging in die Psychoanalyse, litt sich noch einmal durch all die Demütigungen, die ihr der ungetreue Ehemann zugefügt hatte, und erkannte, daß ihr Wert als Frau nicht von der Treue des Gatten abhing. Das machte ihr leicht, ihn mit ihrer neuen Position ihm gegenüber zu konfrontieren und — er verstand sie und auch sich selbst, wie er oberflächlich, gedankenlos konsumiert und nicht bedacht hatte, was er bei beiden Frauen auslöste. Ruth konnte erleben, wie sich ihr Befund wieder verbesserte: zusätzlich zur medizinischen und zur Psychotherapie verhielt sich auch der offensichtliche „Erzeuger" der „dämonischen Schwangerschaft" heilsam — verfiel weder in Panik ob der psychosomatischen Reaktion der Gattin, noch konkurrierte er im Sinne von „Wer hat die wesentlicheren Probleme?", sondern begleitete sie einfühlsam bei ihrer Krisenbewältigung. So konnte sie dieser Partnerschaft — und damit auch sich selbst — eine neuerliche Chance geben.

Das Organ, in dem sich der destruktive Wachstumsimpuls manifestiert, ist auch der Ort, wo aggressive oder sexuelle Energie zurückgehalten wird: bei Elsa und Luise wird die Trauer und Wut über die Trennung vom Kind in der „Mutterbrust" zurückhalten, bei Heidrun ihr Bedürfnis nach Streicheleinheiten in der Haut und bei Ruth ihr Impuls, über eine Schwangerschaft zu demonstrieren, daß ihr Mann sie liebt und mit ihr schläft.

Ähnlich reagiert Fred: Als er gekündigt wird, verliert er mit seiner geliebten Aufgabe sein „geistiges Kind" und entwickelt einen Knoten im linken Hoden. Aus dieser Sicht erklärt sich auch, weshalb so viele Männer ab 65 Jahren Prostatakrebs entwickeln: sie stellen sich nicht ihren Zweifeln an ihrer männlichen Attraktivität und Potenz, ihrer Wut oder Trauer über Versagen — ebensowenig wie ihren Begierden.

Entscheidung

Sie haben mir meine Brust genommen -
aber nicht meine Selbstachtung.
Sie haben mir meine Brust genommen -
aber nicht meine Menschenwürde.
Sie haben mir meine Brust genommen —
aber nicht meine Lebensfreude.
Sie haben mir meine Brust genommen -
aber nicht meine Weiblichkeit.
Sie haben mir meine Brust genommen -
aber nicht meine Sexualität.
Sie haben mir meine Brust genommen -
aber nicht mein Leben,
Eigentlich haben sie mir nur meine Brust genommen.
Alles andere nehme ich mir selbst — oder auch nicht.
Maria SUKUP

Ver-rückt?

*„Jedes Kranksein und jedes Unglücklichsein entwickelt seinen eige-
nen sehr spezifischen Erzählstil."*

Cecil HELMAN, „Körpermythen"

Vor langer, langer Zeit liefen auch die Menschentiere auf allen vieren.
Der weiche, verletzliche Bauch war gut geschützt Mutter Erde zugewen-
det, und der belastbare Rücken dem Vater im Himmel. Damals konnte
vorne die schnüffelnde Nase noch alle Gerüche enträtseln, die vom Boden
empordampften — und hinten konnten allerlei Gerüche anlocken oder
abschrecken, denn keinerlei Knigges und Elmayers schrieben gutes
Benehmen vor ...

Und wenn Herr Tiermenschmännchen Lust hatte auf Frau Tier-
menschweibchen, ritt er wahrscheinlich einfach auf — sofern sie ihn
nicht wegkeifte, wie es heute noch Hundeweibchen mit den Rüden tun,
wenn die sich zur Unzeit annähern.

Und irgendeinmal richtete sich der Tiermensch auf: er erhob sich, hob
sich damit ab von Mutter Natur und wurde überheblich. Nun konnte er
vielerlei nicht mehr riechen — und wollte es auch gar nicht mehr, wie er
später in wohlgesetzter Rede zu beweisen pflegte. Dann trug er die Nase
eben höher. Dadurch wiederum richtete sich sein Blick empor — sein
Kinn schnellte aggressiv vor, die Kiefermuskulatur verspannte sich, er
hielt die „Ohren steif". Und im Bereich der Halswirbelsäule bildete sich
der erste Knick: sie ragte nicht mehr aufrecht, aufrichtig.

Wer in dieser Kopfhaltung lebt, verbindet eine Position des
Hinaufsehens mit einem tatsächlichen Hinuntersehen. Tiefenpsychologisch interpretiert deutet sich die Überkompensation eines Minder-
wertigkeitsgefühls an: eigentlich fühlt man sich irgendetwas (irgendje-
mandem) gegenüber klein, aber man tut so, als wäre man riesengroß und
alles andere das Kleine ...

Die nächste Steigerungsstufe ist das Nachhintenlehnen: jetzt werden
noch die Schultern zurückgenommen und Brust und Bauch hinausge-
bläht. Der zweite Knick entsteht. Imponiergehabe nennen das die
Verhaltensforscher. Im Tierreich setzen es unsere „Vorfahren" kurzfristig
ein, um Rivalen einzuschüchtern, und, wenn geht, aus dem Feld zu schla-

gen. Im Menschenreich ist es für viele Protzer zur chronischen Körper- wie Geisteshaltung geworden. Dadurch verschieben sich aber wiederum die inneren Organe. Und irgendwann ist dann alles „verdreht".

Und weil der weiche Bauch, dieser schutzlose Weichteil, jetzt so offen bloßliegt, wird er „hart" gemacht, „gepanzert". Was der Diener Darm nicht an Hartleibigkeit produziert, schaffen auch die Muskelsklaven. „Zäh wie Leder, hart wie Kruppstahl" — das Ideal vom gepanzerten Mann gab es doch schon einmal als Erziehungsziel? Heute feiert es in der Body- Bulding-Szene fröhliche Urständ, und sogar die Frauen rackern an den Fitnessmaschinen, um nur ja nicht mehr weich, sprich verletzlich, zu sein ...

Was von vorne auf uns — unseren Bauch — zukommt, wird als Angriff empfunden. Von hinten fällt man uns in den Rücken oder es werden uns Lasten aufgebürdet. In beiden Fällen klappen wir vorneüber. Aber wer liegt schon gerne auf der Nase? Alexander LOWEN erinnert in „Körperausdruck und Persönlichkeit", daß es im Amerikanischen den Ausdruck „push-over" für Menschen gibt, die leicht umzuwerfen sind — und daß diese Bezeichnung, auf Frauen angewendet, „nur eine Bedeutung" habe. Wir finden zwar charismatische Menschen „umwerfend", aber für die, die vor ihnen in die Knie oder gar zu Boden gehen, haben wir traditionell nur Verachtung zur Verfügung. Daher wird leicht verständlich, weshalb wir „mit Krampf" versuchen, den „Kopf oben" zu behalten.

„Mit der Aufrichtung kam das Thema Aufrichtigkeit ins Leben und der Kopf an die höchste und damit erste Stelle."
Rüdiger DAHLKE, „Krankheit als Sprache der Seele"

Die Angst vor der Niederlage, vor dem Zusammenbruch sitzt dann „in den Knochen", Bandscheiben oder in der Muskulatur. Oder die Angst vor Sex.

Durch die aufrechte Haltung verschwinden die Genitalien bei der Frau zwischen ihren Schenkeln und werden zusätzlich durch die Dornröschen- hecke der Schambehaarung verdeckt. Ein unfreiwilliger Koitus nach Art der Tiere wird dadurch erschwert — außer die Frau wird gewaltsam zu Boden gedrückt. Beim Mann hingegen werden die Genitalien sichtbar:

ungeschützt bieten sie hochsensibel, mit zartester Haut umgeben einen Angriffspunkt, den nicht nur die Fußballer beim Freistoßschießen sorgsam mit beiden Händen bedecken, sondern auch andere Sportler mit Suspensorien vor gröberen Stößen zu behüten suchen. Vielleicht interpretieren deshalb so viele Männer ihren Penis als Waffe: Pfeil, Speer, Säbel, etc. Sie brauchen dann nicht an ihre eigene Verletzlichkeit zu denken ... aber auch nicht an ihre Dominanzphantasien. Zusätzlichen Schutz vor unerwünschten Gedanken und Gefühlen holen sich viele Männer, aber auch Frauen dadurch, daß sie ihr Becken steif halten und nach hinten verlagern: die typische Hohlkreuzhaltung — der dritte Knick.

In all diesen Fehlhaltungen beweist sich die Angst vor dem Loslassen, Sich gehen lassen. Die Angst vor Haltlosigkeit.

Auch Rosmaries Unbewußtes vermeldet Rücken-ansichten: regelmäßig vor Weihnachten, wenn zum ohnedies normalverrückten Dasein als berufstätige Mutter und Hausfrau das schlechte Gewissen noch mahnt, Salzteigkrampusse zu kneten, Vanillekipferl zu backen und Weihnachtssterne auszuschneiden, legt sie ein gütiger Hexenschuß fürs erste einmal flach: jetzt kann sie sich wirklich nicht mehr stressen — ihr listiges Es (und der konsultierte Hausarzt) sendet ihrem Überich eine Entschuldigung für das Abweichen vom mütterlichen und großmütterlichen Vorbild „Eine gute Mutter macht für ihre Lieben alles selber!"

Rosmarie braucht gar nichts Schweres zu heben oder sich überhoch zu strecken. Sie steht einfach mit dem „falschen Fuß" auf — nämlich überhaupt: chronisch überfordert streikt ihr Stützapparat, wenn sie sich noch ein Quentchen Arbeitslast auferlegen will.

Für Angela genügt anscheinend die Vision ihres Schreibtisches: jedesmal wenn Urlaubstage zu Ende gehen — egal, ob Jahreswechsel, Semesterferien, Ostern oder der Jahresurlaub —, die engagierte Lehrerin liegt am letzten freien Tag wie gelähmt zu Bett. Die Kollegen sprechen schon vom „Lumbalgiemärchen". Tatsächlich verspannt sich Angelas Rückenmuskulatur so kraftvoll, daß sie nicht einmal zum Gang auf die Toilette fähig ist. In der Therapie sucht die nach Ursachen: Hat sie sich durch Ehrgeiz überlastet? Oder will sie sich der strengen Schulhierarchie nicht mehr beugen? Fehlt es ihr an Demut gegenüber Schülern, die weniger ehrgeizig sind als sie selbst? Alles Fehlanzeigen. Schließlich stellt sich heraus: Angela ist in dieser Schule am Plafond ihrer Aufstiegsmöglichkeiten angelangt. Wie bei einer Pflanze, die durch die Zimmerdecke am Weiterwachsen gehindert wird und seitlich ausweicht, hat sich ihr Rückgrat seitlich verlagert. Erst der Wechsel des Arbeitsplatzes — und damit die Aussicht auf eine weiterführende Karriere — beendet ihr Leiden.

Wenn es um ihr Sexualleben geht, weichen beide Frauen aus: Rosmarie ist immer „zu müde", Angela landet immer im Streit, wenn sich ihr Mann ihr intensiver widmen möchte. Beiden Frauen ist Pflichterfüllung wichtiger als Lustgenuß — dementsprechend halten sie auch ihr Becken fast unbeweglich steif. Ein Marilyn Monroe-Wiggle Walk kommt für beide nicht in Frage — er wäre auch zu gefährlich: könnte er doch bei Männern sexuelle Phantasien auslösen und zu unerwünschter Anmache führen.

„Die Beziehung des Beckens zu den Beinen und zum Rumpf ist sehr wichtig wegen der Genitalfunktion", schreibt Alexander LOWEN. „Es kann sein, daß das Becken frei schwingt, was dem Betreffenden Anmut in der Bewegung verleiht, oder es ist in einer hinteren oder einer vorderen Stellung immobilisiert...Ein unbewegliches Becken ist mit einer Minderung der sexuellen Potenz verbunden. Das stark nach hinten gezogene Becken, das in dieser Stellung fixiert ist, stellt eine starke Verdrängung der Sexualität dar."

Aber nicht nur Frauen blockieren ihr sexuelles Empfindungsvermögen durch allzu züchtiges Verhalten. Ver-halten. Auch viele Männer halten auf „Zucht und Ordnung" und einen strammen Bauch vor ein fest zusammengekniffenes Hinterteil. Daß solche „Großtrommelträger" sich durch Ausscheidungsträgheit auch innerlich verhärtet haben, hat F. X. MAYER mit seiner spezifischen Diagnostik nachvollziehbar gemacht. Wenige erlauben sich, ihr Becken frei schwingen zu lassen — da könnten sie ja sexuelle Gefühle bekommen, nicht nur Begierden! Lieber diskriminieren sie geschmeidige Südländer als Papagalli und bewegliche Afrikaner als Bloßfüßige. Und Frauen, die ihr Becken natürlich-locker lassen, als Schlampen.

Hardy zum Beispiel hat Bandscheibenprobleme. Die führt der tennissüchtige Lungenfacharzt auf extensives Balldreschen zurück. Seine psychotherapeutisch ausgebildeten Studienkollegen sehen die Ursache mehr in seinen unbefriedigenden Frauenbeziehungen und in der Tatsache, daß der Mittvierziger noch zu Hause lebt — unter der Knute seines autoritären Vaters, eines ehemaligen Offiziers. Nur wenn er arbeitet oder auf dem Sandplatz seinen Mann stellt, ist der alte Herr zufrieden. Aber wehe, er wagt es, seine Manneskraft an Frauen zu vergeuden! Erst in der Ehe, und nur zwecks Zeugung — selbstverständlich männlicher! — Nachkommenschaft dürfe Hardy sich dem Weibe nähern, andernfalls setzt väterlicher Psychoterror ein. Widerstand zwecklos.

„Ein Mensch mit einem Hohlkreuz kann nicht dieselbe Ichstärke haben wie jemand mit einem geraden Rücken."
Alexander LOWEN, „Körperausdruck und Persönlichkeit"

Unsere Körperenergie erleben wir als Aggressivität oder sexuelle Erregung: in beiden Fällen lädt sich der Körper auf, macht sich kampf- oder paarungsbereit. Ist Kampf oder Paarung untersagt — und das ist in unserer angeblich zivilisierten westeuropäischen Kultur zumindest offiziell der Fall —, bleibt der energetische Impuls im Körper stecken: er verknotet sich in Lymphstauungen, Muskelverspannungen und anderen Blockaden. In östlicheren Kulturen üben schon kleinste Mädchen im Bauchtanz die Beweglichkeit ihres Beckens, Burschen lernen in Kampftänzen Geschmeidigkeit. Noch weiter Sonnenaufgang zu arbeiten Männlein wie Weiblein in Großgruppen sogar auf der grünen Wiese, in der Fabrikshalle wie im Büro an ihrer Flexibilität. Dem europäischen Mann täten Bauchtanzübungen genauso gut wie Tai Chi — oder auch Übungen mit dem Hula-Hoop-Reifen. Stattdessen gibt es Starrheitstraining in Liegestützen!

Wie die Katze

Ich möchte mich
wie die Katze
der Herausforderung stellen.
Ich möchte Krallen zeigen
wie die Katze.
Nicht, um sie gestutzt zu bekommen -
sondern um mich zu widersetzen.

Ich möchte einen Buckel machen
wie die Katze.
Nicht, um anderen die Hand zu lecken -
sondern um ihn zum Runterrutschen anzubieten.

Maria SUKUP, „Wie die Katze"

„Die Weißen denken zuviel" lautet der Titel eines ethnopsychoanalytischen „Klassikers". Wir könnten ergänzen: „Die Weißen verrenken zuviel": sie orientieren sich in ihren Körperhaltungen an starr ausharrenden Gehorsamsdienern: an stumm stehenden oder lautlos dahinschwebenden Nonnen und Mönchen, an geduldig wartenden Krankenschwestern, an treu dienenden Soldaten oder schweigend „servierenden" Butlern. Die Lebendigkeit der Töne und Bewegungen wird zugunsten einer vorweggenommenen Totenstarre aufgegeben.

Und all das wird sogar schon von kleinsten Kindern verlangt: „Sei nicht so laut!", „Lauf nicht so schnell!", „Rutsch nicht herum!", „Halt dich gerade!" So wird Lebensfreude systematisch zerstört. Verzweifelt? „Halt die Ohren steif!"

Wen wundert's dann noch, wenn Rückenschmerzen die klassische Form der „larvierten Depression" darstellen?

Nierenschläge

In der Geschlechtersymbolik steht Yang, der „männliche" Energiepol, für Aktivität, Aggression, Eindringen, und Yin, der „weibliche" Gegenpart, für Passivität, Zurückweichen, Aufnehmen. Im Geschlechtsverkehr nimmt die Frau als Yin den aggressiven Mann auf, er kann sein Zuviel abgeben — hingeben — und die Frau bereichern. Der Mann gibt, die Frau nimmt. In unserer oft paradox verschleiernden Sprache wird das umgedreht und von der Hingabe der Frau gesprochen. Hinhalten — im Doppelsinn des Wortes — wäre wohl die exaktere Formulierung!

Der Energieaustausch findet dadurch statt, daß sich der Mann hingibt. Er erfüllt die Frau: mit seiner Energie, seinem Samen. Der nächste Schritt heißt Loslassen. Genital gelingt das oft schneller, als man(n) es wünscht — die Prachterektion schrumpft, das Glied entgleitet dem bergenden Schoß ... und möglicherweise versuchen viele Männer genau deshalb so eifersüchtig, ihre Frauen an sich, ans Haus und ins Kinderzimmer zu binden, damit sie nur nicht loslassen müssen. Was der kleine Bub bei Mammi nicht geschafft hat, schafft er vielleicht mit Psychoterror bei der Herzallerliebsten, indem er sie zur Mammi macht.

Folgt dieser „Erfüllung" eine Schwangerschaft, so erlebt die werdende Mutter die Ambivalenz zwischen Behalten- und Loswerdenwollen. Manchmal als Angst vor einem Abgang, was auch einen abgewehrter Wunsch darstellen kann, manchmal als heftiges Bemühen, die Leibesfrucht zu halten. Manche Frauen halten ihre Kinder auch noch fest, wenn sie schon zwanzig, dreißig oder älter sind.

Kinder werden so zum Partnerersatz, deren Erzeuger hingegen zum Mäzen für die Finanzierung der Zweier-, Dreier— oder Gruppenidylle reduziert. Bestenfalls wird er der Kinderschar eingereiht, und die Übermutter blickt dann gnädig über seine gelegentlichen Seitensprünge hinweg — „Männer sind halt große Kinder" und „Er braucht das eben von Zeit zu Zeit".

„Wenn wir die Psychosomatik der Niere verstehen wollen, dann fällt auf, daß es darum geht, über Stoffwechselprozesse das ‚Gute' im Körper vom ‚Verbrauchten' zu trennen. Die Nieren gehören psychisch in den Bereich der Trennungsorgane. Sie treten paarweise auf. Sie wollen uns

aufford ern, uns von unseren ,Geistesgiften' ebenso zu trennen wie von
Dingen, die sich in unserem Leben längst überholt haben."

Henry G. TIETZE, „Organsprache von A — Z"

Lena, mit der ich viele Jahre in einer Beratungseinrichtung zusammengearbeitet habe, war zum Beispiel ein Muster an Perfektion.
Als Pädagogin vorbildhaft, förderte sie nicht nur ihre Studentenschaft geduldig, einfühlsam, kreativ, sondern bewies später auch in leitender Funktion, daß Herzenswärme und präzises Management kein Widerspruch sein müssen. Auch ihr Haushalt war durchorganisiert und dennoch voll gemütlicher Heimeligkeit. Ihrem Ehemann war sie eine nachsichtige Lebenspartnerin, ihren beiden Söhnen Vorbild und Seelentankstelle. Alle liebten sie in ihrer stetigen Gleichmut. Dabei war sie alles andere als etwa langweilig. Mit Charme und Witz konnte sie so manche brenzelige Situation humorvoll ausgleichen; wenn die stattliche Frau gegen ihren Willen beflirtet wurde, zeigte sie keinen Anflug von Ärger, sondern schaltete ihre Mütterlichkeit ein und fragte in heiterer Gelassenheit, ob denn der Grenzüberschreiter meine, daß dies wirklich eine angemessene Form der Kontaktaufnahme sei.

Niemand konnte sich vorstellen, daß auch diese Frau einmal nicht souverän alle Widrigkeiten, die so das Leben bringt, meistern könnte. Denn etliche staatliche Auszeichnungen bewiesen, daß und wie oft sie in schier ausweglosen Situationen Mut und Innovationsgeist bewiesen hatte.

Bis — ja bis ihr älterer Sohn Vaterfreuden entgegensah. Und sie mit ihm. Zwar störte es sie ein wenig, daß er und die Mutter seines Kindes nicht heiraten wollten — des erhöhten Karenzgeldes wegen. Sie fand es einfach nicht in Ordnung, daß zwei gutverdienende Singles weiterhin getrennt leben wollten des schnöden Mammons wegen und nicht dem künftigen Kind zuliebe ein gemeinsames Familiennest bauen. Vielleicht sorgte sie sich auch, nicht genügend Kontrolle über den Herzenssohn zu behalten. Jedenfalls strickte sie Babyjäckchen und vertraute darauf, daß die jungen Leute schon rechtzeitig zur Vernunft kommen würden. Leider kam dies nicht, sondern das Gegenteil: die junge Frau beschloß im fünften Monat, sich vom Kindesvater zu trennen. Ein anderer — verheirateter — Mann schien ihr wichtiger.

Eine Schwangerschaftspsychose könnte aus klassisch psychiatrischer

Sicht vermutet werden. Das Hirn will zwar die Trennung (samt finanziellem Vorteil), das Herz nicht, diese Spaltung wird als unerträglich erlebt und ein Ausweg gesucht, der eine Seite verstärkt: die Hirnseite. Oder: der Kindesvater war schon länger nicht mehr der Herzensmann und nun spricht das Herz und sorgt dafür, daß die Trennung noch manifester wird.

Wie auch immer — während der Vater in spe diesen Schicksalsschlag aggressiv-trauernd relativ gut zu tragen schien, ging er Lena an die Nieren. Zuerst leichte Schmerzen, dann Verdacht auf Entzündung, dann auf Steine, zuletzt die klare Diagnose: Tumor, wahrscheinlich bösartig. Und auch diese Vermutung sollte sich bewahrheiten: die binnen dreier Monate nötig gewordene Operation überlebte Lena nur ein knappes Halbjahr. Ihr Enkelkind sah sie nicht mehr.

„Auffällig ist, daß Nierenerkrankungen sehr oft im Zusammenhang mit dem Verlust eines Menschen oder anderer ‚Besitztümer', beispielsweise der sozialen Position oder des Arbeitsplatzes, auftauchen. Funktionsstörungen der Nieren beruhen also, vom psychosomatischen Standpunkt aus betrachtet, auf unverarbeiteter Trennungstrauer."
Henry G. TIETZE, „Entschlüsselte Organsprache"

Großmutter unbekannterweise war sie nur einen Sommer. Denn obwohl die verlorene Schwiegertochter kurz vor der Entbindung zum Erzeuger ihres Nachwuchses zurückkehren wollte, blieb dieser unerbittlich. Zu sehr war er verletzt, zu grob das Band, das ihn mit ihr verbunden hatte, zerfetzt.

Lena hatte ihren lächelnden Perfektionsstil so verinnerlicht, daß ihr dann, wo sie es dringend gebraucht hätte, keine angemessene Form des Protestes, des Ausdrucks — des Freifließenlassens — von Wut oder Verzweiflung zur Verfügung stand.

Anders Ruprecht. Der Endzwanziger war zum Wanderer zwischen einer Vielzahl von Therapeuten geworden — wann immer er sich von der Blutwäsche so weit erholt hatte, daß er ausgehen konnte. Kaum einen Guru ließ er aus — die geheimnisvoll von Plakatwänden lächelnde Sektenführerin aus Indien ebensowenig wie den greisen Antroposophen, er reiste zum Autor zahlloser esoterisch fundierter Medizinratgeber nach München, konsultierte die medienbekannte Psychotherapeutin ebenso

wie den ärztlichen Homöopathen. Bei allen versuchte er redlich, sich aus-
zuschleimen — über die festhaltende Mutter, die flatterhaften Freundinnen, die oberflächlichen Krankenschwestern auf der Dialysestation,
die zu wenig spendenden Therapeuten.
Niemand konnte ihn befriedigen — denn niemand war so mütterlich,
wie er es gebraucht hätte.

*„Im Extremfall drückt sich die Unfähigkeit, sich aus der mütterlichen
Bindung zu lösen, über eine nicht mehr funktionierende Niere aus. In der
Dialyse (Nabelschnur) verbindet ein Schlauch den Menschen mit einer
Maschine, die ihm die Arbeit abnimmt, die er selbst tun sollte: nämlich
sich zu entgiften."*

Henry G. TIETZE, „Organsprache von A — Z"

Wenn er gerade nicht bei einer Freundin wohnte, lebte er bei seiner
Mutter, die auch ihre Schwester bei sich beherbergte. Auch sonst gab es
noch etliche ältliche Tanten, die seine Aufmerksamkeit und Obsorge ein-
forderten.
Der einzige Onkel hatte resigniert. Ruprechts Versuche, zu ihm in
engeren Kontakt zu kommen, scheiterten am eifersüchtigen Dazwischen-
treten der zugehörigen Tante.
Ruprecht suchte noch immer Mutterliebe — auch bei seinen Freundinnen. Sein Gesundheitszustand war so beeinträchtigt — ein Auge nach
einer fehlgeschlagenen Alternativtherapie blind, das andere extrem
schwachsichtig, die stetige Vergiftung durch Harnstoffe im Blut so ermü-
dend und deprimierend —, daß aus dem einst erfolgversprechenden
Schauspieler, Musiker und Textdichter ein Bündel Elend geworden war.
Alles an ihm signalisierte seine Hilfsbedürftigkeit — und dementsprechend waren seine Sexualbeziehungen auch eher chaotische Mutter-Kind-
als leidenschaftliche Mann-Frau-Beziehungen. Auch in der Therapie
beklagte er, daß er die nötige Distanz, Distanzierung nicht schaffe, wann
immer — und immer wieder — die mächtigen Frauen ihm die
Befriedigung ihrer Bedürfnisse abrangen. Er blieb unbefriedigt — und
insofern sehe ich es als Erfolg, als er zumindest die Hoffnung auf
Befriedigung durch „Gurumütter" aufgab.

„Unübersehbar sind die regressiven Tendenzen auch bei Patienten, die einer ‚Blutwäsche' ... unterzogen werden. In ihrer Abhängigkeit wird der Wunsch nach einer ‚Rückkehr in den Mutterleib' besonders deutlich ... Ein Dialysepatient übergibt sich auf symbolischer Ebene gleichsam einer ‚Maschinenmutter', um sich von ihr das Blut von allen Schadstoffen reinigen zu lassen."

Henry G. TIETZE, „Entschlüsselte Organsprache"

Als Hilfe zum Loslassen bot ich Ruprecht die Metapher vom Fährmann.

Dieses Motiv findet sich in vielen Märchen, wenn es darum geht, daß der Held, die Heldin ein großes Wasser, ein Meer, einen See überqueren muß, um auf die Insel zu kommen, wo der Schatz — meist das Wasser des Lebens oder die Wunderblume oder ein Ring mit einem Zauberstein — zu finden ist.

Übersetzen kann die Heldenfigur nur mit Hilfe des Fährmannes, und der will nicht, muß aber, weil er zu diesen Jahrhunderte dauernden Fährfahrten verflucht ist. Wenn jemand kommt und von ihm bedient werden will, muß er dienen.

Und so bittet er als Gegenleistung, den auf der Insel herrschenden Dämon — Zauberer, Hexe, Tiermonster, was auch immer — zu fragen, wie lange er noch hin- und herrudern müsse und wie er sich aus dem Bann lösen könne. Da bisher noch keiner zurückgekommen sei, habe er noch immer keine Antwort erhalten.

Diese Frage stellt die Heldenperson dann auch, und wenn sie zurückkommt zum Ufer, fragt der Fährmann ganz ungeduldig: „Weißt du es?", und Held, Heldin antworten, „Ja — aber bring mich erst wieder hinüber, dann sage ich es dir!" und der Fährmann gehorcht, wie immer. Drüben angekommen, erfährt er das Geheimnis seiner Befreiung: wenn der nächste komme und hinübergesetzt werden wolle, brauche er ihm nur das Ruder in die Hand zu drücken und zu sagen: „Jetzt rudere Du!"

Von Ronald LAING stammt die Formulierung: „Wenn Du willst, daß etwas geschieht, tu es selber!" Loslassen geschieht dadurch, daß man aufmacht — den Körper, die Seele und den Geist.

Wegwerfkörper?

„Unsere Gefühle und unser Verhalten werden bestimmt durch das selbständige Bewegungsvermögen unseres Körpers."

Alexander LOWEN, „Freude"

Wenn es um die Unversehrtheit des Körpers geht, präsentieren sich zwei Arten von Menschen: die einen — meistens sogenannte „richtige Männer" — demonstrieren Todesverachtung, die anderen — meistens Frauen und sogenannte „Memmen" — stehen dazu, daß ihr Körper ein Gottesgeschenk sei und dementsprechend sorgsam zu behandeln.

Manche Wissenschafter führen dies darauf zurück, daß der Mensch seine biologische Programmierung nicht verleugnen könne: Menschen — wie Tiermännchen kämpften eben um die besten Reviere mit der besten Beute und um die besten Weibchen und daher in der Folge die — hoffentlich — beste Nachkommenschaft und dächten dabei eben nicht an sich; das sei die männliche Form von Altruismus. Menschen- wie Tierweibchen hingegen seien genetisch auf Brutpflege programmiert, täten alles, um deren Wohlergehen und das ihrer Erzeuger zu sichern, daher sorgten sich ebenso darum, daß sich die „Helden" regenerieren könnten, wenn sie sich zerschunden aus ihren Kämpfen „heim zu Muttern" schleppten.

Nun läßt sich allerdings oft der Eindruck nicht verjagen, daß manche dieser Helden sich so indirekt Anerkennung, Bewunderung und Streicheleinheiten holen wollten. Zumindest in den — in ländlichen Kreisen an Kirtagen durchaus üblichen — rituellen Ringkämpfen um die und vor der Angebeteten wird das recht deutlich. Und oft geht es dabei wirklich zu wie im Neandertal: einer bleibt blutig auf der Strecke. Wer nicht mitrauft, gilt als feig.

„Mut ist meist ein Mangel an Phantasie."

Michael KNEISSLER

Männer sollen wohl nicht an die Folgen denken, Frauen schon. Diese kühne Behauptung wage ich im Andenken an die traditionelle geschlechtsspezifische Erziehung: Buben werden von klein auf zur Risikofreude getrimmt, Mädchen auf Zurückhaltung. Buben bekommen wesentlich mehr Erlaubnis zum Spielen im Freien als Mädchen, hat Roswitha BURGARD nachgewiesen, und auch später wird von ihnen erwartet, daß sie „wild" sind.

Der amerikanische Dichter Robert BLY schreibt in seinem Kultbuch „Eisenhans" unter dem Übertitel „Naivität": *„Der naive Mann ist stolz darauf, angegriffen zu werden. Wenn seine wütende Frau oder Freundin ihn als ‚Chauvi' oder ‚Sexist' beschimpft, wehrt sich ein ‚Mann' nicht, sondern nimmt es einfach hin. Er öffnet sein Hemd, damit sie besser sehen kann, wo die Lanze treffen muß. Am Ende stecken drei oder vier Speere in seinem Körper, und alles schwimmt in Blut ... Während er die Schläge einsteckt, kommt er sich mutig und fortschrittlich vor."*

Ich sehe in diesem wenig selbstfürsorglichen Verhalten eine Folge einer (nicht erst beim Militär verabreichten) gezielten Erziehung zum „Soldaten" — nicht unbedingt zum „Kämpfer". Der wehrt sich nämlich gegen Ungerechtigkeit und Unrecht. Der „Soldat" nicht — der gehorcht.

„Soldat" kommt von „Sold": Er wird bezahlt dafür, daß er tut, was man ihm anschafft — sich zum Beispiel Todesgefahren aussetzt und sich auch umbringen läßt „für Gott und Vaterland". Wir erleben dies auch heute immer wieder, nicht nur bei den Heeresangehörigen kriegsführender Nationen, sondern auch bei den Männern, die sich zur Fremdenlegion melden oder Söldnerdienst z. B. im Krieg auf dem Balkan annehmen. Vordergründig suchen sie Abenteuer und ein Heldenleben, tiefgründig flüchten sie aus einem mißlungenen Alltagsleben und suchen den Heldentod.

Sie denken nicht darüber nach, weshalb sie sich vom Kriegsgeschehen angezogen fühlen, was sie dort suchen oder ausleben wollen und wovor sie flüchten. Und im militärischen Drill wird diese Tendenz noch verstärkt: nur nicht nachdenken. Sich sagen lassen, was zu tun ist. Tun. Schnell. Ohne Rücksicht auf Verluste ...

Frauen werden von klein auf zur Achtsamkeit auf die Folgen erzogen: die kleine Köchin hört „Mach dich nicht schmutzig!", die kleine Schneiderin „Paß auf, daß du dich nicht stichst!", die kleine Büglerin „Paß auf, daß du dich nicht verbrennst!", die kleine Mitarbeiterin „Paß auf, daß du niemanden kränkst!" und die kleine Liebhaberin „Paß auf, daß du nicht schwanger wirst!"

Den anderen keine Unannehmlichkeiten machen — das ist der Altruismus der Frauen.

Selbstschädigendes Verhalten zeigt sich in vielerlei Formen: als Unachtsamkeit, als Vernachlässigung von Schutzmaßnahmen, als riskantes Konkurrenzverhalten, als nach innen gerichtete Aggression und damit auch als Substanzmißbrauch ... und all das umfassend: in der Anfälligkeit für Unfälle.

Üblicherweise zeigt sich unser Leben in der zweigeteilten, dualen, Welt — mit Pluspol und Minuspol, mit Böse und Gut und Sonne und Mond und heiß und kalt und stark und schwach und Mann und Frau und Yang und Yin und wie die Polaritäten alle heißen — auch in der Unfallstatistik: Die meisten Frauenunfälle spielen sich drinnen, im Haushalt ab und werden demgemäß als unbedeutsam kaum wahrgenommen, die meisten Männerunfälle passieren hingegen draußen, bei Arbeit am Bau oder auf dem Feld oder im Straßenverkehr oder beim Sport und sind auch entsprechend spektakulär — was nichts anderes heißt, als daß es bei diesem „Spektakel" (lateinisch: Schauspiel) Zuseher gibt.

Üblicherweise zweiteilen wir unsere Kommentare zum Unfallgeschehen wiederum in die Sichtweise des „Selber schuld! Hätt er (sie) besser aufgepaßt!" oder in ihr Gegenteil, und dies lautet „Da kann man halt nichts machen! So etwas passiert eben!" Beide „Lebensweisheiten" sind aber Mythen: erstere schiebt die Alleinverantwortlichkeit dem Unfallopfer zu, letztere einem unentrinnbaren Schicksal. Die Wahrheit — und die Lösung — liegt wie immer in unserer bipolaren Welt in der Mitte: es gibt bei jedem Unfallgeschehen äußere und innere Anteile.

Zu den äußeren Anteilen gehört beispielsweise das Vorhandensein und die Einhaltung (und Kontrolle) von Sicherheitsvorschriften, zu den inneren die Bereitschaft, Gefahr und Gefährdung überhaupt wahrzunehmen und Sicherheitsvorschriften zu akzeptieren und für sich selbst anzuwenden.

Nun gibt es aber Menschen, die Gefahren verleugnen. Entweder sie wähnen ihre Körper unverletzlich nach dem Motto „Mir wird schon nichts passieren" — oder ihnen ist jegliche Selbstliebe ausgetrieben worden, und nun mögen sie sich selbst nicht mehr nach dem Motto „Was mit mir passiert, ist mir egal".

Sie sind abgestumpft: was immer ihnen angetan wird — es „berührt" sie nicht mehr. Sie bewegen sich nicht, sie reagieren nicht mehr. Sie bleiben kühl, weil sie „abgebrüht" sind. Sie halten durch, was immer geschieht, weil sie — meist schon in früher Kindheit — gelernt haben, daß — zum Beispiel gegen schlagende Eltern — Flucht nichts hilft und auch nicht Widerstand, sondern nur Totstellen.

Die Erziehung zur „Unbeweglichkeit" beginnt mit dem Gebot, Unrechtszufügung nicht zu sehen, nicht zu hören, nicht zu spüren, sich nicht zu wehren. Wo Aggression entstehen müßte, wird sie durch Angst gehemmt; jeglicher Handlungsimpuls gegen den Unrechtstäter wird damit nach innen gekehrt und stillgehalten. Das bewirkt die Verkehrung ins Gegenteil, in Depression.

Der Arzt Alexander LOWEN erklärt die Ursache der Wiederkehr von Depressionen *„in der Hemmung des Ausdrucks der Gefühle von Angst, Angst vor Ablehnung und Liebesverlust. Diese Angst prägt sich dem Körper in Form von chronischen Muskelverspannungen ein, durch die die Gefühle effektiv verdrängt werden. Die Verdrängung und die damit einhergehende Verspannung setzen das selbständige Bewegungsvermögen des Körpers herab, was zu einem Zustand verminderter oder eingeschränkter Lebendigkeit führt."*

In diesen chronischen Muskelverspannungen sehe ich eine der Ursachen, daß in Gefahren nicht schnell genug reagiert werden kann. Die Geschmeidigkeit, die Tiere, aber doch auch noch viele Kinder haben, ist verlorengegangen; da dieser Verlust aber weder wahrgenommen noch betrauert werden darf, wird so getan, als wäre man noch im Vollbesitz aller Vitalkräfte.

„Wenn wir einen depressiven Patienten bewegen können zu weinen oder zornig zu werden, holt ihn das — zumindest vorübergehend — aus seiner Depression."

Alexander LOWEN, „Freude"

Leider gilt es heute als lobenswert, „cool" zu sein: keine Miene zu verziehen heißt, unbewegt „das Gesicht zu wahren".

Waren im vorigen Jahrhundert (romantische, melancholische, enthusiastische etc.) Gefühle noch erlaubt, verlangt die moderne Arbeitswelt — zu Unrecht, wie ich meine — Gefühlsunterdrückung. „Gefühle haben ist unprofessionell" habe ihn sein Vorgesetzter angebellt, berichtete mir einmal der Marketingleiter eines großen Betriebes im Rahmen eines meiner Managementtrainings, als er es wagte, seine Sorgen über die Absatzentwicklung auszusprechen. Ein klassischer Führungsfehler — Verzicht auf Information. Offenbar war es dem Firmenchef unerträglich, seine eigenen Gefühle während eines negativen Berichtes aushalten zu müssen! Wenn Energie im Unterdrücken von Gefühlen gebunden wird, fehlt sie bei der Bewältigung anderer Aufgaben.

Richtig wäre, durch angemessenen Gefühlsausdruck die Körperenergie am Fließen und damit verfügbar zu halten. Aggressive Gefühle bedeuten ja nichts anderes, als daß der Körper die Kraft zur Verfügung stellt, unangenehme Botschaften z. B. durch einen Satz wie „Ich sehe das nicht so wie Sie!" abzuwehren und nicht dadurch, daß man sich ins Auto setzt und stellvertretend für den ursprünglichen „Kränker" den nächsten Autofahrer mit riskanten Überholmanövern „schneidet" (im Doppelsinn des Wortes!). Sich der Situation bedacht anzupassen, erfordert Nachdenkarbeit und — Zeit.

Rüdiger DAHLKE schreibt im Zusammenhang mit der in der Körperhaltung ausgedrückten mangelnden Anpassungsfähigkeit: *„Die Betreffenden stolzieren durchs Leben ohne die notwendige Anpassungsfähigkeit und ohne die Möglichkeit, harte Stöße und Schläge abzufangen. Sie sind zu hart (gefedert) und gerade und daher besonders verletzungsanfällig."*

Gerade weiterwollen, Korrekturen nicht zulassen, die Notwendigkeit des Innehaltens nicht akzeptieren, all das sind Denkweisen, die zu Unfällen geradezu herausfordern. Und die Art des Unfalls zeigt dann deutlich, in welchem Bereich die Blockade erlebt wird.

Siegbert etwa suchte psychotherapeutische Hilfe, weil ihm in seinem Geschlechtsleben die Lust verlorengegangen sei. Zu viel Nähe war wohl nicht die Ursache, denn er lebte mit seiner Freundin nicht zusammen; schon eher Überlastung, denn neben seinem Beruf studierte er im zweiten Bildungsweg, aber diese Überlastung konnte er durch eine Karenzierung vermindern. Zur zweiten Stunde kam er mit verbundener rechter Hand — er hatte einen „zu heißen" Motor angegriffen und war nun „handlungsunfähig". Auch seine Freundin war ihm zu heiß, zu motorisch. Er fand keine Möglichkeit, selbst aktiv zu werden. Zu seinem Unfall sagte er: „Ich hätte warten sollen, bis der Motor abgekühlt ist!" Für seine Liebesbeziehung fand er heraus: eigentlich wollte er eine kühle Frau, die er in Hitze brächte, tatsächlich war es umgekehrt.

Manche Unfälle beweisen die Sturheit der „Unfäller" und in der Folge Zusammenstöße. Duelle — mit anderen Menschen oder mit Dingen: Autos, Leitschienen, Betonwände, Bäume, Maschinen, Stufen, Leitern, aber auch Berge, Wassertiefen ...

„Wenn er keinen Gegner hat, fühlt er sich nicht wirklich lebendig."
Robert BLY, „Eisenhans" über den klassischen Mann

Manche andere Unfälle haben den geheimen Sinn, den nächsten Bezugspersonen die Botschaft zu übermitteln „Sieh her, wie unbeholfen ich bin!" und sich auf diese Weise aus dem familiären, beruflichen, gesellschaftlichen oder auch nur Straßenverkehr zu ziehen. Oft kann jemand nur auf diese dramatische Weise zeigen, wie überfordert er oder sie ist und sich über den nachfolgenden Krankenhausaufenthalt die Ruhigstellung und damit Ruhe besorgen, die schon längst fällig gewesen wäre.

Diese Entschleunigung macht Sinn: sie hilft, über den eigenen Umgang mit der Zeit und damit auch mit Geschwindigkeit nachzudenken. Der „Zeitgeist" des zu Ende gehenden zwanzigsten Jahrhunderts heißt Tempo; Moden wechseln von Woche zu Woche und werden in „In" und „Out"-Listen verkündet. Wissen vermehrt sich in einer Rasanz, daß Lehren und Lernen ohne elektronische Unterstützung fast nicht mehr möglich ist. Im Sport scheinen die Geschwindigkeitsgrenzen längst erreicht. Substanzmißbrauch — Doping — soll auch hier zu Grenzerlebnissen verhelfen. In der Arbeitswelt „fressen die Schnellen die Langsamen", und die haben Angst und greifen wiederum zu Hilfsmitteln, um schneller zu werden — ein Teufelskreis.

Jürgen ASCHOFF zeigt in seinen Forschungen zur „inneren Uhr", daß die meisten Menschen einen Leistungsgipfel am späteren Vormittag und einen weiteren, kleineren am Nachmittag haben. Der dazwischenliegende „Leistungs-Sattel" ist von Natur einprogrammiert und nicht aufhebbar, etwa durch Auslassen des Mittagessens! In den Nachtstunden sinkt die Leistungsfähigkeit auf Tiefstwerte — egal, ob „vorgeschlafen" wurde oder nicht: ASCHOFF warnt hier besonders Autofahrer: Die Reaktions-fähigkeit schätzt er um etwa 20 Prozent niedriger als am Vormittag. Die Folgen für die Unfallhäufigkeit lägen damit klar auf der Hand.

Nur: zum selbstschädigenden Verhalten gehört auch, auf seinen Schlaf-Wachrhythmus nicht zu achten. Das würde ja wiederum heißen, sich selbst für liebens- und lebenswert zu halten!

Wir können es drehen und wenden wie wir wollen: mit wenigen Ausnahmen kollektiver Unfälle, deren Deutung der Philosophie und Esoterik vorbehalten bleiben, finden wir bei jedem Unfall fehlende Liebe. Liebe zu sich selbst wie auch Liebe zu einer Person, der „zuliebe" es sich lohnt, auf sich aufzupassen.

Wenn der Volksmund sagt „Hochmut kommt vor dem Fall" und damit auch andeutet, daß es die Menschen sind, die „die Nase hoch tragen" und daher nicht zu Boden schauen (nicht demütig sind), aber auch nicht links und rechts (auf ihre Mitmenschen), so zeigt dies wiederum, wie wenig Beziehung zu anderen besteht: Wer sich nicht wohl fühlt in der Gemeinschaft, weil er (sie) dort nicht Liebe und Bestätigung findet, und wer auch nicht wagt, Schutzvorkehrungen für sich selbst zu verlangen, weil er (sie) dann Angst bekommt, inakzeptabel zu sein, wird wohl ver-suchen, ohne Vorsicht und Rücksicht weiterzukommen. Anstoß, Zusammenstoß, Unfall sind damit vorprogrammiert: er (sie) wird früher oder später „eingebremst" werden.

Glücklich ist, wer vergißt ...

Ein Motiv kommt immer wieder in Märchen vor: die Verschiebung der Zeitdimension durch Eintritt in eine andere Welt.

Meist ist es ein Mann, der von einem Wesen aus der Welt der Naturgeister aus dem Diesseits der Menschenwelt ins Jenseits der Elfen, Feen, Nixen und Wassermänner gelockt wird. Mädchen gelangen eher zufällig, durch scheinbare Unglücksfälle hinüber in die Geisterwelt. Und wenn sie dann nach kurzer Feenzeit zurückkehren, kommen sie drauf, daß alle anderen alt geworden sind, sie selber aber jung geblieben — oder umgekehrt: sie waren einen Menschentag weg und sind ein Menschenjahrhundert gealtert. Vielfach haben sie alles vergessen, was sie drüben erlebt haben. Oder sie stehen unter Schweigegeboten.

„Tom der Reimer" etwa begegnet der „schönsten Dame der Welt" in einem Kleid aus grasgrüner Seide und einem Umhang aus grasgrünem Samt auf einem milchweißen Pferd mit silbernen Glöckchen in der Mähne, die sich als Königin des Feenlandes vorstellt und ihn bittet, ihr auf seiner Laute vorzuspielen. Weil es ihr gut gefällt, läßt sie ihn eine Belohnung aussuchen, und er wünscht sich, ihre Lippen küssen zu dürfen. Dann werde er ihr sieben Jahre dienen müssen, klärt ihn die Feenkönigin auf. Doch das schreckt Tom nicht, er küßt und folgt der Gebieterin ins Feenland, die spricht: *„Wenn du mir gehorchst und nie ein Wort sprichst, solange du im Feenland bist, was immer du auch dort sehen und hören magst, dann will ich dich nach sieben Jahren ins Land der Menschen zurückschicken. Entschlüpft dir aber auch nur ein Wort, so hast du dein Glück verwirkt ..."* Tom erfüllt das Gebot, und die Königin spricht: *„Jetzt darfst du dein Schweigen brechen ... und nimm diesen Apfel für die Dienste, die du mir sieben Jahre erwiesen hast. Es ist eine verzauberte Frucht, und wer sie ißt, dessen Zunge wird nie eine Lüge sprechen."*

Kinder und Narren sagen die Wahrheit, sagt der Volksmund. Es liegt an uns, die Wahrheit auszuhalten.

Im Erwachsenen-Alter zum Kind werden, das Kurzzeitgedächtnis verlieren, einfach drauslosplappern — das sind einige Symptome der Alzheimer-Demenz.

1906 berichtete der bayerische Nervenarzt Alois ALZHEIMER erstmals auf einer „Tagung deutscher Irrenärzte" über diese besondere Form des Schwachsinns, bei der er eine ausgeprägte Schrumpfung des Gehirns feststellte. Heute kennen wir erste Hinweise auf Ablagerungen im Gehirn, die, wenn sie massenhaft auftreten, offenkundig zur Demenz, zu Gedächtnis- und Persönlichkeitsverlust führen. Meist befällt die Alzheimer-Demenz, wenn auch keine Folge des Alterns, betagte Menschen. Entdeckt wurde sie allerdings bei einer 51jährigen Frau. Denn die frühe Form der Krankheit kann schon bei 45jährigen, möglicherweise bereits bei 30jährigen ausbrechen.

„Obwohl seine Kollegen wenig Interesse für die neuartige Krankheit zeigten, nahm der naturwissenschaftlich orientierte Psychiater und Neurologe E. KRAEPLIN die Entdeckung unter dem Namen ‚Alzheimersche Krankheit' in sein Lehrbuch auf. Darin stand sie zwar beschrieben, aber ein halbes Jahrhundert lang nahm die durch Sigmund FREUD geprägte Psychiatergeneration es praktisch nicht wahr, daß organische Veränderungen im Gehirn Geisteskrankheiten bewirken können. Die Mehrzahl der Seelenärzte hielt sich damals lieber an eine psychodynamische Erklärung für den Schwachsinn, bei dem ‚der Wunsch des Unterbewußten nach Verjüngung zum Ausdruck kommt', wie es in den dreißiger Jahren ein amerikanischer Forscher ausdrückte."
Annelies FURTMAYR-SCHUH, „Das große Vergessen"

Körper, Seele und Geist sind eine Einheit. Auch wenn die naturwissenschaftlich orientierte Medizin fleißig und teilweise auch erfolgreich geforscht hat — immerhin sind bereits etliche Gefährdungsmomente ausgemacht, auch wenn noch keinerlei Aussicht auf ein Heilmittel besteht — so stellt sich doch immer auch die psychodynamische Frage: Zu welchem Zeitpunkt im Leben wird „die Fee geküßt"?

„Eine Demenz im Anfangsstadium macht sich auch dadurch bemerkbar, daß der Betroffene Termine versäumt oder Nachrichten, die er telefonisch erhalten hat, nicht weiterleitet. Kaum gehört, vergißt er sofort."
Annelies FURTMAYR-SCHUH, „Das große Vergessen"

Die Frage nach dem Inhalt der Termine oder Nachrichten bleibt unbeantwortet. Aus psychologischer Sicht ist sie aber die wichtigste: Welche

Erleichterung hat das Vergessen gebracht? Welche Gefühle, Empfindungen wurden dadurch — möglicherweise — vermieden?

Oder anders rum: Wenn die Drohung im Raum steht, „Wehe du vergißt dieses!", klärt oft die Frage, „Was wäre das Schlimmste, das dann eintreten würde?" die Folgen, an die nicht zu denken gewagt wird, die auf diese unzulängliche Art vermieden werden sollen.

„Untätigkeit ist eines der großen, aber durchaus abstellbaren Übel in der Pflege Demenzkranker. Schon Sigmund FREUD wußte, daß Arbeit das Band zur Realität ist. Sie gibt Halt und schafft strukturierende Gewohnheiten, sie ermöglicht Kontakte und eine gesellschaftliche Rolle."
Annelies FURTMAYR-SCHUH, „Das große Vergessen"

Henne oder Ei? Was war zuerst: das Vergessen oder der Verlust der Arbeit?

Erich beispielsweise hatte immer schon die Angewohnheit, auf das Klingeln des Telefons nicht unbedingt zu reagieren oder Briefe wochenlang ungeöffnet herumliegen zu lassen. Auch den abendlichen Abstellplatz seines Autos merkte er sich schwer. Seine seltenen Termine mußte er sich seit Ewigkeiten schon eintragen, um sie nicht zu vergessen — nur vergaß er meist auch das eintragen. Als er durch Mobbing seinen Arbeitsplatz verlor, wurden die Anzeichen seiner Demenz unübersehbar.

„Erst kommt das Versagen, dann die Wut, dann das Vergessen" sinnierte der Badener Allgemeinmediziner Martin MAAGER mir gegenüber, als wir über mögliche Ursachen der Alzheimer-Demenz diskutierten.

„Ursprünglich wollte ich diesen desorientierten Menschen helfen, der Realität ins Auge zu sehen ... Ich gab das Ziel der Orientierung auf die Realität auf, als ich bemerkte, daß die Gruppenmitglieder sich immer dann zurückzogen oder zunehmend feindselig wurden, wenn ich sie mit der unerträglichen Realität der Gegenwart zu konfrontieren versuchte."
Naomi FEIL, „Validation"

Möglicherweise wollte sich Erich mit seinem Vergessen nur vor unerträglichen Frustrationen schützen, denn: die Termine der Sporttreffen mit Freunden vergaß er nie, auch nicht kompliziertere Telefonnummern oder

Feiertage der Menschen, die ihm am Herzen lagen. Fiel ihm eine Aufgabe zu — vor allem eine, die an seine früheren Berufspflichten erinnerte — funktionierte er fast perfekt.

Demente leben im Gefühl, nicht mehr im cortikalen Denken, werden kindlich-emotional, freundlich, lieb, aber auch trotzig, zornig. Beides kann schwer erträglich sein.

Henry G. TIETZE deutet ihre symbolische Botschaft als *„Laß mir meine Ruhe. Du überforderst mich. Ich möchte viel lieber ein Baby sein."* Er sieht Alzheimer-patienten als Kinder, die Mutters Liebling und Ersatzpartner waren und diese Rolle im Erwachsenenalter weiterspielen. Sie finden schon immer irgendeine Mutterfigur, die ihnen Lasten abnimmt und sie verwöhnt. Meist sind es „neidische" Chefs oder die eigenen Kinder, die sich irgendwann gegen die steten Versuche, die Privilegien des Babys zu erschleichen, zur Wehr setzen.

Babys tun nichts Nützliches. Babys sind noch nicht beziehungsfähig. Und: Babys sind asexuell. Der Alzheimer-Patient will kuscheln und liebgehabt werden. Seine Sexualität entspricht der von Sechsjährigen abwärts. Viele Angehörige schrecken sich dann über Exhibitionismus, Maulhurerei oder Fäkalspiele. Sie sind Versuche, in die biographische Zeit einzutauchen, wo man noch respektiert wurde.

Christel SCHACHTNER zeigt in „Störfall Alter" auf, daß eben diese Zärtlichkeitsbedürfnisse oft den Hintergrund dafür darstellen, daß sich alte Leute gerne waschen oder einreiben lassen: sie bekommen dadurch einfach eine Körperberührung. Sie schreibt: *„Bei den männlichen Patienten kommen sexuelle Motive deutlicher zum Vorschein, die Schwester spricht von ,sexuellen Anschlägen', aber auch für die Patientinnen ist der Körperkontakt mit ersichtlichem Lustgewinn verbunden. Der Wunsch nach Zärtlichkeit wird von den Männern und Frauen offensiv gehandhabt, wenngleich seinen Ausdrucksformen oft der Anschein von Zufälligkeit oder pflegerischer Notwendigkeit gegeben wird."*

Ich erinnere mich an eine Enkelin mittleren Alters, die die Verzweiflung über ihren Opa aus einem Dorf in die Wiener Sexualberatungsstelle getrieben hatte. Daß Opa beim Mittagessen seinen Sitznachbarinnen häufig verstohlen zeigte, was er aus seinem Hosenlatz herausgucken ließ, hatte die Familie noch ertragen. Daß er aber verschmitzt lächelnd zur

Nachbarin gegangen war und sie angefleht hatte, ihm zu helfen, er komme nicht zurecht, und auf ihre verwunderte Frage, womit denn, auf seinen aus der Hose hängenden Penis zeigte, den er dicht mit Leukoplast umwickelt hatte, brachte die Toleranz der Angehörigen zum Erliegen.

Wir fanden eine Lösung darin, den fortschrittlichen Pfarrer des Ortes zu bitten, bei der nächsten Predigt aufklärend und zur Geduld mit alten Menschen auffordernd zu wirken, was ihm auch gut gelang. Die Nachbarin wußte ja nicht, daß ihr kein sexuell begehrlicher Mann im reifen Alter entgegentrat, sondern ein listiger Dreijähriger in der phallischen Phase. Nach der Predigt wußte sie es.

„Ein Gesunder, der nichts tut, denkt an vorher und nachher und daran, was später noch sein wird. Das geht aber bei der Demenz nicht mehr ... Am schlimmsten ist es nachts, wenn nun auch noch die Finsternis die räumlichen Orientierungspunkte verschluckt."

Annelies FURTMAYR-SCHUH, „Das große Vergessen"

Ein anderes Motiv, das immer wieder die Märchenwelt bevölkert, ist das von der Überwindung der Raumdimension: soeben noch da — schon ganz wo anders. Und keiner weiß, wo man gleich wieder sein wird. Hilfsmittel dazu sind die Siebenmeilenstiefel, der fliegende Teppich, die Zauberringe, die man nur zu drehen braucht und schon ist man dort, wohin einen die Sehnsucht zieht, oder von dort weg, wo man Angst bekommt. Oder die Parkinson' sche Krankheit.

Nicht den geradlinigen Weg gehen, sondern Um- und Auswege suchen und finden, könnten wir als tiefenpsychologische Interpretation anbieten.

Hans Hermann ist so einer, der seine Geradelinigkeit verloren hat: er leidet an der Parkinsonschen Krankheit. Sucht man die üblicherweise als Ursache des Gehirnstoffwechsels angegebene Streßüberlastung, so findet man sie bei dem Selbständigen nicht im Beruf, den hat er gut und Sicherheit bietend organisiert, sondern im Privatleben.

Er leidet unter der nichts und niemals vergebenden Wut seiner Frau, die ihm nicht verzeihen kann und will, daß er in fortgeschrittenem Alter die Lebensgefährtin seines besten Freundes, beim Versuch sie über dessen Tod hinwegzutrösten, geschwängert hat.

Nicht daß Hans Hermann nun hin- und hergerissen wäre. Er weiß seinen Platz schon an der Seite der Ehefrau, die er liebt, immer geliebt hat. Aber er fühlt sich auch dem unehelichen Kind verpflichtet, will nicht nur Zahlvater sein, sondern auch einer mit Anstand, der nicht Abstand hält, will sich treffen und betreffen lassen und muß doch immer wieder ausweichen, weil er sonst zu Hause die Hölle heiß hat.

Durch die Krankheit kann er verkörpern, wie er sich windet. Durch die Krankheit kann man ihm nicht vorwerfen, wenn er sprachlich ausweicht, vom Hundertsten ins Tausendste kommt, ausufert und wieder erstarrt, um schlußendlich in sich zusammenzusinken.

Geschlechtsverkehr wäre hier beiden dringend anzuempfehlen: ihm nicht nur, weil er sich nach Körperkontakt sehnt, nicht nur, weil die klassische Parkinson-Medikation den Sexualtrieb anregt und verstärkt, sondern weil er in der Penetration die geradlinigste Geradlinigkeit durchführen könnte; ihr, weil sie dann auch nicht ausweichen dürfte, sondern leibseelisch den leidenden Mann an- und aufnehmen müßte und so spüren könnte, daß und wie sehr er sie liebt.

160

Kugelmenschen

„Gesundheit als kultureller und politischer, individueller und kollek-
tiver Lebensentwurf ist überall da gefährdet, wo Menschen daran gehin-
dert werden, über ihr eigenes Leben zu bestimmen und es selbstverant-
wortlich in ihre Hände zu nehmen."

Annelie KEIL, „Gezeiten"

Wenn wir etwas als vollständig — ganz — empfinden, dann sprechen
wir oft von einer „runden Sache". Vorher ist etwas „eckig", „halb", „feh-
lerhaft". Es fehlt etwas. Frauen allein werden oft als unvollständig definiert; eine „ganze" Frau hat einen Mann an ihrer Seite — oder zumindest
ein Kind an der Hand, auf dem Arm, im Kinderwagen oder unter dem
Herzen. Zumindest versuchte die NS-Propaganda mit dieser bildhaften
Aufforderung ihre Sicht von der Bestimmung der Frau, nämlich ihrer Bei-
und Unterordnung dem Mann gegenüber, durchzusetzen.

Wird eine Frau nur über ihre Fortpflanzungsfähigkeit oder -bereit-
schaft anerkannt, dann wird nur ein Teil ihrer Möglichkeiten wahrgenommen. Sie wird in ihrer Ganzheit ignoriert und nur mit Blickwinkel auf
bestimmte Körperteile, -organe oder -funktionen reduziert. Verändert sich
dann solch ein Körpersegment durch Verletzung, Operation oder Reifung,
liegt es diesen Ganzheitsverstümmlern nahe, der Frau den Platz in der
Gesellschaft, die Menschenwürde, in krassen Fällen sogar die Daseins-
berechtigung abzusprechen. Und viele autoritätshörige Frauen, die noch
nicht gelernt haben, strategische Attacken auf das Selbstwertgefühl als
Kampfansagen zu entschlüsseln, glauben dann noch an diese Konstruk-
tionen von Wirklichkeit und schämen sich, bekommen Schuldgefühle
oder Depressionen. Zum Beispiel „Wechseldepressionen".

„Das Klimakterium wird vielfach als Krise und Rückschritt erfahren.
Dabei stehen die Frauen hier vor einem neuen Reifeschritt. Körperliche
Rückbildungserscheinungen werden durch psychische Weiterentwicklung
aufgewogen", schreibt Henry G. TIETZE in seinem zweibändigen
Lexikon „Organsprache von A — Z" und steht damit scheinbar in den
Reihen derer, die Frauen vor Negativzuschreibungen schützen wollen, in
Wirklichkeit befindet er sich in der klassischen Tradition des „Fluchens"
— nämlich durch sprachliche Suggestionen zu schädigen. Wieso?

Erstens wird durch diese Formulierung suggeriert, nur Frauen hätten das Problem des „Wechsels". Tatsächlich verändert sich auch bei Männern im fortgeschrittenen Alter die Hormonbilanz. So schockierte die Doyenne der österreichischen Psychotherapie und die Nummer eins, wenn es um Psychosomatik in der Gynäkologie geht, Marianne SPRIN-GER-KREMSER, einstmals ihr Auditorium, als sie im Rahmen einer Vorlesung vor Ärzten eine Reihe von Symptomen aufzählte — Schlaf-störungen, Nachtschweiß, Hitzewallungen, Hautempfindlichkeit, depres-sive Verstimmungen etc. — und die Frage stellte, von welcher Art Patient das Krankheitsbild wohl stammen möge. Auf die einstimmige Antwort, „von einer Frau in den Wechseljahren", enthüllte sie lächelnd ihr Geheimnis: der Patient war ein fünfzigjähriger Mann. Einer der wenigen, die den Mut haben, Befindlichkeitsveränderungen mit ganzheitlich orien-tierten Ärzten zu besprechen.

Zweitens macht TIETZE den Gedankenfehler, von linearem Fort-schreiten auszugehen — so wie bei einer Kurve auf einer Zeitlinie zuerst Aufstieg angezeigt wird, dann ein Höhepunkt und „von nun an geht's ber-gab". Tatsächlich ist Leben aber zyklisches Geschehen: auch die ver-meintlichen „Rückbildungserscheinungen" sind Anzeichen einer Weiter-entwicklung! So wie eine Rakete eine ausgebrannte Stufe abstößt, so wie ab einer bestimmten Routine unterstützende Behelfe nicht mehr notwen-dig sind, so werden auch in unserem Weg zur Ganzheit bestimmte Attribute einfach unnötig ...

Wenn also TIETZE weiter schreibt, *„In unserer Kultur werden Schönheit und Jugend, sexuelle Aktivität, Leistungsfähigkeit, Energie und Konzentrationsfähigkeit hoch bewertet. Alter und Erfahrung hingegen werden weniger gewürdigt. Das sich ändernde Körperbild entspricht daher in zunehmendem Maß nicht mehr den sozialen Erwartungen, was zu einer Beunruhigung des Selbstwertgefühles führt ..."*, so polarisiert er hier Schönheit mit Jugend, dort Erfahrung mit Alter, so, als ob beide Paare Gegensätze wären und es keine Schönheit im Alter und keine Weisheit in der Jugend gäbe. Ich ätze dann oft: so, als ob der dreißigjährige Hoch-schullehrer logischerweise dümmer sein müßte als der siebzigjährige Markthelfer, oder die sechzigjährige Vollblutfrau logischerweise unattrak-tiver als die zwanzigjährige Studentin auf dem Weg zur Selbstfindung (was nicht heißt, daß es diese Klischees nicht tatsächlich gibt).

Damals

Damals — als Du noch an meine Tür geklopft hast —
da klopfte auch mein Herz bis zum Hals.
Jetzt klopft nur mehr Deine Faust auf den Tisch.
Damals — als Deine Stimme noch vibriert hat —
da vibrierte auch mein Körper.
Jetzt vibriert nur mehr die elektrische Zahnbürste.
Damals — als Dein Blick noch voll Feuer war —
da ging auch ich in Flammen auf.
Jetzt brennt nur mehr Deine Zigarette.
Damals — als dein Lächeln mich noch berührte —
berührte mich auch Deine Seele.
Jetzt rührt sich bei mir nichts mehr.
Damals — als Du Dir noch Zeit genommen hast —
da wurden Augenblicke zur Unendlichkeit.
Jetzt werden Minuten zur Qual.
Damals — als Du mich noch erreichen wolltest —
da kam auch ich Dir entgegen.
Jetzt gehe ich Dir aus dem Weg.
Damals gingst Du mir noch unter die Haut —
und jetzt nur mehr auf die Nerven.

Maria SUKUP

Das Körperbild ändert sich bei Mann und Frau oftmals und aus den verschiedensten Ursachen. Frauen sind es zumeist gewohnt, solche Veränderungen an sich sofort wahrzunehmen: sie registrieren schon in jungen Jahren Gewichtsveränderungen rund um die Menstruation und lernen so, Hormonschwankungen an der Entschlackungsperfektion ihres Körpers zu beobachten. Sie lernen, ihren Zyklus zu beobachten, Schwangerschaftsanzeichen wahrzunehmen und werden auch von ärztlicher Seite immer wieder aufgefordert, ihren Körper zu beobachten, selbst und vor allem regelmäßig die Brust auf Knoten zu untersuchen; in Frauengruppen wird gelehrt, das geheimnisvolle Speculum der Gynäkologenzunft zu handhaben, um sich selbst untersuchen zu können. Wen wundert's, wenn Frauen auch rund um den Beginn der Menopause körperliche, seelische

Veränderungen exakt wahrnehmen und — zugeben?

Zugeben heißt: Wirklichkeit schaffen. Wer den Namen weiß, hat Macht, kann herbeirufen oder wegschicken. In meinem Buch „Erfolg feminin" habe ich das die „Exorzismustechnik" genannt: Wenn man den Namen kennt, kann man den Teufel wegschicken.

Männer schweigen. Namen sind Geheimnisse. Mit „Nie sollst du mich befragen" wehrt Lohengrin die Fragen Elsas, wie doch nun ihr Retter und Ehemann hieße, ab.

Auch Rumpelstilzchen macht seinen Verzicht auf das Kind der Königin davon abhängig, daß diese seinen Namen errate — und glaubt sich sicher, daß ihr das nie gelingen wird. Und Prinz Kalaf läßt die stolze Prinzessin Turandot raten, wie sein Name ist — nämlich „Gemahl".

„Ein Mann — ein Wort, eine Frau — eine Wörterbuch" spottet der (männliche) Volksmund. Untersuchungen an Schulkindern zeigen ebenso wie Beobachtungen aus Paartherapien, daß sich das weibliche Geschlecht besser verbalisieren kann — und auch eher dazu bereit ist. Zumindest unbeteiligten Dritten gegenüber — Freundinnen, Pfarrern, Psychotherapeuten. Gegenüber Personen, mit denen Frauen im Konflikt sind, besteht hingegen oft Sprachlosigkeit — sicherheitshalber, denn sonst könnte frau ja zu aggressiv werden und aus dem klassischen Frauenrollenbild der lieblichen Jungfrau fallen.

„Denn in Wahrheit erreicht die Frau ihre höchste Orgasmusfähigkeit nach der Menopause. Nicht nur die Angst vor der Schwangerschaft entfällt, zusätzlich kreisen in ihrem Blut männliche Hormone, die ihre sexuelle Lustfähigkeit erhöhen."

Dorrit CADURA-SAF, „Das unsichtbare Geschlecht"

Im Wechsel verändert sich die Hormonlage. Die der Frau ebenso wie die des Mannes. Bei ihr verschwindet die Dominanz der Östrogene, er kann sich der Sklaverei des Testosterons entziehen.

Männer werden nun weiblicher — werden rundlicher, bekommen oft einen Anhauch von Busen, hellere Stimmen, sanftere Züge; sie werden schön, friedlich, häuslich — kurz: „weise". Frauen werden männlicher — legen Gewicht zu oder ab, bekommen manchmal mehr Haare im Gesicht und weniger auf dem Kopf, tiefere Stimmen, gröbere Züge; sie werden profilierter, kritischer, aggressiver, widerstandsbereiter und werden zumindest in unserer Kultur häufig als „Bißgurn" diskriminiert. Und häufig schieben ihre Ehemänner ihre eigenen Probleme mit dem Älterwerden ihren Frauen zu, nörgeln an ihnen herum, üben vielfache Gewalt aus oder stellen sie öffentlich bloß. Wenn wundert es dann, wenn viele Frauen sich unter solchen Bedingungen nicht in Ruhe und Würde ihrem Ganzwerdungsprozeß widmen können?

Meine psychotherapeutische Erfahrung hat mir immer wieder bewiesen, daß Frauen, die sich geliebt und respektiert fühlten, geringe Anzeichen klimakterieller Beschwerden erlebten. Diejenigen, die demütigende, gewaltbelastete Partnerschaften zu ertragen hatten, hatten jede Menge. Die Vermutung liegt nahe, daß es sich bei den sogenannten Wechselbeschwerden um Streßsymptome handelt.

„Und es ist eine allgemeine Erfahrung, daß bei den meisten Menschen die Sexualität empfindlich auf Konflikte reagiert."
Dorrit CADURA-SAF, „Das unsichtbare Geschlecht"

Interessant in diesem Zusammenhang sind die Berichte P. A. VAN KEEPS in „Die Frau von 50 Jahren", daß in anderen Kulturen, die menopausale Frauen anders werten und behandeln als die sogenannten zivilisierten Völker, sehr wenige Frauen andere Probleme mit der Menopause hatten als den Wechsel des Menstruationszyklus: *„Es gab keine Depressionen, kein Schwindelgefühl, keine Beeinträchtigungen oder irgendwelche Symptome, die mit dem ‚Menopause-Syndrom' zusammenhängen."* Die Erklärung findet sich im plötzlichen Rollenwechsel der Frau — wie bei uns, nur umgekehrt: so können die Frauen der Rajput-Kaste in Rajastan (Indien), die bis zu ihrer Menopause als unrein angesehen werden und in Purdah — verschleiert und in Abgeschiedenheit — leben müssen, sich nunmehr aus den Frauenunterkünften herausbewegen, dorthin, wo sich die Männer unterhalten, und an deren Aktivitäten teilnehmen. Bei den Quemant in Äthiopien dürfen die Frauen erst ab der Menopause den Boden eines heiligen Ortes betreten und Kontakt zu rituellen Speisen und Getränken aufnehmen. Bei den Hutterites in Süddakota werden diese Frauen von der schweren Arbeit in der Landwirtschaft befreit und erhalten großen Respekt und wichtige Funktionen in der

Familie. In Mikronesien kann eine Frau von Ulitihi zur Zeit der Menopause Wunderheilerin werden. Bei den Bantus in Südafrika können diese Frauen die Reinigung der Waffen und der Krieger, ja des ganzen Dorfes vornehmen. Ähnliche Ergebnisse brachte eine vergleichende Untersuchung fünf ethnischer Gruppierungen in Israel: weniger menopausale Symptome bei Frauen einer arabischen Gruppe, die nach der Menopause ein positiver Wechsel in ihrem Leben erwartet.

Wo also die Fruchtbarkeit der Frau mit dem Begriff der Unreinheit verbunden wird und die nicht mehr fortpflanzungsorientierte Frau „rein" wird, bedeutet Wechsel nicht automatisch Verlust und Leiden. Wo nur die Playmate, das Bunny, das Schätzchen und dann auch nur „zur Sache!" wahrgenommen wird, wundert es nicht, wenn zu den körperlichen Veränderungen der Verlust von gesellschaftlichem Respekt und damit auch von Selbstachtung tritt.

„Sexualität ist den zeugungsfähigen Menschen vorbehalten. Alte und Kinder sind davon ausgenommen. Wer diese ungeschriebenen Gesetze übertritt, wird mit Verachtung und Lächerlichkeit bestraft."

Dorrit CADURA-SAF, „Das unsichtbare Geschlecht"

Ist die Identität eines Menschen einseitig auf Aussehen oder Funktion des Körpers begründet, ist sie leichter erschütterbar als eine, die auf Ganzheit — ausbalancierter Einheit von Körper, Seele und Geist — basiert.

Das haben vor allem etliche Zweige der Schönheits- und Gesundheitsindustrie erkannt: urplötzlich tauchen dann in Zeitgeistmagazinen Artikel über die „Schönen Fünfzigjährigen" auf, die mit collagenunterspritztem Lächeln, Bauch hinein, Brust heraus, ihr leibliches Profil in die Kamera recken und treuherzig versichern: „Ich kleide mich wie eine Dreißigjährige, ich fühle wie eine Dreißigjährige!" Und die tiefenpsychologische Diagnostik ergänzt: „... und ich versuche, mit Dreißigjährigen zu konkurrieren!"

„Spieglein, Spieglein an der Wand, wer ist die Schönste im ganzen Land!" Schon im Märchen vom Schneewittchen wird verdeutlicht, welch bedrohliche Aktionen aus den Konkurrenzgefühlen der zwanzig Jahre älteren Mutterfigur für den Nachwuchs erwachsen können. Eben weil

Schneewittchens Stiefmutter nur ihr Äußeres als Positivum besitzt — die Negativa ihres Denkens und Fühlens werden im Märchen ja deutlich dargestellt —, darf keine andere ihr diese Vormachtstellung gefährden. Ihre Macht beruht auf der Position der „Nummer eins". Bei Eartha Kitt heißt eben diese Geisteshaltung in einem Song: „Après moi ... you may kiss him!"

Schneewittchens Stiefmutter ist eine Hexe, und zwar eine Giftmischerin. Die Hexe — die „hagazussa", „die auf dem Zaun sitzt" — hat ihren Namen davon, weil in alten Zeiten die Außenseiterinnen, die sich mit Grenzgebieten zur Magie befaßten, am Dorfrand lebten und sozusagen einen Fuß im Diesseits, einen im Jenseits hatten. Diese Wanderinnen zwischen zwei Welten entsprechen dem Archetyp des „sacerdos" — des Priesterheilerlehrers — in weiblicher Form: der „Weisen Frau". In Märchen kommt dieser Archetyp in vielfacher Gestalt vor: als wohlmeinende Elfe, Fee und Zauberin, als übelwollende Hexe, Trollin und Menschenfresserin. Bei Nixen hingegen kann man oft nicht deutlich unterscheiden, ob sie sich wirklich „nur" in Menschenmänner verlieben oder nicht doch boshaften Spaß im Sinne haben.

Hexen sind meist nicht mehr jung — wenn sie in jugendlicher Gestalt erscheinen, dann ist sie künstlich herbeigezaubert. Dazu nützen sie ihre Kenntnisse der Kunst des Giftmischens. Heute wird diese Tradition vom Beruf der Pharmazeuten fortgesetzt — einem der Nachfolgeberufe des „Sacerdos", wie auch Ärzte, Psychotherapeuten, Priester, Richter, Lehrer, Sänger, Schauspieler etc. Eine weitere Spezialisierung dieser Profession bildet die Kosmetikerin. Heute mischt sie nicht mehr bei Vollmond Tigerdreck und Krötenbein, sondern ganz offiziell kann man ihre Salben und Tinkturen erwerben; „Age defying complex" steht dann beispielsweise auf dem Cremetiegel.

Männergesichter werden oft im Alter immer schöner — dank zunehmender Östrogenwirkung —, entspannter — und damit oft auch weniger markant. Das wird von der Gesellschaft lobend zur Kenntnis genommen. Die Veränderung im Frauengesicht nicht. Zu sehr wird von der Frau erwartet, daß sie so aussieht, wie es sich der Durchschnittsmann wünscht: ohne irgendwelche Anzeichen von eigenständiger Persönlichkeit, heiter, anspruchslos, anpassungsbereit. Für die Bewahrung dieser Maske sind viele Frauen bereit, viel Geld auszugeben.

Und da dies meist nur Frauen der gehobenen sozialen Schichten können, die über dieses nötige Kapital verfügen, und da das auch die Frauen sind, die in der Gesellschaftsberichterstattung der Printmedien immer wieder präsentiert werden, wundert es nicht, wenn diese Frauen auch auf den Gesundheitsseiten auftauchen, als Zeuginnen für ihre bewährten Diäten, Fitneßprogramme, Schönheitsrezepte und modischen Geheimnisse. „Die kleinen Tricks der Klassefrauen" sind hochbegehrt von all denen, die so gerne als Frau anerkannt würden — von anderen. Die sich nicht selbst anerkennen.

Sie machen sich nicht nur abhängig vom Urteil anderer, sondern auch von all den Hilfsmitteln, mit denen sie ihr wahres — vielleicht immer schon unsicheres, vielleicht durch die Zeit der Veränderung verunsichertes — Selbst maskieren. Daß die Werbefachleute der jeweiligen produktanbietenden Firmen großes Interesse haben, daß diese geheime Verführung funktioniert, scheint logisch.

„Altern wirkt sich auf die Persönlichkeit der Frau aus, auf ihre Kontakte zu ihrer unmittelbaren Umgebung und zur übrigen Welt ... Die Auswirkungen des Alterns werden gemildert, wenn die Frau einer höheren Sozialschicht angehört, wenn sie noch Kinder zu Hause hat und — in einem gewissen Maße — wenn sie außer Haus arbeitet."
Doritt CADURA-SAF, „Das unsichtbare Geschlecht"

Neuerdings werden aber nicht nur Mode und Kosmetik, Hair Styling, Nail Styling, Body Styling und so fort beworben, sondern auch eine Art von Hormon Styling. Das „Recht der Frau auf ihre Hormone" wird beschworen und beworben, und die weiblichen Dorian Grays, die für immer jung bleiben wollen, laufen in Hormonambulanzen und Privatordinationen sogenannter Hormonpäpste, um sich substituieren zu lassen (und leisten so einen Beitrag zu deren finanzieller Potenz und damit wieder Werbewirksamkeit als erfolgreiche Experten).

Jahrhundertelang waren Frauen von ihren Vätern, Brüdern, Freunden, Ehemännern materiell wie sozial abhängig, durften kein eigenes Geld verdienen, über eigenes Geld nicht verfügen, sich nicht selbst rechtlich vertreten. In Österreich datieren manche Schritte dieser juristischen Emanzipation in die siebziger Jahre des zwanzigsten Jahrhunderts.

Psychische Abhängigkeiten hingegen wird es wohl immer geben — es muß ja nicht gleich bedingungslose Hörigkeit sein. Je Ich-stärker jemand ist, desto eher wird er oder sie die andere Person nicht „brauchen" und damit auch nicht gebrauchen oder mißbrauchen.

Die Reife, zu lieben und nicht abhängig zu sein, setzt ein großes Maß an Leidensfähigkeit voraus und wirkt dann erst paradox: Wer den Verzicht auf den Besitz des oder der Geliebten und den damit verbundenen seelischen Dehnungsschmerz erträgt, gewinnt damit eine neue Qualität des Liebens.

Viele Frauen bleiben ewig von Vaterfiguren, viele Männer von Mutterfiguren abhängig. In Märchen erscheint dieses Motiv bei den von Hexen — meist aus verschmähter Liebe -verzauberten Prinzen oder bei den Prinzessinnen wieder, die nächtlich zu ihrem Zaubererdämon in oder auf einen hohen Berg fliegen müssen, um sich ihre Anweisungen für den nächsten Tag zu holen. In der JUNGschen Analytischen Psychologie sprechen wir dann von Anima- oder Animusbesessenheit.

Ähnliche Besessenheit kann sich entwickeln, wenn Frauen sich ihre Weiblichkeit durch die Östrogensubstitution ihres Arztes sichern lassen wollen. Sie werden substanzabhängig. Ich werde den Eindruck nie vergessen, als ich das erste Mal bei einer Klientin die Entzugserscheinungen miterleben mußte, die sie befielen, als ihr Hormonkristall nicht rechtzeitig ersetzt wurde. Sie glichen aufs Haar denen schwer Alkoholkranker. Dr. Jekyll und Mister Hyde auf weiblich. Aber nicht nur Hormonpäpste versuchen Frauen in Substanz- und damit Expertenabhängigkeit zu locken. Auch die Chirurgie bietet sich als „schneller" Problemlöser an.

Nicht nur die Schönheitschirurgie mit ihren Versprechungen, Falten wegzuliften oder Fett abzusaugen, das Wohlbefinden zu heben und nicht nur Tränensäcke oder Brüste, sondern auch die Urologie, die mit Scheidenplastiken altersbedingter Harninkontinenz zu Leibe rücken will.

„Wir kennen alle die Redensart ‚sich vor Angst in die Hose machen' und wissen aus unserer Kindheit, daß das ganz wörtlich gemeint sein kann … Menschen mit tiefsitzenden Lebensängsten haben oftmals Blasenprobleme, heißt es in der fernöstlichen Medizin, die das Hohlorgan Blase daher auch als ‚Auffangbecken für Angst' bezeichnet."
Margaret MINKER, „Mit Leib und Seele gesund werden"

MINKER zeigt auf, daß *„Frauen im Alltag ganz konkret mehr Anlaß zur Angst haben: Gewalt und Übergriffe in ihre Integrität bedrohen sie allenthalben."* Nicht vertraut damit, sich gegen derartige Unterdrückungsversuche zu wehren, „weinen sie nach unten". Die Blase wird zum Ventil für Druckausgleich.

Statt des chirurgischen „Raffens" — Zusammennehmens durch fremdbestimmten Eingriff — bietet sich als Alternative andauerndes, gezieltes Training der Scheidenmuskulatur: Sich selbst zusammennehmen. Oder anders formuliert: sich die eigenen Kräfte bewußt machen. Genau das Organ, von dem suggeriert wird, daß es mit zunehmendem Alter zusammenschrumpfe, austrockne und immer dünnere Häute bekäme, nicht zu ignorieren, sondern statt dessen in Bewegung und damit lebendig zu halten — auch wenn mit zunehmender Beachtung die Gefühlsintensität gesteigert wird und sexuelle Phantasien angeregt werden!

Als Frau aktiv lebendig zu bleiben, verändert die Ausstrahlung und damit auch die Reaktion der Umwelt. Reagieren werden die Menschen, die dazupassen. Das werden möglicherweise andere sein als in der Zeit der eigenen Jugend. Das werden möglicherweise nicht Angehörige des Gegengeschlechts sein. Es werden möglicherweise auch nicht Angehörige der eigenen Generation sein.

Der Liebe ist es egal, wohin sie fällt.

Im „Gastmahl" von PLATON erzählt Aristophanes in seiner Preisrede auf den Eros vom ursprünglichen Menschengeschlecht, das sowohl männlich wie weiblich war: *„Jeder Mensch hatte eine runde Gestalt, so daß Rücken und Seiten im Kreise herumgingen; und jeder hatte vier Hände und ebenso viele Beine und zwei einander ganz ähnliche Gesichter auf einem kreisrunden Halse ... sowie doppelte Schamteile ..."*, aber die neidischen Götter zerschnitten diese Kugelmenschen, sodaß nun jede Hälfte ihre verlorene Entsprechung sucht: *„Nachdem nun die Gestalt entzweigeschnitten war, sehnte sich jeder Teil, mit seiner anderen Hälfte zusammenzusein, und sie umfingen sich mit den Armen und schlangen sich ineinander."* (Zitiert nach Otto BETZ, „Der Leib als sichtbare Seele")

Je jünger und unsicherer wir sind, desto mehr brauchen wir diese Ergänzung von außen: die Frau das Männliche, der Mann das Weibliche.

Im Wechsel hätten wir die Chance, nicht nur hormonell unsere mann-weibliche Ganzheit wiederzufinden und frei von Fortpflanzungszwängen ganzheitliche Beziehungen zu pflegen.

Sex in der Pflege — gepflegte Sexualität

Wenn wir uns unsere Empfindungen, Gefühle, Phantasien, Gedanken bewußt machen, merken wir, daß wir ständig Erwartungen haben — Befürchtungen, Ängste, aber auch Hoffnungen, Wünsche; schon das kleinste Kind, das noch kaum einen Erfahrungsschatz besitzt, hat Erwartungen — es reagiert darauf, was ihm entgegenkommt. Das bezeichne ich als Erwartungshaltung. So haben Ultraschallaufnahmen von Ungeborenen während einer Amniozentese gezeigt, daß sie sich schon zu Beginn dieser Prozedur zur Entnahme der Fruchtwasserprobe sofort an den Punkt zurückgezogen haben, der dem Einstichpunkt der Sonde extrem gegenüberlag. Sie reagierten bereits auf die „Absicht".

Auch wir reagieren nicht erst auf Handlungen, sondern auf „Haltungen", und mit zunehmender Erfahrung erwarten wir sie im vorhinein, werden möglicherweise enttäuscht, und dann merken wir, daß wir unsere Erwartungshaltung der Realität anpassen sollten, und das ist nicht immer leicht. Auch im Berufsfeld der Pflege sind wir mit Erwartungen konfrontiert: denen der Patienten, denen der Pflegenden, denen der Kollegen aus anderen Berufsfeldern. Und wir sind nicht nur mit Erwartungen an die Qualität der Pflege konfrontiert, sondern auch ganz spezifischen an die Pflegepersonen. Und das können auch sexuelle sein!

Wenn wir Pflege ganzheitlich im Sinne der Gesundheitsdefinition der Weltgesundheitsorganisation WHO verstehen wollen, dann gehört zum „körperlichen, seelischen und sozialen Wohlergehen" nicht nur, für Körperpflege zu sorgen, sondern auch Anpassungshilfe zu geben; darunter verstehe ich nicht nur seelischen Beistand und kognitive Informationen über gesünderes Leben. Politiker definieren „soziales Wohlergehen" primär als Verfügbarkeit von genügend Licht, Luft und Bewegungsraum — ich definiere es primär als Qualität des Umgangs miteinander. Ob wir einander achtsam, respektvoll begegnen — und auch, ob wir einander als „Mann" und „Frau", als sexuelle Wesen achten und respektieren.

„Die Schulmedizin hat sich auf den Körper beschränkt und leistet hier im Reparaturbereich oft Wunderbares. Die Sorge für die Seele hat sie neuerdings der Psychologie überlassen, um den Geist kümmerte sich

schon frühzeitig die Theologie. Wer der Schulmedizin vorwirft, sie lasse seine Seele nicht gesunden, ähnelt dem Besucher eines städtischen Schwimmbades, der sich über den mangelnden Meeresblick beschwert. Der war ihm nicht versprochen worden, genau wie die Medizin heute nicht mehr Heilung von Körper, Seele und Geist verspricht, sondern sich bescheiden auf gute Reparaturarbeit im Körperbereich zurückzieht."

Rüdiger DAHLKE, „Krankheit als Sprache der Seele"

Wie wir miteinander umgehen, kann heilsam sein, aber ebenso auch schadenbringend — es gibt „giftige" Beziehungen, in der Arbeitswelt wie im Privatleben. Worte können verletzen — Worte können heilen. Beziehungen können schädigen — Beziehungen können heil machen.

Das beste Medikament, die beste Pflege nützt nichts, wenn die Beziehung zwischen Helfer und Hilfsbedürftigem keine heilsame ist.

Von Paul WATZLAWICK stammt der berühmte Satz „Wir können nicht *nicht* kommunizieren". Ich formuliere in Anlehnung daran „Wir können nicht *nicht* sexuell sein". Wir treten einander als Männer und Frauen gegenüber, und zwar mit dem Selbstverständnis, mit dem wir unsere Geschlechtsrolle erworben und erlebt haben. Auch in unseren Berufsbeziehungen. Wir können gar nicht anders. Wir können nur unsere Wahrnehmung ausblenden. Wir haben keinen Einfluß auf die Wahrnehmung anderer (außer es sind kleine Kinder, denen man noch alles „einreden" kann).

Wie immer wir als Frauen und Männer dem, den anderen entgegentreten, hat sehr viel damit zu tun, wie wir uns fühlen. Ob wir mit dem, den anderen Augenblicke des Glücks erlebt haben oder Gewalt, Verletzungen. Augenblicke, in denen wir vor dem anderen Angst haben. Zum Beispiel dort, wo Grenzen erreicht, berührt, möglicherweise überschritten werden.

Wenn wir unsere Sexualität leben wollen, dann heißt das, in Bewegung bleiben, pulsieren.

Leben ist Bewegung, Pulsation. Sichtbar im EKG, im EEG: solange Leben da ist, ist auch eine Wellenbewegung erkennbar, und sei sie noch so winzig; die gerade fortlaufende Linie hingegen zeigt an, daß Leben entschwunden ist.

Leben — Bewegung — heißt: einatmen, ausatmen, sich anspannen, sich entspannen, heißt Stoffwechsel, heißt Austausch. Erwachsene (damit meine ich die unter Ausschüttung von Geschlechtshormonen) Paarsexualität heißt nicht nur Austausch von Sekreten — sie heißt vor allem Energieaustausch. Und gerade letzterer kann heilende Wirkung haben. Schon in der geringsten Berührung kann diese Heilkraft wirksam werden. Der Pflegeberuf ist ein Berührungsberuf. Desmond MORRIS spricht sogar von „Berufs-Berührern".

„Wir können ... festhalten, daß unser abgespannter, nach körperlicher Nähe verlangender Großstadtbewohner verschiedene Möglichkeiten hat, entsprechend hilflos zu wirken ... Eine kleine Krankheit von Zeit zu Zeit hat viel für sich ... Allerdings kann sich diese Methode, körperliche Intimität zu gewinnen, auch nachteilig auswirken. Der Kranke muß sich in jedem Fall in die Rolle des Unterlegenen fügen. Um die durch sein Leiden provozierte Aufmerksamkeit der anderen auf sich zu ziehen, hat er sich seinen Tröstern auch auszuliefern, sei es körperlich oder geistig."

Desmond MORRIS, „Liebe geht durch die Haut"

In „Zuliebe zu Leibe" habe ich analog meinen Beruf als „Berufsliebhaber" bezeichnet; darin liegt auch eine der Wurzeln für die Abstinenzregel der Psychotherapeuten: Unsere Aufgabe ist es, Klienten zu fördern, da dürfen wir keine eigenen Lustziele verfolgen. Entweder „Vater" oder „Mutter" — oder „Geliebter", „Geliebte". Beides ist unvereinbar.

Aber diesbezügliche Phantasien sollen durchaus angesprochen werden im Sinne des psychoanalytischen Grundsatzes „Reflektieren, nicht agieren" — darüber nachdenken, nicht in die Tat umsetzen. Und zum Nachdenken gibt das psychotherapeutische Setting Zeit (die kostentragende Krankenkasse nicht immer).

Pflegepersonen „haben" diese Zeit nicht. Sie müssen sie sich „nehmen"! Denn auch wenn sie von Berufs wegen berühren müssen, auch wissen, daß diese professionellen Berührungen oft schmerzhaft sind, meist lindernd, so wird doch gerne verdrängt, daß sie auch lustvoll sein können.

Und zwar für beide!

Es ist nicht so, daß allein der Patient, die Patientin Lust erlebt — oder auch Angst vor möglicher Lust oder auch Lust auf Lust.

„Das Vergnügen war nur kurz, und die einzige Möglichkeit, es noch ein wenig länger zu genießen, besteht darin, chronisch krank oder invalide zu werden und sich, wie man so sagt, ‚einer schlechten Gesundheit zu erfreuen'."

Desmond MORRIS, „Liebe geht durch die Haut"

Selbst wenn eine Pflegerin — ich gestatte mir diese Wortschöpfung aus Krankenschwester und Pfleger zwecks Vermeidung weiterer Diskriminierungen — in fast märtyrerhafter Aufopferung bereit ist, ihre Möglichkeiten an „Sozialkontakt" freigiebigst auszugeben, wird sie doch auch an ihre Grenzen kommen. An die Grenzen ihres Wohlwollens wie an die ihrer Belastbarkeit.

Sie wird dort an eine Grenze kommen, wo sie merkt, daß ihre „Botschaft" nicht so aufgenommen wird, wie sie es erwartet hat, und wird sich möglicherweise die Frage stellen: „Wie kann ich meine Botschaft so präzisieren, daß sie nicht mißverständlich ist?" Daß sie — möglicherweise sogar gerne — mißverstanden wird, ist nicht zu verhindern.

In meinem Buch „Ungeduld des Leibes" habe ich die Phasen beschrieben, in denen sich die psychosexuelle Entwicklung eines Kindes abspielt. Fallen wir aus dem Zustand „vollständiger Gesundheit", besteht immer Gefahr, auf eine frühere Entwicklungsstufe zurückzufallen, zu „regredieren".

Wir kennen das, wenn wir uns verkühlt haben, fiebern, fühlen wir uns auf einmal ganz klein, schutzbedürftig, und wünschen uns eine liebevolle Mammi — vielleicht auch Pappi, wenn noch mehr Männer den Pflegeberuf wählen —, eine pflegende „Elternersatzfigur", damit wir in unserer Bedürftigkeit auch wirklich klein sein dürfen, ohne uns selbst sorgen zu müssen. Wir wollen versorgt, umsorgt werden, gehalten, liebgehabt, damit wir in Ruhe wieder gesund werden können. Das ist die Sexualität des Säuglings.

Allerdings sind Säuglinge nicht nur pflegeleicht und lieb. Menschen, die im Krankheitsfall regredieren, auch nicht. Weil Kinder aber klein sind und ihr Gesicht das „Kindchenschema" widerspiegelt, fällt es uns leicht(er), sie auch liebzuhaben, wenn sie unausstehlich sind — außer wir sind total neurotisch, frustriert, gewalttätig oder boshaft.

Bei Erwachsenen fällt es uns schwer(er), besonders wenn es

Menschen sind, die von ihrer Krankheit psychisch verändert sind, verbittert, aggressiv. Besonders schwer fällt es bei sehr alten oder behinderten Menschen, die nicht (mehr) im Vollbesitz ihrer geistigen Kräfte sind.

Vom Verstand her ist es relativ leicht zu verstehen, daß ein Mensch am Ende seines Lebens wieder im Zustand des trotzigen Zweijährigen ist, der nur noch an Stuhlgang und „Gacki, Lulli, Popschi" (Zitat) interessiert ist, der wie ein Zweijähriger losheult, „Mag dich nicht, Mammi!", und losschlägt. Nur ist es halt viel gefährlicher, wenn ein Siebzig-, Achtzigjähriger mit dem Gehstock losschlägt als ein Kleinkind mit dem Patschhändchen.

Da werden hohe Anforderungen an die Grenzen unserer Liebesfähigkeit gestellt.

Jetzt könnte jemand fragen: „Aber was hat das alles mit Sexualität zu tun?" Sehr viel — denn auch das ist eine Suche nach Körperkontakt und Beziehung.

Ganzheitlich gesehen sind wir eine Körper-Seele-Geist-Einheit. Körperlich haben wir Empfindungen und die können angenehm, lustvoll sein, sie können unangenehm sein, Angst machen. Es ist schwierig, über solche Empfindungen zu sprechen. Viele Menschen haben Angst, als „Selbstdarsteller", Verbalexhibitionisten, als Jammerlappen oder Hypochonder abgewehrt zu werden.

Es ist ein bißchen leichter, seelische Gefühle in Sprache auszudrücken. In der „Romantik" des vorigen Jahrhunderts war das sogar „in", und heute, in Zeiten des Psychobooms, bahnt sich ein Remake an. Allerdings nimmt gleichzeitig in breiten Bevölkerungsteilen die Sprachlosigkeit zu: zuviel Fernsehkonsum läßt den Sprachschatz verkümmern, zuviel audiovisuelle Propaganda für symbiotische Liebesbeziehungen (und im Gegensatz dazu Horrorbilder von Ausbeutung und Gewalt) fördern die — unausgesprochene — Forderung „Du mußt mich auch ohne Worte, wie eine gute Mutter ihr Baby, verstehen!"

„Jedes Mal, wenn eine Krankheit herangezogen wird, um zu sagen: ,Ich bin unglücklich', beginnt der Leidende eine Art indirekter Kommunikation, und obwohl die dahinterstehende Botschaft recht deutlich ist, gehört Täuschung zu diesem Prozeß."

Susan BAUR, „Die Welt der Hypochonder"

Je oberflächlicher eine Beziehung ist, desto vorsichtiger ist der realitätsorientierte Mensch, Intimes anzusprechen. Früher gehörte dazu auf jeden Fall die individuelle Sexualität; heute ist Selbstdarstellung „in" und Ethik „out". Es ist in unserer hochsexualisierten Zeit nicht modern, Skrupel zu haben, Moral oder Werte. Bestenfalls darf man „Spiritualität" outen.

Aus ganzheitlicher Sicht ist es aber wichtig, spirituelles Wohlbefinden nicht als Konsumation von Meditationsseminaren mißzuverstehen; wenn wir zueinander Kontakt und Beziehung „pflegen" wollen, müssen wir auch wissen, wo unsere Wurzeln und Rückverbindungen sind und wo unsere Grenzen.

Pflegepersonen befinden sich in einem permanenten Konflikt: Einerseits wollen sie heilsam wirken, das heißt, Patienten als sexuelle Wesen mit sexuellen Gedanken, Gefühlen, Empfindungen, Phantasien und Bedürfnissen zu respektieren und zu fördern, andererseits müssen sie sich selbst mit ihren persönlichen Grenzen respektieren und darauf achten, daß diese nicht verletzt werden.

Kranke, Behinderte erleben aber Regressionen. Wenn ein Zweijähriger seiner Mammi auf den Busen greift, dann tapscht er hin, weil's so schön weich ist und weil's seine Mammi ist, von der er glaubt, daß sie ihm gehört, und weil er sie lieb hat. Wenn das ein fünfzigjähriger Querschnittpatient beim Überwechseln vom Bett auf den Rollstuhl macht, stellt sich die Frage: wie damit umgehen?

Wie Mutter Teresa? Sich ein Sternchen am Berufshimmel verdienen? Oder eine Grenze setzen? Und wie?

„Wenn jemand erst als ‚krank' bezeichnet ist, verleiht einem unsere Gesellschaft verschiedene Privilegien. Diese werden zugestanden, weil wir in den meisten Fällen überzeugt sind, die Person sei nicht unmittelbar für ihre Krankheit verantwortlich und könne nicht spontan gesund werden, indem sie einfach gesund werden will. Es ist nicht ihre Schuld — sie braucht Hilfe und darf daher eine Ausnahmestellung einnehmen.

Die wichtigste Ausnahme ist die Aufhebung der täglichen Arbeitspflicht. Vom Kranken wird nicht erwartet, schwere körperliche Arbeit oder anspruchsvolle geistige Leistungen zu erbringen. Anspruchsvolle emotionale Situationen, wie etwa der Liebesakt und gesellschaftliche

Verpflichtungen, fallen ebenfalls fort. Darüber hinaus sind Kranke von den normalen Regeln für gutes Benehmen ausgenommen."

Susan BAUR, „Die Welt der Hypochonder"

Tausende Fragen tauchen auf: Kann er nicht anders? Will er nicht anders? Merkt er nichts? Kann er nichts bemerken? Ist es „nur" schlechtes Benehmen? Oder schon ein Übergriff? Was empfinde ich? Welche Gefühle bekomme ich? Lust oder Wut? Und wie geht es mir damit? Und wie geht es uns als Berufsgruppe? Wie ist der Umgangsstil in meinem „Haus"?

So wie es in einer Familie als Dysfunktion zu betrachten ist, wenn Pappi und Mammi den Kindern gegenüber unterschiedliche Positionen vertreten, genauso ist es als Störung zu werten, wenn in einem Betrieb Führungskräfte der Belegschaft oder den „Kunden" gegenüber nicht einheitlicher Meinung sind. Damit ich nicht mißverstanden werde: sie dürfen schon unterschiedliche Ansichten haben — aber sie sollten sich darüber einigen, welche gemeinsame Stellung sie nach außen vertreten wollen.

Ebenso ist es für das Funktionieren einer Krankenanstalt oder Pflegeeinrichtung wichtig, daß die kollektive Führung sich auf klare Einhelligkeiten einigt und daß in der weiteren hierarchischen Folge auch in Abteilungen und Stationen ehebaldigst — wenn auch nur vorläufige — Einhelligkeiten erzielt werden, denn sonst entstehen Konkurrenzen zwischen „Liebem" und „Bösem" — Gewährendem und Versagendem — und Rivalitätskämpfe, und daß Leben in einer solchen Atmosphäre gesundheitsschädigend ist, wissen alle, die in Familien aufgewachsen sind, in denen die Eltern andauernd gestritten oder gegeneinander intrigiert haben.

Eine solche Konkurrenz könnte auch entstehen, wenn sexuelle Belästigung am Arbeitsplatz irrtümlich als „Frauenproblem" definiert wird und Männer deshalb ihr Interesse und ihre Unterstützung zurückhalten. Sexuelle Belästigung trifft auch Pfleger, nicht nur, wenn „senil enthemmte" alte Frauen Anstandsgrenzen überschreiten, sondern schon, wenn Patienten verbal mit ihrer Sexualität protzen. Es geht um Grenzen und die Frage, wo diese im speziellen Fall zu setzen sind.

Krankenpflege wurzelt im traditionellen Rollenbild der pflegenden Klosterschwester, die naturgemäß asexuell zu sein hat, die sich alles gefallen läßt, um Demut zu üben. Heute geht es aber darum, daß moderne berufstätige Frauen und Männer einen Gesundheitsberuf ausüben mit Dienstplänen und Dienstpflichten, aber auch Rechten auf Arbeitnehmerschutz und die Beachtung der Fürsorgepflicht des Arbeitgebers. Professionell ist die Sexualität der Patienten als umfassender Aspekt ganzheitlicher Gesundheit zu pflegen. Aber wo steht geschrieben, was Sexualität ist und wie sie zu pflegen wäre?

Wie bei der Pflege von Pflanzen geht es bei der Krankenpflege zuerst einmal darum, überhaupt wahrzunehmen, daß und was da ist, und herauszufinden, was weiters zu tun ist. Wieviel Sonne, Wasser und Nährstoffe richtig sind, damit die Pflanze nicht eingeht oder krebsartig auswuchert. Oder analog: wieviel Zuwendung, Gefühlsaustausch und qualitative Informationen richtig sind, damit ein Krankenhaus nicht zum Straflager wird und nicht zum Pseudobordell verkommt.

Es geht nur darum, die Sexualenergie zu fördern, damit Menschen schneller oder besser gesunden können, weil sie sich im Optimalfall vitaler, liebenswerter fühlen und ein stärkeres Selbstwertgefühl und mehr Lebensfreude bekommen. Und dafür muß eine der Realität angepaßte Form gefunden werden, mit respektablen Grenzen und klar erkennbaren Passagen. Mit verläßlichen Strukturen und genügend Flexibilität, die Strukturen gegebenenfalls zu lockern.

Im Beruf Krankenpflege ist Lockerheit ein Fremdwort. Zeitpläne, Therapiepläne, neuerdings auch Pflegepläne und zwischendurch planlose Überfälle von Kollegen und Angehörigen bürden eine Arbeitslast auf, die kaum durch Pausen aufgewogen werden kann.

Dazu kommt, daß eine kritische Medienberichterstattung die Bevölkerung zunehmend gegenüber Medikationen und anderen ärztlichen Dienstleistungen verunsichert. Damit wächst auch das Mißtrauen gegenüber anderen Gesundheitsberufen — auch gegenüber der Pflege. Dabei sind gerade die Pflegerinnen diejenigen, die „hautnah" zwischen Ärzten und Patienten dolmetschen könnten — vor allem, weil sie — noch — die Sprache der Patienten und ihrer Angehörigen sprechen. Dazu kommt, daß sich die Patienten oft nicht getrauen, die „Götter in Weiß" direkt anzusprechen und zu fragen; hier liegt wieder eine Grenze verborgen: Wer darf was sagen, wer soll was sagen, wer will was sagen — und wie und wo.

Mich hat nach meiner Vorlesung über Alterssexualität an der Universität Graz eine Frau gefragt, ob denn Nierenkrebs ansteckend sei, sie habe seit Erstellung dieser Diagnose nicht mehr gewagt, mit ihrem Mann zu schlafen. Fachleute können sich oft nicht mehr vorstellen, wieviel Aufklärung noch notwendig ist. Im Krankenhaus stünden wohl zahlreiche Auskunftspersonen zur Verfügung — aber wann und vor allem wo? Welche Rahmenbedingungen für derart intime Gespräche erwarten Fragende? Das Krankenbett, wo alle rundherum zuhören? Die Illusion eines geschützten Raumes durch Aufstellen von Paravents? Wo gibt es Bibliotheken, Besprechungszimmer, Multifunktionsräume?

Pflegen heißt auch, sich zu überlegen, wieviel Zeit für pfleglichen Umgang zur Verfügung steht und stehen müßte. Zeitstudien sind ein Weg zur Qualitätssicherung; sie bergen die Gefahr der Automatisierung, der Ausbeutung menschlicher Arbeitskraft und stünden damit in krassem Gegensatz zum Sinn des Pflegens.

Ein anderer Weg sind Stufenmodelle, in denen von flächendeckender Oberflächlichkeit zur intensiven Tiefendimension hingearbeitet wird. Solch ein Modell bewährt sich in der methodenintegrativen Sexualtherapie und ist unter der Kurzbezeichnung **PLISSIT**-Modell wenigen Eingeweihten bekannt.

P steht für Permission / Entängstigung: entängstigen sollten wir nicht nur die Personen, die unter einem Symptom leiden, sondern vor allem uns selbst, damit wir nicht unsere Ängste übertragen, uns nicht verspannen und damit nicht offen sind für die Signale der Patienten und damit wir vor allem lebendig sind und keine Zombies.

Wenn wir an Grenzen kommen — Schamgrenzen beispielsweise —, neigen wir dazu, uns zurückzunehmen. Damit wird aber dem anderen ein Signal vermittelt: „Das, woran ich jetzt gekommen bin, ist tabu, pfui, ‚das da unten‘, das keinen Namen hat und daher reden wir nicht darüber“. Stummes Handeln birgt aber ebenso die Gefahr von Gewalttätigkeit wie schnelles Agieren.

LI steht für Limited Informations / Begrenzter Informationsaustausch: Nicht eine Vorlesung im Umfang von fünf Stunden oder fünfzig oder fünf Jahren, sondern knappe Information, die hilft, sich zurechtzufinden und bei Interesse tiefgehender zu orientieren; das heißt aber auch, sich selbst Informationen zu beschaffen und vor allem: die Betroffenen fragen —

denn sie sind die Experten für ihre Selbsterfahrung. Wir können nur phantasieren.

Gerade was Sexualität anlangt, phantasieren wir immer. Auch in unseren eigenen Liebesbeziehungen erleben wir ständig wiederkehrend die Notwendigkeit, die andere Person zu fragen, „Wie ist denn das bei dir?" „Wie erlebst du das?"

Zu diesen Phantasiebereichen zählen Veränderungen im Körperselbstbild, Phantasien über Funktionsverluste, Rückmeldungen auf verstümmelnde Operationen genauso wie die Reaktionen auf Pflegetrivialitäten wie Intimwäsche.

Den Mut zu haben, zu sagen: „Ich möchte Sie gerne etwas fragen, damit ich mich besser auskenne — und ich hoffe, es ist Ihnen nicht unangenehm, ich möchte nämlich nicht Ihren Intimbereich verletzen" heißt, die eigene Wahrheit sagen, auch die eigenen, wahren Befürchtungen auszusprechen.

SS steht für Specific Suggestions/spezifische Suggestionen, dazu zähle ich nicht nur die berühmten verhaltenstherapeutischen Hausaufgaben für lustvollere Sexualpraktiken, sondern vor allem das Hervorrufen geistiger Bilder durch Spracheinsatz, oder symptomspezifische Visualisierungen aufgrund sprachlicher Anleitung. Solche Techniken kann man teilweise in Kursen lernen. Ich selbst unterrichte im Bereich der Allgemeinen Unfallversicherungsanstalt Pflegepersonen in derartigen Methoden.

IT heißt schließlich Intensive Therapy / Intensivtherapie und ist dem vollausgebildeten Psychotherapeuten vorbehalten.

Leider gibt es — noch — fast keine Fachliteratur über die Sexualität Körperbehinderter, chronisch Kranker, alter Menschen; es wird wohl an künftigen Generationen von Pflegerinnen liegen, hier zu dokumentieren, zu forschen, zu konzipieren und zu publizieren, damit es nicht nur bei distanzierten Anleitungen für den Körperpflegebereich bleibt, sondern auch psychische und soziale Wirksamkeiten reflektiert werden.

Wahrscheinlich wurde dieser Bereich bisher deshalb so konsequent vermieden, weil wir selber von Gefühlen und Wertungen überflutet werden, wenn wir uns mit ihm beschäftigen.

Wir können nicht *nicht* sexuell sein.

Wenn wir zur Sexualität arbeiten, sprechen, kann man unseren

Gesichtszügen, unserer Mimik, unserer Körpersprache ansehen, ob wir Sexualität lustvoll erleben, erlebt haben, oder ob sie uns Angst macht, ob wir unangenehme Erfahrungen gemacht haben.

Wir sollten alle einen Zugang zur Sexualität einfordern, der lustvolles Erleben möglich macht. Daher ist es wichtig, darauf zu achten, welche Rahmenbedingungen, Hindernisse vorhanden sind. Zum Beispiel Zeitdruck.

Aufeinander zugehen, aufeinander eingehen braucht Zeit, besonders im Intimbereich — nicht umsonst haben wir dort, wo unser Körper seine intimsten Grenzen aufweist, Schleimhäute, gibt er uns das Signal „Achtung! Dünne Haut!" und damit den Appell, vorsichtig mit uns selbst und mit anderen umzugehen. Dort, wo wir nicht so behutsam sein müssen, haben wir auch dickere Hautformen.

Wenn wir uns also beruflich an und in den Intimbereich hineinarbeiten — körperlich wie seelisch — sollten wir uns verlangsamen, zart werden und vielleicht sogar zärtlich, daher müssen wir uns die Arbeitszeitbedingungen erkämpfen, die wir brauchen; wir müssen ja auch selbst gleichzeitig Kontrolle über unsere Empfindungen und Gefühle ausüben, sie sind ja das Instrument, mit und durch das wir wirksam werden. Der ungarische Psychoanalytiker Michael BALINT sprach pointiert von der „Droge Arzt", die zum Einsatz kommt. Auch Pflegerinnen setzen sich selbst als Droge, als „energetische Schwingung" ein. Diese Schwingung verändert sich je nach Befindlichkeit. Daher ist es sogar sehr bedeutsam, wie es ihnen geht.

Es macht einen Unterschied, ob Angehörige von Gesundheitsberufen unter Zeitdruck über Patienten drüberfahren oder ob sie sich konzentriert wahrnehmend auf die individuelle Person einstellen und ihr Gelegenheit bieten, sich „auszudrücken".

Es ist modern geworden, von „compliance" zu sprechen und wie wichtig es ist, daß die Patienten im Gesundungsprozeß mitarbeiten. Dazu gehört aber zu allererst, daß sie sprechen dürfen — Informationen geben — und daß ihnen zugehört wird. Denn nicht nur Professionals geben Information — und Professionals brauchen auch Information, vor allem Rückmeldungen, ob und wie das ankommt, was wir tun.

Dabei dürfen wir uns nicht irritieren lassen, wenn viele Patienten fordern „Tu was mit mir!" Sie sind nicht gewohnt, konstruktiv mitzudenken,

Rückmeldungen zu geben, sie wollen die Mutter-Kind-Beziehung der frühesten Kindheit wiederholen, und als Wunsch ist das auch durchaus verständlich, als Anspruch auf quasi Hotelleistungen — „Ich will bedient werden!" — nicht.

Wir dürfen auch nicht vergessen, daß etliche Krankheiten ebenso wie etliche Medikationen die Persönlichkeit verändern. Denken wir nur daran, wie wir gereizt werden, wenn wir zuviel Bohnenkaffee getrunken haben, wenn wir unterzuckert sind oder ein bestimmtes Limit von Streß überschritten ist. Da mutiert oft ein sozial angepaßter „Dr. Jekyll" blitzartig zum grauenhaften „Mr. Hyde".

Daß bestimmte Medikationen die Libido senken bzw. zum Verschwinden bringen, ist bekannt. Aber auch gesteigerter Sexualtrieb kann eine Folge bestimmter Medikamente sein. Die Informationen können wir nur durch Beobachtung gewinnen oder durch gezielte Gespräche. Wir müssen uns also in „therapeutische Beziehungen" hineinwagen; das bedeutet aber, daß wir auch mit „Übertragungsgeschehen" zu rechnen haben — damit, daß Patienten auf uns Gefühle übertragen, die nicht zu uns als realen Personen gehören, sondern zu anderen Menschen, zum Ehepartner, zum Chef, zu den eigenen Kindern oder zu Bezugspersonen der frühen Kindheit.

Es liegt an unserer Professionalität, im Widerstandsfall so motivierend zu sein wie eine „gute Mutter" bei einem trotzigen Kind, das sich nicht selbst anstrengen will, durch Eingehen, Informieren, Geduld und daher wieder Zeit den Qualitätsstandard an sprachlicher Zuwendung zu verwirklichen, der heilsam sein kann.

Pflegepersonen haben ebenso wie alle anderen Angehörigen von Gesundheitsberufen Erfahrungen, wie Patienten durch bestimmte Formulierungen von einem unerwünschten Seelenzustand in einen anderen, gesünderen kommen können. Auch wenn es bislang nicht sehr üblich war, daß Pflegerinnen publizieren, sollten sie es dennoch und ohne Scheu tun und nicht darauf warten, daß es andere Professionen für sie tun. Eben weil sie so viel Zeit so „hautnah" mit Patienten verbringen, haben Pflegerinnen einen anderen, vertrauteren Blickwinkel.

Publizieren ist Öffentlichmachen. Davor haben viele Menschen Scheu. Sie befürchten, sich angreifbar zu machen, in dieser neuen Funktion nicht akzeptiert zu werden. So werden oft wichtige Informationen vorenthalten.

Besonders was das Arbeitsfeld „Sexualität in der Pflege" betrifft, sind wir im Pionierstadium, wir experimentieren, mit Sprache, mit therapeutischer Beziehung, mit Bezugspflege. Deshalb sollten auch alle Experimente öffentlich gemacht werden. Vor allem, damit sie kontrollierbar und damit auch verbesserbar sind.

Ich erlebe immer wieder, wie Pflegerinnen hochqualifizierte Forschungsarbeit leisten — heimlich, weil es ja doch noch nicht zum Berufsbild gehört. Das finde ich schade. Für mich gehört dieses Rückzugsverhalten zu den Strategien des Sich-klein-Machens und sind damit das Gegenteil von Wachstum.

Wachstum ist aufmachen, Hemmungen loslassen, aufeinander zugehen, einander annehmen. Wachstum setzt Öffnung voraus: des Geistes, der Seele, des Herzens. Die schönste Form der Herzensöffnung ist Liebe: die andere Person zu achten und anzunehmen in ihrer einzigartigen Persönlichkeit.

In ihrem Konzept von „Validation" hat Naomi Feil ein Konzept entwickelt, wie Professionals alte, demente Menschen besser verstehen und versuchen können, ihre Menschenwürde zu achten. Denn nach ihrer Interpretation versuchen Demenz-Patienten, in der Zeit zu leben, in der sie sich noch geliebt und geachtet gefühlt haben. Sie verändern sozusagen ihr Zeiterleben und begeben sich in die Zeit, in der sie noch „wer waren".

Vieles, was als „Altersperversion" diskriminiert wird — obszönes Sprechen etwa —, stellt sich aus dieser Sicht auch nur als ein Versuch dar, die sexuelle Persönlichkeit wieder zu leben, die man einmal war. Das ist schwer auszuhalten, für die Angehörigen wie für die Pflegerinnen. Wer sich in seiner Berufsgruppe geborgen und von anderen Berufsgruppen rspektiert weiß, tut sich leichter. Daher sollten wir uns von Neid, Eifersucht und Rivalität befreien — zwischen den Berufsgruppen der unterschiedlichen Gesundheitsberufe wie innerhalb der eigenen. Und uns nicht verführen lassen, bei destruktiven Konkurrenzen mitzumachen. Wieder eine Gelegenheit, zu üben, Grenzen zu setzen!

Von der Angst der Menschen vor der Psychotherapie

„Das Monopol der Experten definiert, was Abweichung ist und welche Abhilfen dagegen benötigt werden."
Ivan ILLICH, „Entmündigung durch Experten"

Wird ein Psychotherapeut nach seinem Beruf gefragt und gibt Auskunft, folgt fast immer blitzartig die Antwort: „Gottseidank brauche ich das nicht!" Weitere Nachforschungen mit der Gegenfrage: „Wer, glauben Sie denn, braucht Psychotherapie?" bleiben meist unbeantwortet. Dafür kann man oft die verbale Grenzziehung hören: „Ich bin doch nicht verrückt!"

Liegt es an der Silbe „Psycho", die diese heftigen Abwehrreaktionen auslöst? Eigentlich deutet sie nur an, daß es in weiterer Folge um etwas Psychisches gehen wird: Psychiater sind Fachärzte für geistig-seelische Erkrankungen, Psychologen Fachleute für Psychodiagnostik, Psychotests und Seelenforschung, Psychotherapeuten Fachleute für die „Umgewichtung seelischer Kräfte" — Veränderungsprozesse hinsichtlich Einstellungen, Empfindungen, Gefühlen, Reaktionen, Verhalten.

Pointiert formuliert, könnte man Psychotherapeuten mit Kunstmalern, Psychologen mit Kunsthistorikern und Psychiater mit Farbchemikern vergleichen; auch mancher Kunsthistoriker malt, und Farbchemiker prüfen und erproben ihre Farben und malen daher auch. Aber der Kunstmaler hat bei einem Meister seines Faches gelernt — und das merkt man seinen Produkten auch an. Sie wirken anders, berühren, ergreifen, erschüttern — verändern. Man merkt aber auch, mit welchen Epochen der Geschichte der Malerei er — oder sie — sich intensiver beschäftigt hat, welche beeinflußt haben. Und ebenso hat er seine Erfahrungen mit Chemikalien — nur verwendet er eben Naturfärbemittel, auch wenn deren Herstellung mehr Zeit braucht und mehr Konzentration als der Einsatz vorgefertigter Industrieprodukte.

Alle drei gehören zum Archetyp des „Sacerdos" — des Priesterheilerlehrers: der Psychiater ist Medizinmann, der Psychologe Geschichtenerzähler, der Psychotherapeut Schamane, Geistheiler. Und eben weil diese Spezialisierung des ursprünglichen Archetyps nicht mit so sichtbaren Behandlungsmethoden wie Kräutermischungen oder Einschnitten,

nicht mit so kontrollierbaren Inszenierungen wie Gesängen oder Spiel-
anleitungen in Verbindung gebracht wird, sondern mit Unsichtbarem,
schwer Kontrollierbarem wie Sprachmagie oder Trancearbeit, erweckt sie
Assoziationen zu Zauberern und Hexen — und damit Angst.

Die Nachfahren der Schamanen erwecken auch Angst und Mißtrauen
bei den nicht in dieselbe Kunst eingeweihten Nachfahren der Medizin-
männer und Erzähler — Angst, sie könnten mehr wissen, können oder
bewirken, Angst, sie könnten ihnen die Patienten und damit die Arbeit
wegnehmen.

„Manche Ärzte halten es bereits für notwendig, ihre Glaubwürdigkeit
zu sichern, indem sie die gesetzliche Ächtung vieler heute üblicher
Behandlungsformen fordern."

Ivan ILLICH, „Die Nemesis der Medizin"

Einander achten oder einander ächten — diese Grundproblematik des
Umgangs miteinander kennzeichnet nicht nur die Beziehung zwischen
ärztlichen wie nichtärztlichen Therapeuten untereinander, sondern auch
zwischen ihnen und den Patienten. Achtung heißt, einander wahrnehmen,
respektieren, aufeinander hören. Ächtung heißt, den anderen zu ignorieren, runterzumachen, Gehör und Gehorsam einzufordern.

Viele Patienten haben Angst, weil negative Erfahrungen. Weniger mit
realen Angehörigen der Psychoberufe, als mit ihren Zerrbildern in Witz
und Film. Da wimmelt es nur so von verrückten Professoren oder ver-
führbaren Therapeutinnen. Peter Sellers, Woody Allen, Barbra Streisand.

Schon Sigmund FREUD hat in seiner Abhandlung über den Witz
nachgewiesen, wie durch die Taktik des Lächerlichmachens versucht wird,
Angst und Aggression zu bewältigen. Dementsprechend tauchen in
Witzen bevorzugt die Klischees der Personen auf, die gewohnterweise
angstbesetzt sind: Ungebildete und extrem Gebildete, sehr schöne und
sehr häßliche Menschen, die Ehefrau mit dem Nudelwalker, die
Schwiegermutter, und die drei P: Polizisten, Professoren, Psychiater.

Alle drei Berufe zeichnen spezielle Fachkenntnisse aus: qualifizierte
Wahrnehmung, Autoritätsrechte, besondere Zensurbefugnisse.

Ist es diese übermächtige „Autorität", die Angst macht? Erinnerungen
an die übermächtigen Elternfiguren der frühen Kindheit werden wach.

190

Und damit einerseits die Befürchtung, daß sich bereits erfahrener Machtmißbrauch wiederholen könnte, andererseits die Angst, ohne die Hilfe dieser vermuteten „Besserwisser" nicht überleben zu können — was für das Kleinkind sicherlich zutrifft, im Denken, Fühlen, Handeln eines Erwachsenen jedoch „neurotisch" — nicht der Realität angemessen — erscheint.

„Die Überzeugung der Menschen, sie könnten ohne ärztliche Hilfe mit ihrer Krankheit nicht fertig werden, verursacht mehr Gesundheitsschäden, als die Ärzte je anrichten könnten, indem sie den Leuten ihre Wohltaten angedeihen lassen."

Ivan ILLICH, „Die Nemesis der Medizin"

Genau hier liegt eine Paradoxie verborgen: einerseits sind viele Menschen gefangen in Verhaltensmustern von entweder Anpassung und Gehorsam um jeden Preis oder Protest und Rebellion immerdar — bräuchten wohl psychotherapeutische Hilfe, um sich und ihre körperlichen, seelischen oder geistigen Verhaltensmuster zu verändern. Andererseits besteht die Gefahr, in der Zusammenarbeit mit der „Elternersatzfigur" Psychotherapeut keine Veränderung zu erzielen, sondern nur weiter zu „agieren" — nunmehr dem Therapeuten gegenüber braves oder schlimmes oder krankes oder trauriges Kind zu spielen. Oder gar nicht in einen psychotherapeutischen Prozeß einzutreten.

Denn auch die Aussicht auf Veränderung kann Angst machen.

Jedes Symptom ist eine versuchte Selbstheilung. Oberflächlich betrachtet ist Psychotherapie vor allem bei Depressionen, Ängsten oder psychosomatischen Symptomen indiziert. Jede Antriebsschwäche, Melancholie kann aus symbolischer Sicht als nach innen gerichtete Aggression verstanden werden, jede Angst als Selbstschutz vor Gefahr, jede Psychosomatose als Vermeidung größerer Unlust. Die klassische systemtherapeutische Frage, „Was wäre anders, wenn Sie Ihr Symptom nicht hätten?" bringt oft schon deutlich ins Bewußtsein, welche Lebensmöglichkeit — von anderen, vom „Gewissen" — nicht erlaubt wird.

Zu diesen übermächtigen anderen gehören nicht nur Eltern, Lehrer und andere Elternersatzberufe, sondern auch alle sogenannten Experten.

„Um teilhaben zu können an der Macht, die das Kind unterwirft, ersetzen Gehorsam und Anpassung die Verantwortung für das eigene Handeln."

Arno GRUEN, „Der Wahnsinn der Normalität"

Es besteht immer Gefahr, sich unkritisch mit diesen Mächtigen zu identifizieren oder zu verbünden, es „ihnen recht zu machen". Damit wird aber die Entfernung von der eigenen Identität, vom eigenen Lebenssinn nur fortgesetzt.

Der Schweizer Psychoanalytiker Arno GRUEN deutet in „Der Verrat am Selbst" dementsprechend den Sinn eines auf Macht aufgebauten Selbst als *„ ... die Macht haben, die es ihm ermöglichen würde, der Wirklichkeit der Gefühle und Bedürfnisse anderer wie der seiner eigenen zu entgehen. Das ist seine (und eine unausgesprochene gesellschaftliche) Idee von Freiheit: sich nicht um diese Wirklichkeit kümmern zu müssen ... Dadurch wird unsere Empfindsamkeit verschüttet. Der wahre Sachverhalt ist der, daß man dem eigenen Leiden entkommen möchte. Denn man hat nicht die Kraft, das eigene Leid oder das der anderen wahrzunehmen. Die Schlußfolgerung drängt sich auf, daß in unserer Gesellschaft die wirklich Schwachen nicht diejenigen sind, die leiden, sondern jene, die vor dem Leiden Angst haben. Die Menschen, die am erfolgreichsten angepaßt sind, sind die eigentlich Schwachen. Darum propagieren sie seit Jahrtausenden den Mythos, daß Empfindsamkeit Schwäche sei ..."*

Gelungene emanzipatorische Psychotherapie müßte nicht nur Symptomfreiheit zum Ergebnis haben, sondern auch Freiheit vom Glauben an falsche Autoritäten, die Lebensmöglichkeiten verbieten oder erlauben, Macht beanspruchen, auch Macht mißbrauchen, und vor allem Kritik verbieten. Sie wird das Recht auf Kritik fordern — auch auf Kritik an den Helferberufen. Und auch Kritik an den Kostenträgern.

„Jede neue Zunft schafft sich sofort eine neue Hierarchie, neue Klienten und Ketzer und neue Ansprüche auf staatliche Mittel."

Ivan ILLICH, „Entmündigung durch Experten"

Hierarchien werden meist als Zwang und Kontrolle erlebt, sie können aber auch Sicherheit und Schutz bedeuten — für alle Beteiligten, z. B. im

Sinne von Konsumentenschutz. Michael Lukas MOELLER, Professor für Medizinische Psychologie an der Universität Frankfurt, hat ein Beratungsbuch für Paare geschrieben mit dem Titel „Die Wahrheit beginnt zu zweit".

Sie muß nämlich ausgedrückt werden. Jeder Mensch hat seinen individuellen Blickwinkel, seine subjektiven Empfindungen, definiert seine höchstpersönliche Wirklichkeit und hat dementsprechend seine ureigenste Wahrheit.

Dessen wird er sich aber erst bewußt, wenn er an die ureigenste Wahrheit einer anderen Person stößt. Diese Wahrheiten aus — und anzusprechen, ist ein wesentlicher Teil psychotherapeutischer Arbeit. Dabei kann auch die Wahrheit der Klienten gegen die Wahrheit der Therapeuten prallen.

„Die Zuweisung der Krankenrolle wurde ein ärztliches Monopol. Nun mußte, wer sich krank fühlte, ins Krankenhaus gehen, um sich mit einer Krankheitsbezeichnung etikettieren und sich zum legitimen Mitglied der Minorität der sogenannten Kranken erklären zu lassen: damit war er von der Arbeit freigestellt, hatte Anspruch auf Hilfe, unterstand den Befehlen des Arztes und war verpflichtet, rasch gesund zu werden, um wieder nützlich zu sein. Als die pharmakologischen Techniken — Tests und Chemikalien — so sicher, wirksam und billig wurden, daß man auf den Arzt hätte verzichten können, erließ die Gesellschaft paradoxerweise Gesetze und Vorschriften, um den freien Gebrauch dieser durch die Wissenschaft vereinfachten Verfahren einzuschränken, und setzte sie auf die Liste der rezeptpflichtigen ärztlichen Maßnahmen."

Ivan ILLICH, „Entmündigung durch Experten"

Psychotherapeutische Techniken verzichten auf den Einsatz von Tests und Chemikalien. Sie sind Psychologen und Psychiatern vorbehalten und sollen das auch bleiben. Psychotherapeutische Techniken zielen auf Bewußtmachung, auf Erweiterung der Frustrationstoleranz, auf Stärkung der Ich-Kräfte und Entwicklung verbaler Fähigkeiten zu gewaltfreiem Protest und Widerstand gegen alles, was die physische, psychische, soziale und spirituelle Gesundheit beeinträchtigt.

„ ... es genügt, wenn wir festhalten, daß diese Disqualifizierung der Laienmeinung durch die Spezialisten eine notwendige Voraussetzung für die Aushöhlung der verfassungsmäßigen Rechte ist."

Ivan ILLICH, „Entmündigung durch Experten"

Gelungene Psychotherapie bringt aufrechte und aufrichtige Menschen zum Vorschein, „mündige" Bürger und Bürgerinnen, die sich nicht als „Patienten" oder „Laien" infantilisieren lassen wollen, und die, eben weil sie gelernt haben, ganzheitlich zu denken / fühlen / empfinden / intuieren, Zusammenhänge durchschauen und daher Mitsprache und Mitgestaltung verlangen. Die wissen, daß sie mit diesem Selbstbewußtsein in Konflikt kommen können: mit unterdrückenden Angehörigen, Kollegen und Vorgesetzten, mit unterdrückenden Arbeitsbedingungen, mit unterdrückenden Gesellschaftsstrukturen. Die Aussicht auf derartige Konflikte kann auch Angst machen.

„Angst" kommt vom lateinischen „angustiae", Enge. Der Enge des Sich-klein-Machens. Sie nimmt Lebensraum und Lebenskraft. Sie macht krank. Ihr Gegenteil ist Weite, Raum beanspruchen, nehmen. Das erfordert Kraftzuwachs. Viele Menschen brauchen Psychotherapie, um diesen allzu oft verbotenen, verhinderten Wachstumsprozeß nachholen zu können.

Wen wundert's da, daß viele Interesse daran haben, daß Psychotherapie Angst macht!

SEELENSPLITTER

Gesundheit als spirituelles Wohlergehen

„Die Meister der Welt sind die, die sich selbst gemeistert haben."

Haszrat Inayat KHAN

26. März 1992, Gesundheitsministerium, „Sterben in Österreich". Erstmals eine Enquete zu diesem tabuisierten Thema. „Art, Umstände, Betreuung" lautete der Untertitel, und „Eine Aktion zur Bewußtseinsbildung".

Um dies ging es wohl auch der Europa-Direktorin der Weltgesundheitsorganisation WHO, Dr. Ilona KICKBUSCH, in ihrem Eröffnungsreferat. „Standortbestimmungen aus internationaler Sicht" hatte sie als Titel gewählt, und Insider erwarteten daher, daß sie den „schlappen Österreichern" eine Rute ins Fenster stellen würde — sowohl was die praktische Durchführung als auch was die ethischen Grundsätze der Sterbebegleitung beträfe; nur zu sehr waren allen die Schlagzeilen von den Lainzer Mordschwestern im Gedächtnis.

Überraschenderweise wählte KICKBUSCH aber einen ganz anderen Blickwinkel für ihre Aussagen: nicht um die Frage „zu Hause oder im Krankenhaus" kreisten ihre Gedanken und auch nicht um ökonomische Überlegungen, wann wohl ein sparsamer Spitalerhalter die teuren Maschinen abschalten solle.

Die Behandlung dieser Frage überließ sie dem Pathologen DUTZ, der dann auch nichts anderes mehr thematisierte als die Kostenfrage. Ihr ging es darum, wie Menschen „gesund" ihr Leben zu Ende führen könnten, und sie wagte eine Neudefinition des WHO-Gesundheitsbegriffes: nicht nur — altbekannt — „ein Zustand vollkommenen körperlichen, psychischen und sozialen Wohlergehens", sondern auch „spirituellen" Wohlbefindens! Denn, so führte die Expertin aus, es sei nicht nur ein Beitrag zum sozialen Wohlgefühl, religiöse und andere Rituale zu respektieren — und dies noch dazu beim Abschied von dieser Welt —, sondern es sei hoch an der Zeit, Spiritualität als wesentliche Möglichkeit des Heil-Werdens zu erkennen.

Spiritualität. Ein Begriff, der durch so manche esoteriknahe Wochenend-Seminar-Ankündigungen geistert oder auch nur noch aus dem Religionsunterricht bekannt ist.

Daß Körper, Seele und Geist eine Einheit bilden, gehört wohl seit einiger Zeit wieder zum Allgemeinwissen. Es lag etliche Jahrzehnte verschüttet. Zu sehr galt die separierte Körper- „Beherrschung" wie auch Kontrolle des Denkens, ganz zu schweigen vom Abtöten der Gefühle! als erstrebenswertes Ziel für Elitemenschen.

Nur dem Säugling blieb es gestattet, vollkommen mit seinem Körper (und dem seiner Mutter, mit der er sich eins fühlt) identifiziert sein zu dürfen. Reifte das Kleinkind vom reinen Körperempfinden zur bewußten Wahrnehmung von Gefühlen, begann schon die Dressur zum „zivilisierten" Seelenkrüppel. Denkschulung hieß nur zu oft Gleichschaltung, und Phantasie war überhaupt unerwünscht — „Wer Visionen hat, braucht einen Arzt!" —, es könnten ja sonst Träume von Leben in Freiheit entstehen. Zivilisation als Zivilisationsschaden!

Zur ganzheitlichen Gesundheit gehört ein möglichst ausgewogenes Gleichgewicht der vier — polaren — Grundfunktionen des Bewußtseins: Denken und fast im Gegensatz dazu Fühlen, Intuition und ihr gegenüber Körperempfindung.

Zwei Weltkriege mit ihren Ideologien und Feindbildern, mit der Notwendigkeit des nachfolgenden Wiederaufbaus und der sich daraus ergebenden Konkurrenz zwischen Mann und Frau, Alt und Jung haben das vorher vertraute soziale Gleichgewicht schwer beeinträchtigt. Ein neues, gerechteres zu finden, war angesagt.

Bildung, nicht mehr von den Eltern — Älteren — erworben, sondern stumm vom Bildschirm konsumiert, schafft immer fühllosere Menschen. Und die Geschwindigkeit der „laufenden Bilder" verhindert vielfach Mitdenken und ethisches Bewerten — „Ist das, was ich da erlebe, gut oder böse?" —, denn all das braucht Zeit.

Mitgefühl lernen wir nur „in Beziehung"; wir werden immer wehleidiger, immer affektgeladener, wenn uns niemand schon in frühester Kindheit beisteht und vormacht, wie wir mit Hilfe von — körperlicher, seelischer und geistiger — Kreativität, Intuition, Phantasie neu auftauchende Problemsituationen angehen können.

Empfinden, Fühlen, Intuieren, Denken. Körper, Seele, Geist ... Geist verbindet uns alle. Im Sinne eines spirituellen Wohlergehens hängt sowohl die individuelle als auch die Gesundheit der Gesellschaft von der Gesundheit ALLER ihrer Mitglieder ab.

„Uns selbst zu heilen ist daher notwendig, um gesellschaftliche
Konflikte zu heilen und das planetare Überleben zu sichern."

Frances VAUGHAN, „Die Reise zur Gesundheit"

Den Körper spüren wir, wenn wir ihn nicht mit Drogen abstumpfen.
Die Seele spüren wir auch, sofern wir Gefühle zulassen (wenn schon
nicht ausdrücken), und dazu gehört auch das Mitgefühl mit anderen,
Leidenden wie Glücklichen.

Nicht zu Unrecht wird Psychotherapie gerne als Seelenmassage
bezeichnet: wird doch durch gezielten Einsatz der Heilkraft der Worte
versucht, seelische Verhärtungen zu lösen, blockiertes Fühlen wieder zum
Fließen zu bringen; Selbst-Ausdruck zu ermöglichen. Und durch all das
zu erkennen, was uns allen gemeinsam ist — Hilflosigkeit, Schmerz, aber
auch Macht, Lust und Wut. So können wir uns von der Illusion befreien,
wir wären voneinander getrennt.

„Wenn der Zustand der Welt den Zustand unseres kollektiven Denkens
widerspiegelt," betont Frances VAUGHAN, *„scheinen wir vor einer kol-*
lektiven existentiellen Krise zu stehen, in der wir zwischen Selbst-
zerstörung und Selbstheilung wählen müssen." Voraussetzung dazu ist,
daß wir erkennen, daß wir die Freiheit haben, unsere Gedanken und
Gefühle, Glaubenssätze und Wertvorstellungen zu wählen, und daß wir
die Verantwortung für diese Wahl übernehmen.

Heilung im Sinne von Herstellung von Einheit, Einigung zwischen
den Gegensätzen entspricht damit auch Frieden und Befriedigung. Denn,
so VAUGHAN: *„Wenn wir Frieden in die Welt bringen wollen, müssen*
wir lernen, ihn in uns und untereinander zu schaffen."

Wege zur persönlichen Ganzheit

Wer wirklich gütig ist, kann nie unglücklich sein;
wer wirklich weise ist, kann nie verwirrt werden;
wer wirklich tapfer ist, fürchtet sich nie.

KONFUZIUS

In den Märchen sind die Männer oft zu Beginn Dummlinge und entwickeln sich zu Helden. Die Frauen hingegen sind häßlich und böse oder schön und liebevoll und bekommen dafür zuletzt Strafe oder den Helden. Wenn wir Märchen so interpretieren, wie es C. G. JUNG vorgezeigt hat, heißt das, daß Männer den Mut aufbringen müssen, zu zeigen, was sie vermögen: sie müssen Hindernisse überwinden. Für Frauen genügt der Zuerwerb von „Männlichkeit": in der Symbolsprache der Märchen wird diese durch den Prinzen dargestellt, wird also „außen" gefunden. Tiefenpsychologisch interpretiert, sollte frau ihre Männlichkeit „innen" suchen und so zu ihrer Ganzheit gelangen.

Von Plato stammt das Gleichnis von den „Kugelmenschen", die so vollkommen waren, daß die Götter neidisch wurden, und daher Zeus diese Wunderwesen mit seinem Götterblitz in zwei Hälften spaltete; seitdem sucht die eine Hälfte immer ihre andere. In diesem Sinne können wir Paarbildung als einen Weg zur Ganzheit verstehen. Leider gelingt er auch bei wiederholten Versuchen eher selten. Das beweisen die Scheidungszahlen, die derzeit besagen, daß bereits jede dritte oder sogar zweieinhalbte Ehe geschieden wird.

Die Polarisierung in traditionelle Geschlechtsrollen wie „starker Mann" und „schwache Frau" mag schon einige Zeit er-gänz-ende Funktion haben: das „Andere", das Fremde, kann ja sehr attraktiv sein — oder aber auch abstoßend. Es liegt an uns, ob wir etwas, jemanden nahekommen lassen oder abwehren, ob wir lieben oder hassen. Bleibt so eine krasse Spaltung über längere Zeit aufrecht, kann es passieren, daß genau das, was zu Beginn einer Partnerschaft das Anziehende war, plötzlich ins Gegenteil kippt und unerträglich wird: der starke Mann wird dann als unerträglicher Haustyrann erlebt und die schwache Frau als Bleikugel am Bein.

Aber wehe, einer der beiden wagt es, sich weiterzuentwickeln: sofort kommt das sensible Kartenhaus ins Wanken! Wenn etwas in Bewegung gerät, das wissen wir Tiefenpsychologen nur zu genau, erstarken auch die Widerstände: wirken doch in uns allen — wieder so eine Polarität! — einerseits Kräfte, die auf Wachstum hindrängen, und andererseits Kräfte, die alles unverändert beim alten lassen wollen.

Gelingt die Paarbildung, werden beide einander ähnlicher: sie verschmelzen. Der Mangel, den ursprünglich der oder die andere Person stellvertretend und damit ergänzend zu beheben schien, wird eben durch diese An-gleich-ung beseitigt. Die beiden beenden den Streit, „Warum bist du nicht so wie ich?", sondern freuen sich an ihrer Unterschiedlichkeit, an ihren Entwicklungsmöglichkeiten und lernen von- und miteinander.

Ein anderer Zugang zur Ganzheit eröffnet sich im „Wechsel": Wenn bei Frauen der Östrogen- und bei Männern der Testosteronspiegel sinkt, Frauen also männlicher und Männer weiblicher werden, gewinnen beide jeweils das Gegengeschlecht dazu.

Der weiblichere und damit „friedliche" Mann gilt dann als weise. Frauen werden, wie gewohnt, schon wieder diskriminiert: ihre größere Kritikfreude, stärkere Widerstandskraft, tiefere Stimme und auch mehr „Gewicht" entfernen sie von der Stereotype der Jungfrau, Geliebten, Mutter: frau hat problemlos angepaßt zu sein und zu bleiben. Persönlichkeit ist nicht gefragt. Die soll im polaren Gegensatz dem Mann vorbehalten bleiben.

Persönlichkeit bedeutet aber das Finden der „inneren Ganzheit": der Balance der weiblichen UND männlichen Anteile in unserer Körper-Seele-Geist-Einheit. Und diese Mitte zwischen den Gegensätzen zu erkennen, ist wohl eine Lebensaufgabe!

Können wir uns in einer Zeit der medialen Vorbilder und der geheimen Verführung durch Werbung und Meinungsmacher überhaupt den Luxus einer individuellen Persönlichkeit leisten? Wo doch eher „Image" gefragt ist? Wo daher auch immer mehr Beratungsberufe die lästigen Pflichten des selber Bewertens, selber Auswählens, selber Nachdenkens abnehmen?

Wir möchten halt gar so gerne „Strahlkraft", Charisma, erwerben, wollen (und sollen) sein wie die Stars aus Politik und Wirtschaft, wie die Pop-Ikonen oder Champions (und die Produkte kaufen, für die sie Propaganda machen). Nur: selbst der größte Beraterstab macht nicht aus Fröschen Prinzen und aus „falschen Bräuten" Königinnen — auch wenn es auf dem Fernsehschirm so aussieht.

Charisma wächst aus dem inneren Einklang. Diesen zu fördern gibt es vielerlei Wege: Gebet, Meditation, Harmonisierung der Körperenergien, Atemübungen, Psychotherapie. Die „frohe Botschaft": darauf verzichten, ein-seitig nach Perfektion zu streben, sondern sich anzunehmen, so wie man ist, mit den guten wie den schlechten Seiten.

Schulstreß

„Gib einer Gruppe einen schlechten Namen und sie wird ihm nach-kommen."
Norbert ELIAS/John L. SCOTSON, „Etablierte und Außenseiter"

Erinnern Sie sich noch an Ihren ersten Schultag? Waren Sie stolz, nun auch zu den Großen zu gehören, die in die Schule gehen dürfen — und nicht mehr zu den Kleinen im Kindergarten? Oder haben Sie geweint, weil Sie „von zu Hause fortgeschickt" wurden? Und wie haben Sie Ihre Eltern behandelt? Mutter? Vater? Haben sie Sie getröstet — oder haben sie geschimpft?

Wir alle speichern unsere Erfahrungen samt den dazugehörigen Suggestionen unserer Bezugspersonen. Manche Kinder verlieren so ihr gesamtes Selbstvertrauen, weil doch Pappi oder Mammi gebrüllt hat „Stell dich nicht schon wieder so blöd an, du Trottel!". Andere wieder wähnen, es müßte ihnen immer alles gelingen, weil doch Pappi oder Mammi gesagt hat, sie seien die Besten und Größten und alle anderen blöd oder nur neidisch ...

Wie wichtig es ist, besonders dann seinem Kind Mut zuzusprechen, wenn es nicht durch Kindergarten oder Geschwisterreihe auf die Gruppensituation vorbereitet ist, hat sich mittlerweile herumgesprochen. Auch, daß Volksschulkinder noch keine voll ausgeprägtes Zeit-Bewußt-sein haben und daher Unterstützung brauchen, um der Anforderung des pünktlich Aufstehens und der Einteilung der Wegzeit zu entsprechen.

Wenn Eltern glauben, ihr Kind sei mit sechs, sieben, acht oder neun Jahren „groß genug", um sich selbst auf Zeit in Schwung zu bringen, auf-zustehen, witterungsgemäß anzukleiden, allein Frühstück zu machen und ohne Trödelei (was hieße: ohne Entdeckung der Umwelt!) zur Schule zu gehen, beweisen sie nur, daß sie entweder keine Ahnung von den Entwicklungsphasen der Kinder haben — oder grausam sind.

Leider sind das viele Eltern: Sie geben die Grausamkeiten ihrer eige-nen Kindheit ohne den geringsten Zweifel an deren Berechtigung an die nächste Generation weiter. „Meine Erziehung war hart, aber gerecht!" lautet die standhafte Verteidigung ihrer eigenen Erziehungsmaßnahmen und der ihrer Eltern.

Kinder neigen dazu, ihre Eltern zu „schonen". Das hat Alice MILLER in ihren Büchern „Das Drama des begabten Kindes" und „Am Anfang war Erziehung" schlüssig nachgewiesen: Weil Kinder ihre Eltern lieben und lieben wollen — es bleibt ihnen ja auch gar nichts anderes übrig: sie sind leiblich und emotional vom Wohlwollen der „Großen" abhängig und bewundern sie auch ob ihrer Größe —, nehmen sie sogar alle Grausamkeiten in Kauf und finden immer noch eine Rechtfertigung, selbst um den Preis, sich selber als schuldig zu erklären — ein Verhalten, das wir dann bei Erwachsenen unverständlich finden oder als „Hörigkeit" diskriminieren. Dabei steckt im Wort „hörig" dieselbe Wurzel wie in „gehorsam"; es geht immer wieder darauf hinaus, wer auf wen hört, hören soll, wer wem gehört und wer wem gehorcht.

So steckt in uns allen das mehr oder weniger gehorsame Kind — und die psychotherapeutische Arbeit zeigt immer wieder auf, daß es die sogenannten „braven" Kinder sind, die sich kränken, krank werden und leiden. Sie verzichten auf ihre Selbstbehauptung und ordnen sich den Stärkeren unter. Die ich-starken Kinder dagegen wehren sich mehr oder weniger erfolgreich; verständlich, daß weder Eltern noch Lehrer mit ihnen viel Freude haben — machen sie ihnen doch das Leben nicht angenehm leicht — sondern nach allerlei Techniken sinnen, sie folgsam zu machen.

Aber auch in jeder Mutter, in jedem Vater steckt das Kind, das sie einmal waren, ein angepaßtes oder ein rebellisches, je nachdem. Schulbeginn bedeutet meist, daß dieses „innere Kind" wieder belebt wird. Und wieder sind es die „Braven", die sich Sorgen machen und sich abmühen und oft Fehlhandlungen setzen, weil sie vor lauter Ehrgeiz und Anspannung, nur ja die (realen oder phantasierten) Forderungen des Schulsystems zu entsprechen, panisch reagieren. Den „Schlimmen" ist der Schulerfolg ihrer Kinder meist ziemlich egal — sie lassen ihren Kindern die Eigenverantwortung, aus Fehlern zu lernen, meist deshalb, weil sie aus eigener Erfahrung wissen, wie relativ unwichtig Schulnoten für die Bewährung im wirklichen Leben sind und daß „Durchkommen" allein vielfach ausreicht.

Wenn neuerdings so viel vom Schulstreß die Rede ist, von der Überforderung der Kinder und dem Burn-out-Syndrom der Lehrerschaft, wird eine Gruppe der Schulgeschädigten vergessen: die Eltern. Sie werden nur zu oft als desinteressiert verteufelt, verständlich: in der Lehrer-Schüler-

Zweisamkeit liegt es nahe, abwesenden Dritten Schuld zuzuschieben.

Ganzheitliche Sichtweise bedeutet aber, auch darauf zu achten, in welchem Bezugsrahmen bestimmte Erscheinungsformen auftreten. Daher stellt sich die Frage: welche Lernbedingungen brauchen Kinder in einer Computer- und Fernsehwelt? Was davon fällt in den Aufgabenbereich des Schulsystems — und was kann realistischerweise von überlasteten Eltern erwartet werden, die noch unter ganz anderen Bedingungen ganz andere, nämlich geringere, Lerninhalte zu bewältigen hatten (und vielleicht damals schon überfordert waren!).

Quellen der Weiblichkeit

„Man fordere nicht Wahrhaftigkeit von den Frauen,
solange man sie in dem Glauben erzieht, ihr
vornehmster Lebenszweck sei zu gefallen."

Marie von EBNER-ESCHENBACH

Wenn ein Kind auf die Welt kommt, und Mutter hat nicht schon im vierten Monat im Zuge einer Fruchtwasserprobe erfahren, wes Geschlecht es sei, lautet meist die erste Frage: Bub oder Mädchen?

Selbst nach zwanzig Jahren Frauenbewegung und der freien Namenswahl anläßlich der Eheschließung (seiner oder ihrer, sogar Kombinationen sind möglich: so erfuhr ich von einer Teilnehmerin an einem meiner Seminare, daß sie und ihr Verlobter dem Standesbeamten gegen Geld und gute Worte aus — ich verändere jetzt die wirklichen Namen — Steinwender und Ehgartner die Kombination „Steingartner" abringen konnten!) träumen noch immer Schwieger- und eigene Eltern, Onkeln und Tanten und Großmütter sowieso vom „Stammhalter".

Als ob wir heute noch die wirtschaftlichen Verhältnisse wie vor hundert Jahren hätten, als es noch kaum außerhäusliche Arbeitsplätze für Mädchen gab! Wenn man nicht gerade ein Habsburger oder Wittelsbacher war und jede Tochter daher mehr hoffnungstrunkene Aussichten auf eine machtvergrößernde Eheverbindung mit einem brautschauenden Prinzen bot, galten Mädchengeburten als Schicksalsschläge. Entwickelte sich die Tochter zu einer Schönheit, beschworen die Eltern die Horrorvisionen einer unerwünschten Schwangerschaft, wuchs sie sich mehr auf „Kohlhiesls Tochter" aus, zeichneten sie das Schreckensbild von der alten Jungfer, die niemand im Familienkreis durchfüttern mochte.

Dementsprechend war das Erziehungsziel für Mädchen auch klar: einen möglichst hoher Wert auf dem Heiratsmarkt zu erzielen, und das garantierten „weibliche" Eigenschaften wie Fleiß und Ordnung, Häuslichkeit und Duldsamkeit.

Männer waren auf die Dienstleistungen ihrer Ehefrauen angewiesen: wo hätte ER ja auch seine Socken herbekommen, wo es noch keinen Palmers gab, und woher seine Marmelade im Winter, ohne Inzersdorfer? Daher waren es auch diese Fertigkeiten, die hochgeachtet und elterlicherseits kräftig beworben wurden. Liebe war in der „bürgerlichen Ehe" nicht vorgesehen. Sie war ja — siehe „Zigeunerbaron" — eine Himmelsmacht. Und gegenseitige Achtung wurde ohnedies vom „Bürgerlichen Gesetzbuch" vorgeschrieben. Ob der Mann sich auch achtbar aufführte, war keine Frage: wer zahlt, der bestimmt. Die Frauen durften nicht klagen. „Wes Brot ich eß, des Lied ich sing" wurde ihnen einprogrammiert; scheiden durfte eine Ehe nur der Tod. Und den erlitten viele Frauen im Kindbett, war doch die ärztliche Kunst vom heutigen Standard weit entfernt. Und oft auch der Lebenswille.

Heute ist die Mann-Frau-Beziehung von anderen Qualitäten geprägt. Oder besser: sie kann von anderen Qualitäten geprägt sein.

Die gegenseitige wirtschaftliche Abhängigkeit ist kein Muß mehr — es gibt viele Alternativen und soziale Netze. Endlich darf — und soll — aus Liebe geheiratet werden. Kochen kann ja schließlich auch Käptn Iglo.

Liebe heißt aber auch: einander erkennen, wie wir sind.

Wie sind Frauen? Schon Sigmund FREUD verzweifelte zu Ende seines Lebens an dieser Frage. Frauen blieben für ihn ein unerhellter Kontinent, gab er zu, und riet anderen Seelenforschern, ihre eigenen Erfahrungen und — ihr Herz! zu befragen.

Im Sinne einer ganzheitlichen Gesundheit hat jeder Mensch ALLE Eigenschaften und Fähigkeiten zur Verfügung; wir sollten wohl alle singen können — auch wenn nur wenige das Format eines Placido Domingo oder einer Edita Gruberova erreichen. Daher gehören auch die Huckleberry-Finn- und Pippi-Langstrumpf-Seiten zur vollständigen Gesundheit, auch wenn sie die Familie von einem Schock in den anderen fallen lassen — es gibt halt immer wieder Situationen, wo wir ohne Verzicht auf Rücksicht oder gar mit Frechheit nicht überleben können.

Und gerade diese Fähigkeiten wurden (und werden immer noch!) Frauen jahrhundertelang von klein auf aberzogen. Einfach gelöscht. Jeder weibliche Säugling randaliert noch und protestiert lautstark, wenn ihm etwas nicht paßt. Doch nur zu bald setzt die Dressur des „Angst vor Strafe, Hoffnung auf Belohnung" ein: „Was, das will ein Mäderl sein?" „Pfui, schäm dich, ein Mädchen tut so was nicht!" „Das ist nur etwas für die Buben!" und so weiter ... Welche Frau kennt nicht diese Einschränkungen ihrer Lebensäußerungen: schön sein und folgsam sollen Frauen sein, schweigsam und treu, egal, wie unerträglich (und damit gesundheitsschädigend) ihre Lebensbedingungen sind. Gleichzeitig wird das Vorbild der Karrierefrau im Beruf geschaffen, die zusätzlich noch wagemutig ist, sich was zu sagen traut und täglich kreativ die Grenzen von gestern überwindet ... ein klassischer Fall von Zwick-Mühle, finde ich!

Zu den eigenen Quellen der Weiblichkeit zurückzufinden, bedeutet, das „innere Kind" zu suchen und herauszufinden, hinter wieviel Erziehungs-Masken es sich versteckt. „Die Zwiebel hat sieben Häute, ein Weib neun" lautet ein Sprichwort. Fangen wir an zu zählen: eine für Mammi, eine für Pappi, eine für die Lehrerin und eine für den Herrn Pfarrer, eine für die „erste Liebe" (das ist meist eine Panzerhaut wegen des Trennungstraumas!) und eine fürs Werbefernsehen, eine für die Rivalinnen (bei Seniorinnen treten oft die erwachsenen Kindern an deren Stelle!) und eine für den aktuellen Lebenspartner und zuletzt eine für sich selbst, für den Keim, der in uns angelegt ist und — der verwirklicht werden will.

Wie frau sich fördert und nicht überfordert

„Wer hinterfragt, ob es sich lohnt, für eine
weitere Sprosse auf der Karriereleiter noch mehr
Zeit für die Arbeit aufbringen zu müssen?"

Ursula NUBER, Die Egoismus-Falle

Ein Wiener Spitzenpolitiker sagte einmal in einer Schulung für neue Mitarbeiterinnen, eine Frau, die in der Politik Karriere machen wolle, müsse doppelt so viel arbeiten wie ein Mann und so schön sein, daß man sie jederzeit über den Laufsteg einer Modeschau schicken könne.

Er selbst war zwar stattlich groß, von zahllosen „Sitzungen" jedoch übergewichtig, kurzatmig und bewegungsmüde geworden, und auch sein Teint zeigte, daß er weniger „vor Ort" zu weilen pflegte als in verrauchten Sektionslokalen.

„Ein Mann muß nicht immer schön sein, darauf kommt es gar nicht an" lautete ein Schlager in den flotten fünfziger Jahren, „nur eines muß er sein: ein Mann!" Und viele Frauen, die sich dafür entschieden haben, im Beruf weiterkommen zu wollen, kennen dieses traurige Liedlein nur zu genau: Wie oft wird von Frauen — wie einst von der Müllerstochter im Märchen vom Rumpelstilzchen — „Unmögliches" erwartet oder gar gefordert: von unerlaubten Mehrleistungen trotz Nachtarbeitsverbots bis zur Toleranz indiskutabler Übergriffe reicht die Bandbreite all dessen, was Männern selten zugemutet wird (außer sie gehören einer diskriminierten Minderheit an).

Noch immer werden Fleiß, Ausdauer, Anpassungsbereitschaft und hohe „Frustrationstoleranz" (sprich: das Ertragen unerträglicher Umstände) als DIE Erfolgskriterien aufstiegsorientierter Frauen beschrieben. So erfahren wir in den Nachrufen auf besonders hochrangige Musterfrauen — wie die erste österreichische Frau im Ministerrang, Sozialministerin Grete Rehor —, daß sie „still und bescheiden" immer „nur für die anderen da waren", von ihrer Kampfeskraft, von ihren strategischen Talenten erfahren wir nichts. Das Beispiel könnte ja sonst auch Schule machen! Flugs wird daher das Schauermärchen vom Verlust der Weiblichkeit beschworen, von zerbrochenen Partnerschaften und zerrütteter Gesundheit ...

Ganzheitliche Gesundheit bedeutet, daß alle Kräfte, die in unserer Körper-Seele-Geist-Einheit auf Entfaltung drängen, ungehindert fließen können. Fließen — das bedeutet gleichmäßiges Strömen, nicht ruckartige Explosion. Der ganzheitlich gesunde Mensch befindet sich daher in einem ausgewogenen Zustand wechselnder Anspannung und Entspannung: auf eine längere Zeit der Belastung folgt Ermüdung — das Bedürfnis nach Pausen, Freizeit oder Urlaub —, ebenso wie nach Zeiten der Inaktivität der Drang nach sinnvoller Betätigung übermächtig werden wird.

Werden die körpersprachlichen Signale nach Erholungsbedarf ignoriert oder — noch schlimmer — überhaupt nicht mehr wahrgenommen, liegt bereits eine beunruhigende Störung des leib-seelischen Idealzustandes vor, die bis zur Arbeitssucht entarten kann.

Leider neigen gerade die begabtesten Frauen — diejenigen, die spüren, wieviel schöpferisches Potential, wieviel soziale Fähigkeiten, wieviel Arbeitsfreude in ihnen steckt — dazu, all den Widerständen (wie sie begabte Menschen häufig erleben und zwar hauptsächlich deshalb, weil sie den mittel — mäßigen Durchschnittsmenschen Angst einjagen) im Berufs- wie Privatleben durch noch mehr Anstrengung zu begegnen. Sie meinen mit „mehr vom selben" die zustehende Anerkennung und Bestätigung zu erlangen — und ernten noch mehr Widerstand, weil sie noch mehr Angst auslösen: „Wenn die sich so anstrengt, müßte ich mich auch mehr anstrengen...", „Wenn die so gut ist, wird sie mehr Erfolg haben als ich, also muß ich schnell was dagegen unternehmen ..."

Nach den traditionellen Kriterien der Männerwelt ist der der Bessere, der größer, stärker, schneller ist, der mehr besitzt (befehligt), egal, auf welche Weise er dazu gekommen ist, egal, auf welche Weise er seine Macht erhält. In dieser Geisteshaltung liegt die Wurzel aller Kriegereien: das ist bis Kain und Abel zurückzuverfolgen.

Aufstiegsorientierte Frauen tun gut daran, auf das Kriterium des Besserseins — der Konkurrenz — zu verzichten, wenn ihnen ihre Gesundheit und damit ihr Leben wichtig ist — und auch das der Menschen, die von ihnen abhängen, beruflich wie privat.

Der Platz an der Spitze — die Position des/der Besten — ist eine einsame: die anderen, die es vielleicht nur gemütlicher haben wollen, sind weit abgeschlagen irgendwo auf der Strecke geblieben. Sie ist aus mehreren Gründen gesundheitsschädlich: erstens, weil hoch oben die Luft dünn ist, zweitens weil sowohl das Erlangen als auch das Bewahren solch „hervor-ragender" Position Streß bedeutet: immer sichtbar, denn wer am Gipfel angelangt ist, kann sich nicht mehr hinter anderen verbergen, nicht mehr schützen; selbst wenn man sich klein zu machen versucht, ist man exponiert, und drittens, weil wir den Austausch mit anderen brauchen: so wie wir beim Atmen unseren Luftraum teilen, brauchen wir auch die Anteilnahme anderer, und die kann man nicht erzwingen und nicht kaufen — da bekommt man nur Heuchelei.

Psychologische Untersuchungen ergeben immer wieder, daß in Dauerpartnerschaften Lebende gesünder sind und länger leben als Singles. Daß sogar das Streicheln von Tieren die Gehirnstromwellen ausbalanciert und die Immunkräfte stärkt. Deshalb ist das Pflegen von Freund- und Liebschaften so wichtig! Nicht der Herzeigmann als passendes Accessoire an der Seite, nicht ein Pascha zu Hause, damit das traditionelle Frauenrollenbild als zusätzliche Leistung auch noch erfüllt wird, sondern Partner und Partnerinnen, mit denen frau wirklich im Austausch stehen kann.

Die starken Zweiten

„Je intelligenter ein Kind ist, desto mehr neigt es zu Minderwertig-
keitsgefühlen. Schwachsinnige Kinder leiden kaum unter ihnen."

I. P. GUILFORD

„Also ich verstehe die Leute nicht, die sich mit der zweiten Position
zufriedengeben!" sagte eine junge Politikerin zu mir, als ich ihr von meinem Buch „Die starken Zweiten — Träger des Erfolges" erzählte, „Ich
wollte immer nur Erste sein!"

Vielen Menschen geht es so: von klein auf wird ihnen eingeredet, nur
an der Spitze, nur im Rampenlicht wäre die vielgerühmte Lebensqualität
zu finden. Und so mühen sie sich dann auch redlich ab, laufen wie der
Esel der Karotte vor der Nase nach und arbeiten sich so unentwegt als
klassischer Streß-Typus A dem Herzinfarkt entgegen.

Hoffnung auf Belohnung, Angst vor Strafe, pflege ich diesen Lebens-
und Arbeitsstil zu bezeichnen. So schafft man sich Abhängigkeiten: von
Pappi und Mammi, von Lehrern, Chefs und anderen Autoritäten ... und die
Sehnsucht, in der Spitzenposition endlich niemand mehr über sich zu ha-
ben, zu dem man aufschauen muß, endlich Entspannung, endlich Ruhe...
Nur zu oft folgt dann die Grabesruhe.

Demgegenüber gibt es Menschen, die sich nicht ins Scheinwerferlicht
drängen, sondern lieber als „graue Eminenzen" im Hintergrund die Fäden
ziehen. Nur zu oft (und Unrecht) werden diese „Träger des Erfolges" als
Minderwertigkeitskomplexler diskriminiert. Dabei sind sie ganz im
Gegenteil sehr selbstsichere Zeitgenossen! Hierarchie bedeutet für diese
Menschen nicht von vornherein die Aufforderung zu rebellieren, sondern
eher klare Zuständigkeiten und damit auch die Sicherheit, nicht „alles"
überblicken zu müssen, sondern Grenzen ziehen zu dürfen. Wir finden sie
daher als Vizepräsidenten und -präsidentinnen, als Stellvertretende
Irgendwers, als Chefsekretärinnen und Amateursekretärinnen sprich
Ehefrauen oder als „mithelfende Familienangehörige", als „Junior
Partners", „Assistants" oder „Coaches", als Pressereferenten und
Ghostwriter und in unzähligen Beraterpositionen.

Was sind das für Menschen? Verkappte Masochisten, die es lieben, in
der Märtyrerrolle Schuldgefühle zu erwecken, ohne je den Beweis eige-

ner Führungskompetenz erbringen zu müssen? Die ihre Macht durch den „Terrorismus des Leidens" (eine Formulierung des FREUD-Schülers Sandor FERENCZI) festigen? Oder feige Memmen, die immer wen anderen in Feindesland vorschicken, selbst aber im — sicheren — Hinterhalt lauern bleiben? Oder hoffnungslose Idealisten, die sich von skrupellosen Karrierevampiren aussaugen lassen?

Weder noch, haben die Studien und Befragungen ergeben, die mein Co-Autor Reginald FÖLDY und ich durchgeführt haben: es sind Menschen, die ein ausgeprägtes Gefühl für „Funktionalität" haben: so wie die Goldmarie im Märchen von der Frau Holle hören sie das Brot aus dem Backofen rufen: „Hol mich 'raus, ich bin fertig!" oder den Apfelbaum bitten: „Schüttle mich, meine Früchte sind reif!" Sie merken sofort, wo Not am Manne oder an der Frau ist und denken nicht wie die Pechmarie im Märchen lange darüber nach, was sie jeweils an Entgelt verlangen könnten oder welches Prestige damit zu erwerben sei, sie tun einfach, was notwendig ist — weil es andere brauchen.

Natürlich erleben sie dann oft die herbe Enttäuschung, daß entgegen der Moral des Märchens irgendeine rivalisierende Pechmarie Aufmerksamkeit oder Anerkennung (den Job, den Auftrag, die Prämie, den Preis) einheimst. Aber auch in diesem Fall kränken sie sich nicht lange und ballen auch nicht die Faust in heimlicher Wut in der Tasche, sondern trösten sich, daß wenigstens ihr Konzept verwirklicht und ihr Ziel erreicht wird und wenden sich schon der nächsten Aufgabe zu: sie sind Meister und Meisterinnen im „Positiven Denken". Jeder Fehler bedeutet für sie eine Gelegenheit, etwas zu verbessern, jeder Erfolg ist Ansporn zu Wachstum.

Die Fähigkeit zum perfekten Zusammenspiel und der Blick fürs Wesentliche sind aber nicht alle Begabungen, die die „starken Zweiten" auszeichnen. So wie im Zirkus der Untermann den Obermann trägt, so braucht die „tragende Rolle" ein hohes Maß an Belastbarkeit, physisch wie psychisch. Daher halten sich so manche „unerträgliche" Obermänner gleich eine ganze Untermannschaft!

Untermänner und Unterfrauen lieben aber auch ihre Beweglichkeit: während der „Applausfloh" auf ihren Schultern nur dorthin kommt, wohin sie ihn tragen, können sie freifeldein die Richtung wählen wie auch das Tempo und selbstverständlich auch die Gangart! Und so wundert sich so mancher in seiner „Überdrüber-Position", wieso es holpert und stolpert und warum ihm manchesmal schwindlig wird.

Es liegt also an der Kooperationsbereitschaft des „Trägers", daß der „Luftikus" das sichere Gefühl genießen kann, sich wirklich auf ihn oder sie verlassen zu können ... daher vergißt er das dann auch gerne oder phantasiert es sich als allgegenwärtig. Welch bitteres Erwachen, wenn dann die besten Mitarbeiter kündigen oder die Ehefrau die Scheidung einreicht, weil das Motivationsreservoir erschöpft ist!

Die starken Zweiten haben nämlich auch ein sicheres Gefühl für Stimmigkeit: Wenn die Zusammenarbeit nicht mehr stimmt, suchen sie neue, bessere Formen und Partner: sie achten auf ihre soziale Gesundheit.

Freiheit vom Alltagszwang?

„Die Außenseite eines Menschen ist das Titelblatt des Inneren"
Persisches Sprichwort

Fasching — die ausgelassenen Wochen vor Beginn der Fastenzeit — lösen bei uns allen wohl Phantasien von rauschenden Festen mit Roben und Kostümen und allerlei erotischen Abenteuern aus.

An körperlichen und seelischen Katzenjammer denken wir weniger gerne. Vielleicht soll aber der verdorbene Magen und der brummende Schädel am Aschermittwoch den Umstieg auf die folgenden Tage des Fleischverzichts erleichtern? (Der Name „Karneval" kommt ja auch von „carne vale" — „Fleisch lebe wohl"!)

Alles was lebt, ist durch Wechsel (und Stoffwechsel) gekennzeichnet: Einatmen — Ausatmen, Anspannung — Entspannung, Nahrungsaufnahme — Entleerung, Aufladung — Entladung. Selbst Beziehungen haben ihre Frequenzen, und auch jedes Verhalten kann durch eine besondere Schwingung entschlüsselt werden. Klar, daß auch auf Zeiten beruflicher Leistung süßes Nichtstun folgen muß: Regeneration. Und wer das ganze Jahr hindurch brav und angepaßt seine Pflicht erfüllt hat, will auch einmal so richtig schlimm und verrückt sein dürfen. Fasching also als Ventil, „Unmögliches" möglich zu machen? Als „Wohlverhaltensprämie"?

Nicht ganz. Das Bedürfnis, sich zu verkleiden, einmal in die „Haut eines anderen" zu schlüpfen, ist urtümlicherer Herkunft als unsere hochkomplizierten sozialen Spielregeln mit Paragraphen und Geschäftsordnungen. In den Steinzeiten glaubten die wilden Kerle noch fest daran, mit dem Umhängen eines Tierfelles auch die Fähigkeiten der erlegten Beute aufzunehmen, und je mehr Raubtierzähne und Raubvogelfedern Hals und Kopf zierten, desto mehr Kraft wurde dem Träger zugeschrieben.

Wen wundert's, daß sich die kühnen Recken bald auch namentlich mit ihren Schutztieren identifizierten? „Gib einer Gruppe einen schlechten Namen, und sie wird ihm nachkommen", schreiben Norbert ELIAS und John L. SCOTSON in „Etablierte und Außenseiter". Pädagogen aller Schultypen wissen (hoffentlich!) von der prägenden Suggestivkraft derartiger Bezeichnungen — und verzichten daher selbstverständlich auf Schimpfnamen! Namensgebung ist ein heiliger — deshalb auch ein heilender oder schädigender! — Akt, deswegen sprechen wir ja auch vom „Sakrament der Taufe", darum nehmen ja auch Mönche und Nonnen oder der Papst einen neuen Namen an, wenn sie die Weihen empfangen, darob hat die Namenswahl bei der Eheschließung mehr als nur standesamtliche Bedeutung und dessetwegen tut es so gut, wenn Liebende neue (zärtliche!) Namen füreinander finden, erfinden.

Einmal wer anderer sein! Wie viele Märchen, Sagen und Legenden handeln von derartigen „Eskapaden" — Ausbrüchen! Eselshaut, falsche Bräute, Helden mit Tarnrüstungen oder im Gewandtausch mit ihren Dienern...Auch in der Weltliteratur finden sich die lehrstückhaften Berichte abenteuerlicher Verkleidungen; von „Gustav Adolfs Page" bis zum „Guten Mensch von Sezuan" heißt es „Kleider machen Leute". Und so wurden in etlichen Kulturen viele Arbeitsstunden auf die kunstvolle Anfertigung kostbarster Maskeraden verwendet, denken wir nur an die weltberühmten venezianischen. Leider macht sich heute kaum mehr jemand so viel Mühe — außer es dient dem Fremdenverkehr. Im privaten Bereich scheint es eher Pflicht geworden zu sein, die eigene Haut zu Markte zu tragen und so finden sich die Nackerten weniger im Hawelka, denn in der Sezession oder im Metropol.

Kleidung — und somit auch Entkleidung und Verkleidung — dient offenbaren oder geheimen, bewußten oder unbewußten Bedürfnissen: Wir demonstrieren damit, wer wir sind oder wer wir gerne sein wollen. Wenn sich eine Fünfzigjährige krampfhaft auf Anfang dreißig trimmt, zeigt sie ihre Unfähigkeit, in Würde zu altern, oder ihre Angst, von Jüngeren verdrängt zu werden. Im Fasching hingegen darf sie ungeziehen in Hot Pants umherhüpfen, als Pippi Langstrumpf rebellieren oder als Carmen, Kleopatra oder Frau Venus höchstpersönlich weibliche Konkurrenz in die Schranken weisen. Auch so mancher Old Boy liebt es, im Matrosenanzug stramme Wadeln zu präsentieren, oder den Gössermuskel im Ruderleiberl.

Manche geben sich mit solchen Textilbotschaften keineswegs zufrieden. So gestand mir eine Kollegin aus der Schule der Bioenergetiker einmal in herzerfrischender Offenheit, daß sie sich leidenschaftlich als Baby oder Hürchen kostümiere — in beiden Fällen könne sie sich ungestraft von drohenden Ehefrauenblicken den Männern ihrer Wahl auf den Schoß setzen!

Dieselbe Kollegin versetzte kurz darauf — welch unerhörter Bluff! —

die gesamte Besucherschaft eines Kommunikationszentrums in Verwirrung, als sie sich perfekt als eine andere Mitarbeiterin, wie es schien in der Maske einer Haremsdame, verkleidete: mit ausgestopftem Po und Busen, nachgeahmtem Gang und Handbewegungen, von dieser ausgeborgtem Armband, dafür allerdings zur Stummheit verdammt, täuschte sie selbst deren Chefin! Tiefenpsychologisch gedeutet wohl eine gelungene Form, Neid und Rivalität kreativ zu bewältigen!

Weniger amüsiert hingegen war ein wohlbeleibter Kollege, der sich anläßlich eines „Rollentausch"-Disco-Festes zwecks Verschleierung seines schwarzgelockten Kaiser- Franz- Joseph- Backenbartes als Orientalin mit Gesichtsvorhang verkleidet hatte: auf der Autofahrt ins Lokal — ein Jugendzentrum — wurde die rasant chauffierende vermeintliche Ausländerin von den österreichischen Straßenkavalieren derart geschnitten und gefährdet, daß der gute Mann zuletzt einem Nervenzusammenbruch nahe war!

So kann der Ausflug in die Lebenswelt der „anderen" statt Schau- oder Herzeigelust auch Frust verursachen: das hautnahe Erleben von Diskriminierung, Gesundheitsschädigung — und hoffentlich: Solidarität.

Hoch-Zeit Maienzeit

„Ehen werden im Himmel geschlossen, aber daß sie gut geraten, darauf wird dort nicht gesehen."

Marie von EBNER-ESCHENBACH

Wenn im Mai die Sonne wieder höher steht, reagiert unser Hirn auf den anderen Lichteinfallswinkel mit vermehrten Hormonausschüttungen: wir werden sexuell aktiv.

„Winterstürme wichen dem Wonnemond" läßt der ebenso schwülstig dichtende wie komponierende Richard Wagner seinen Helden Siegmund in „Die Walküre" seine Schwester Sieglinde anbalzen. Heute wird leider nicht mehr so kunstvoll gebalzt, und dementsprechend „down" sind dann oft die potentiellen Liebespaare: Liebeskummer statt Liebesglück.

Viele psychologischen Untersuchungen haben sich der Frage gewidmet, wovon es abhänge, daß ein Mann eine Frau, eine Frau einen Mann attraktiv findet. Die einen fanden dann heraus, daß der Mann zuerst auf die Beine, dann auf ·den Allerwertesten und schlußendlich aufs (nichts ins) Gesicht sähe, während es bei Frauen geradezu umgekehrt sei ... Andere wiederum legten Männern und Frauen Fotoserien unterschiedlich attraktiver Partnerinnen und Partner vor und fanden heraus, daß überwiegend gleich attraktive Menschen bevorzugt wurden — wobei ich mich frage, wer hier zuletzt Attraktivität bewertet; wohl die Forscher!

Eines kann ich dazu bestätigen: Eine nicht gerade kleine Gruppe von Menschen, die psychotherapeutische Hilfe sucht, weil sie keinen Partner, keine Partnerin findet, suchen immer „nicht passende": zu junge, zu alte, zu schöne, unerreichbare (z.B. Pfarrer oder Popstars — gar nicht so viel Unterschied, beide versprechen was Besonderes) oder gebundene — und schützen sich so vor Nähe und möglichen Machtkämpfen zwischen gleichen.

Aus tiefenpsychologischer Sicht suchen wir immer die Bezugspersonen der frühen Kindheit: Pappi und Mammi. Und nur zu oft stellt sich nach jahrelanger Partnerschaft heraus, daß der oder die Geliebte, der oder die doch so ganz anders schien als der jeweilige Elternteil, sich plötzlich als schierer Abklatsch all der Eigenschaften herausstellt, die man doch so eifrig zu vermeiden suchte ...

Legen wir hingegen einen ganzheitsorientierten Blickwinkel an, so können wir beobachten, daß immer im anderen etwas gesucht und dann auch wahrgenommen wird, das einem selber fehlt: so sucht die Frau, die sich schwach fühlt, einen „starken" Mann, der sie beschützt, der Mann, der seine Stärke betonen will, ein schwaches Wesen, neben dem er im Vergleich noch stärker wirkt. Die beiden „ergänzen" sich. So wird auch die traditionelle Erziehung nach starren Geschlechtsrollen verständlich: *„Der Mann muß hinaus ins feindliche Leben,"* dichtete noch Friedrich Schiller in der „Glocke" und: *„Drinnen waltet die züchtige Hausfrau".*

Erfahrene Paarberater wissen, daß nur zu oft das, was anfangs so anziehend war, später Grund zur Abwehr, zur Trennung wird: da wird dann aus „Stärke" „Tyrannei", aus „Zartheit" „Fadesse". Der Blickwinkel hat sich geändert.

Attraktivität, die aus der Gegensätzlichkeit gespeist wird, hält nur so lange, als keiner sich entwickelt. Alles, was lebendig ist, hat Eigenbewegungen, Wellen. In der Zeit der Verliebtheit befindet sich jedes Paar „auf der gleichen Wellenlänge". Auch das haben psychologische Untersuchungen nachgewiesen: Verliebte sitzen sogar in derselben Körperhaltung! Wenn sich nun aber eine/r der beiden weiterentwickelt, „wächst" — und das wollen wir doch hoffen! —, verändert sie oder er bereits die „Welle", auf der die beiden bis dahin dahingeträumt haben. Jetzt merkt meist der Teil des Paares, der nicht in Bewegung geraten ist, die Veränderung und reagiert, z. B. mit Eifersucht, mit Szenen, mit dem Befehl „Halt! Zurück!" oder mit der Anklage „Warum bist du nicht (mehr) so wie ich?"

Dabei ist diese — leichte — Vergrößerung der Distanz eine gute Voraussetzung, einander wieder neu zu entdecken. Was zu nah ist, können wir nicht gut wahrnehmen — legen Sie beispielsweise Ihre Hand aufs Auge, nun, was sehen Sie? Eben.

In jeder Beziehung gibt es eine optimale Entfernung, nicht so nah, daß man einander erdrückt, nicht so fern, daß ein/e Dritte/r dazwischen Platz hat ... gerade so weit, daß Anziehung stattfinden kann. Denn wenn die Tiefenpsychologie Attraktivität von den Eindrücken unserer ersten „Lieben" ableitet, so verweist sie uns damit auch auf die „Wellen", die bioelektrischen Frequenzmuster, die „Ausstrahlung" unserer Eltern hin: und auf die reagieren wir so lange (unbewußt natürlich), bis wir sie uns bewußt machen konnten: da ein Lächeln, dort ein Duft, ein Blick ... eine kleine Balzerei... und wir fühlen uns „angesprochen".

Traditionellerweise war es immer der (angeblich stärkeren) „männlichen" Energie vorbehalten, eine „kühle" Frau zu „entflammen". Umgekehrt funktioniert es weniger gut, trotzdem die Frauen immer feuriger werden. Viele Männer reagieren mit Angst anstelle Erregung. Ich sehe darin auch die Entsprechung zu dem, was viele Frauen jahrzehntelang beklagten: zu schnell, zu intensiv wird als Gewalt erlebt. Vielleicht hilft diese Erfahrung Männern, selber auf Gewalt zu verzichten und sich mit ihrer eigenen Schwäche auszusöhnen. Dann brauchen sie sie nicht den Frauen zuzuschreiben.

Paarung bedeutet Ergänzung: zusammen ein Ganzes bilden. Energieaustausch: männliche und weibliche Energie verschmelzen und durchdringen sich — das Sakrament der Ehe. Wenn die Paarbildung gelingt und von Dauer ist, werden Mann und Frau einander immer ähnlicher. Oft sehen sie einander nach langem Zusammenleben sogar ähnlich. (Und das weist uns darauf hin, daß manche in Wirklichkeit mit ihrem Haustier ein Paar bilden und nicht mit dem Partner!)

Zeit-Bewußtsein

„Wer nicht in der Gegenwart lebt, lebt eigentlich gar nicht!"

Rüdiger DAHLKE

Wann beginnt eigentlich unser Zeitbewußtsein?

Als Baby haben wir sicher noch keines, wir fühle uns noch Eins mit der Mutter, in deren Leib wir ja (hoffentlich!) Monate der Geborgenheit verbracht haben. Die Daseins-Rhythmen, die die ersten Lebensmonate bestimmen, werden vom Stoffwechsel gesteuert, von Zeiten der Gier: von Durst und Hunger, von Trinken und später Essen und vom Gegenteil, von „kleinen" oder „großen Geschäft"; beides bringt Zuwendung durch Menschen: Baby wird in den Arm genommen und gehalten, Baby wird gereinigt und gepflegt. Wenn „Es" — „Ich" gibt es noch nicht — unbe-fried-igt bleibt, schreit und zappelt es, bis es bekommt, was es braucht und schläft dann fried-lich ein.

Erst gegen Ende des zweiten Lebensjahrs, wenn die Muskulatur so weit erstarkt ist, daß das Kleinkind anspannen und loslassen, trotzig sit-zenbleiben oder auch weglaufen kann, beginnt eine Ahnung von Zeit: der Zeit des Widerstandes. Und es wichtig, daß Kinder diese Zeit- Spannen einüben lernen dürfen! Wie sollten sie sich später wehren können, wenn ihnen schon von klein auf jegliches „Ich will nicht!" aberzogen wurde!

Früher einmal, so vor dreißig, vierzig Jahren oder mehr, pflegten klei-ne Kinder von diesem Zeitpunkt an dorthin zu laufen, wo etwas Interessantes vor sich ging — zur Nachbarin, zum Handwerker vis-à-vis, es drohten ja auch nicht so viele Gefahren wie heute, wo Kleinkinder nicht mehr unbeaufsichtigt auf die Straße gelassen werden können — und sie erkannten die Wiederholungen, lernten spielerisch wie von ungefähr Tag und Nacht, Arbeit und Ruhe zu unterscheiden und auch die Regelmäßigkeit bestimmter Arbeitsabläufe zu erkennen.

Heute bestimmt vielfach das Fernsehprogramm den Tagesablauf, und zwar nicht nur als elektronischer Babysitter, wenn Mammi und Pappi Ruhe haben wollen, sondern als allzeit mehrkanälig einsatzbereiter Zeit-vertreib für jung und alt, Mammi und Pappi inbegriffen.

Frühmorgens läutet zwar den meisten Menschen der Wecker die Tages-Zeit ein, und die Dauer der Morgentoilette bzw. der Anweg zu

Kindergarten, Schule oder Arbeitsplatz bestimmt das weitere Tempo, Gemütlichkeit oder Hetzjagd, je nach Zeit-Planung. Dort angekommen erleben wir dann Klingelzeichen oder zumindest Riesenuhren, die gnädig langsam oder unerbittlich schnell die Zeit strukturieren.

Zu Hause fehlen zumeist solche Einpeitscher. Die Zeit der Stand- und Pendeluhren scheint längst vorbei. Die Zeit des Sonnenstandes auch; nur auf dem Land, wo die Menschen noch sparsam mit elektrischem Strom umgehen — und auch nicht stundenlang fernsehen, weil sie durch die vermehrte Arbeit im Freien rechtschaffen müde sind —, steigt man mit den Hühnern aus und in die Federn.

Offenbar tragen wir alle ein Bedürfnis nach Zeitstruktur, nach Regelmäßigkeit, in uns; vielleicht deswegen, weil wir dann keine Angst vor der Zukunft und vor dem Tod haben müssen. Wir wollen wissen, wann etwas beginnt und wann es endet, und wir wollen selber unsere Endpunkte setzen können.

Wahrscheinlich liegt darin auch das Geheimnis der Rauch-Pausen: wir tun nichts und tun doch etwas. Daß wir dabei unseren Atem vergiften — und den unserer Nächsten —, verdrängen wir.

Bewußtes Rauchen (oder Räuchern) hatte in den Religionen der meisten Kulturen rituelle Bedeutung, und diente dazu, Normal-Zeit von Sonder-Zeiten zu unterscheiden. Heute versuchen viele Jugendliche (und solche, die es ewig bleiben), mit Hilfe der Zigarette den Status der „Eingeweihten" zu erlangen und damit an die Tradition der Indianerhäuptlinge oder anderer „weiser Alter" anzuschließen.

Eine andere Form, die Zeit in Portionen einzuteilen, bieten die elektronischen Medien. Aber während der Hörfunk Gedankenanstoß bis Geräuschkulisse und daneben doch Raum und Zeit für Eigenbetätigung bietet, nehmen Fernsehen und Video auch das Auge gefangen. Da bleibt wenig Zeit für Eigenes. Bestenfalls läßt sich nebstbei noch stricken. Süchtig macht es genauso wie das Rauchen. Sind es beim einen die Sauggier und das Nervengift, die abhängig machen, sind es beim anderen die Neugier und der Nervenkitzel.

Manche Menschen leben träumerisch im Vergangenen. Andere hetzen der Zukunft entgegen. Beide verpassen die Gegenwart.

Fernsehen hat auch etwas mit „in die Zukunft schauen" zu tun. Wir warten, was passiert. Wenn zu wenig passiert, schalten wir um. Mit Hilfe von Video können wir aus dieser eingefrorenen Zukunft Vergangenheit, Gegenwart und immer und immer wieder verfügbare Zukunft machen. Mit eigenem, bewußtem Leben hat das wenig zu tun. Das beginnt mit Einatmen, sich und die Umwelt spüren, Ausatmen. Und sich dabei Zeit lassen.

Hitze-Koller?

„Verführung bedeutet nicht nur Einladung,
sondern auch Verweigerung.“

Francesco ALBERONI, „Erotik“

Daß der Sonnenstand unser Seelenleben beeinflußt, wissen nicht nur diejenigen, die an Winterdepressionen leiden. Man muß auch recht „zu" sein, um den nicht den Unterschied zwischen introvertierten Nordländern und lebensfrohen Südländern zu merken und in Beziehung zu den Gegebenheiten des Klimas, der Landschaft und den Erträgen der jeweiligen Landwirtschaft zu bringen. Man lebt halt viel leichter, wenn man nur die Früchte von Baum und Strauch zu pflücken braucht, als wenn man in mühseliger Arbeit einen kargen Boden bearbeiten muß! (In Beziehungen ist es ähnlich!)

Zwar ist in unserer hochtechnisierten, komplexen Welt der Abstand zu den urtümlichen Lebensformen des jeweiligen Landstrichs so weit und der Zug zur Vereinheitlichung so groß, daß kaum noch Unterschiede wahrnehmbar sind, bei uns allen kommt der Strom aus der Steckdose und das Geld von der Bank — und wenn es einmal nicht so ist, bricht fast die Welt zusammen; da kann dann Bügeln zur unlösbaren Aufgabe werden, wenn man nicht Omas Plätteisen als Dekorationsstück aufgehoben hat und in der glücklichen Lage ist, sowohl einen funktionierenden Kaminanschluß als auch ein Zimmeröferl samt Brennmaterial zu besitzen!

Auch unsere Kleidung entspricht nicht immer der Wetterlage. Erinnern Sie sich noch, wie anläßlich der letzten Energieknappheit im Winter von Regierungsseite appelliert wurde, zumindest die Zimmertemperaturen in den Büros von 22 auf 19 Grad zu senken und auf kurzärmelige Kleidung zu verzichten, stattdessen — wie früher — Jacken und Westen zu tragen. War das damals ein Aufschrei! Die Körpertemperatur durch Kleidung zu regulieren, wie unmodern! Wie primitiv! Wurden da gar Erinnerungen an das Bärenfell des Neandertalers wach?

Funktionsgerechte Kleidung ist nur „in", wenn sie von Modeschöpfern propagiert wird. Allerdings erinnere ich mich dabei nur an die gelegentlichen Alpenlooks mit ihren Lodencapes und -jankern. Sonst scheint eher Absurdität der Ehrgeiz aller Couturiers zu sein, entweder

233

Nacktheit und dann gerade an den Körperstellen vorzuschreiben, wo Kälte schadet — wie etwa im heurigen Sommer: jede Nabelschau hat auch eine Schattenseite, das spürt frau spätestens, wenn's in der Nierengegend zwickt! — oder jede Bewegungsfreiheit zu unterbinden: ungehbares Schuhwerk, Fesselriemen (warum heißen eigentlich die Fesseln Fesseln?), die die Haut aufwetzen, und andere Verschnürungen, damit die Sonne nur ja seltsame Muster in die Haut brennen kann, und lange, enge Röcke ... Genug! Der nächste Winter kommt bestimmt, dann werden wohl wieder die Minis Saison haben. Vielleicht soll so aber nur ein Ausgleich zu unseren Sexualtrieben hergestellt werden? Denn im Sommer werden wohl eher die Begierden wach...und eine Frau mit Sonnenbrand oder wunden Füßen ist vielleicht nicht so anregend oder angeregt, wie es die Mythen von „Und immer lockt das Weib" unterstellen...

Als junges Mädchen wurde ich einmal Augen- und Ohrenzeugin, als ein mehr als älterer Herr einen Altersgenossen auf eine junge Frau hinwies. Es war der erste schöne Sommertag nach einem regnerischen Mai, und die Schöne weit und breit die Einzige, die „blank" ging — ohne Mantel oder Jacke, in einem Dirndlkleid, mit einem hervorstechenden Dekolleté. Der Senior stammelte verzückt: „Schau — die erste Schwalbe!" Und bot damit einen winzigen Beweis, wie Sonnenstrahlen die Lebensgeister wecken.

Der höhere Sonnenstand mit seiner Wirkung auf die Hypophyse und damit Ausschüttung der Geschlechtshormone ist aber nur eine Komponente, die bewirkt, daß wir leichter „hitzig" werden, und über Sinn und Zweck der „leichteren" Kleidung läßt sich streiten — denken wir nur daran, wie funktionell Araberinnen oder Inderinnen gekleidet sind.

Daß leicht bekleidete Frauen, die bösen!, daran schuld sind, daß Männer sich und ihre Hände ihnen gegenüber nicht zurückhalten können, gehört in den Bereich der Märchen und Sagen. Wenn schon Schuldzuweisungen für undiszipliniertes oder unreifes (kleine Kinder wollen auch immer gleich alles „haben"!) Verhalten, dann an König Alkohol, denn leider hat besonders im Sommer „der G'spritze wieder Saison"!

Viel eher stimuliert das andere Arbeits- und Freizeitprogramm zu erhöhter sexueller Pseudo-Aktivität. Hitze macht ja eher passiv denn aktiv. Auch finden es die wenigsten Menschen sehr anregend, von vornherein schweißnasse Hände, Füße oder Bäuche aneinanderzuschmiegen.

234

Aber die Phantasie! Die bekommt in der Schwüle der Nacht ebenso Flügel wie mittags im mehr oder weniger klimatisierten Büro, wenn die Gedanken nur noch um Siesta, vorgezogenen Dienstschluß oder Hitzeferien kreisen und die geistigen Bilder von bodygebuildeten Sonnyboys oder slimmen Tangagirls das kreislaufgeschwächte Gehirn vernebeln. Das wird ja auch von der audiovisuellen Werbung genug vorgegaukelt: der Pool, der Drink, die erregende Frische ... Wer denkt da noch an die Gluthitze bei mühseliger Einkaufsschlepperei oder im großen Stau auf der Fahrt nach Hause oder ins nächste Freibad?

„Hitze macht eher schlapp denn flott, eher ohnmächtig denn kraftstrotzend. Ist das etwa der Grund, weshalb so viele Männer gerade bei Temperaturen über 30 Grad Frauen anmachen? Um sich so ein letztes Restchen Macht zurückzuholen?"

Francesco ALBERONI, „Erotik"

235

Glücklich ist, wer NICHT vergißt ...

„Die Erinnerung ist das einzige Paradies,
aus dem wir nicht vertrieben werden können. "

Jean PAUL, „Die unsichtbare Loge"

Von Heinrich BÖLL gibt es die Kurzgeschichte, „Nicht immer nur zur Weihnachtszeit", in der die wieder zum Kind gewordene Großmutter all ihr Sehnen und Trachten aufs Weihnachtsfest richtet. Jeden Tag fragt sie, wann wieder das Christkind kommt. So fragt sie am 25. Dezember und am 26. und am 27. und so fort, wochenlang, bis die Familie beschließt, jeden Tag, ob Sommer ob Winter, Weihnachten zu feiern: Oma ist glücklich und der Familienfriede gerettet.

Advent — die „stillste" Zeit des Jahres — dient nur zu oft nicht der Besinnung, sondern dem hektischen Konsumtreiben. Kaum leuchten die ersten Lichtgirlanden, kaum hängen die ersten Ankündigungen der langen Einkaufssamstage in den Auslagen, beginnt für viele der Streß des Jahres: Weihnachtsbäckerei ist fällig, das traute Heim soll jahreszeitlich geschmückt werden, Frauenzeitschriften üben mit Bastelanleitungen für individuelle Kreativgeschenke Druck zur Nachahmung aus, die lieben Kleinen schreiben Wunschzettel und zur guter letzt jagt in der Schule ein Weihnachtssingen, eine Bücherausstellung, ein Krippenspiel nach dem anderen die pflichtbewußten Eltern von Termin zu Termin. Wenn sich dann noch Besuch ansagt, ist der Hexenschuß fällig: ein massives körpersprachliches Signal, innezuhalten, sich Ruhe zu gönnen.

Für viele genügt schon das Wort „Weihnachten", damit sich die Rückenmuskulatur schmerzhaft zusammenkrampft. Ein typischer „Anker".

Mit „Anker" wird im neurolinguistischen Programmieren, kurz NLP, einer hocheffizienten psychotherapeutischen Technik, jeder Sinnesreiz bezeichnet, mit dem bestimmte Gefühle und Empfindungen ausgelöst werden können.

Denken Sie etwa an den Duft von Vanillekipferln und Lebkuchen: sofort kommen Sie in eine bestimmte Stimmung. Wenn Sie sich jetzt noch an den spezifischen Geruch frisch ausgelöschter Kerzen erinnern, sind Sie sicherlich in Gedanken mit biographischen Weihnachtserlebnissen verbunden und bekommen entweder feuchte Augen und ein weites Herz — oder Wut, vielleicht auf ein Geschwisterl, das immer mehr bedacht wurde als Sie, je nachdem, welche Erlebnisse sich mit diesem Anker eingekerbt haben.

Es gibt aber nicht nur „olfaktorische", das heißt Geruchs- und Geschmacks-Anker. Ebenso gibt es visuelle, akustische, kinästhetische Anker: konkret gehört etwa die Färbung eines Sonnenuntergangs (oder ein gewisser „Glut"-Blick!) zu den visuellen Ankern, man kann etwas sehen und fühlt sich wie einst im Mai; andererseits kann aber auch das schmerzverkrampfte Gesicht eines Menschen, der gerade eine Magenkolik durchstehen muß, an das wutverzerrte Gesicht des lieben Vaters gemahnen, als man dazumals einmal zu spät nach Hause kam ... und wir erleben dann eine Gefühlsreaktion, die wir uns in ihrer Heftigkeit nicht erklären können, weil die „Ur-Szene" im Unbewußten verborgen liegt.

Ein akustischer Anker wäre vielleicht ein bestimmtes Lied, oder umgekehrt ein schriller Tonfall. Viele Menschen rutschen so leider viel zu oft in Ärger und Zorn und wissen nicht, wieso; dabei wurde vom Gesprächspartner ein stimmlicher Anker ausgelöst, und die „Stimm"ung kippt um ...

Kinästhetische Anker werden durch Bewegung oder Berührung ausgelöst: das Schaukeln eines langsam fahrenden Zuges etwa hat oft zur Folge, daß wir wie Säuglinge im Kinderwagerl sanft entschlummern ...

Gerade zur Weihnachtszeit ankern wir uns immer wieder in den Tiefseegrund unserer Kindheit, die einen lustvoll, die anderen schmerzlich. Eine gute Gelegenheit, sich dieser Mechanismen bewußt zu werden — dann können wir sie nämlich auch kontrolliert einsetzen, um uns aus bestimmten unerwünschten Gefühlen heraus und in bestimmte erwünschte hineinzu „programmieren".

Wir brauchen ja nicht zu warten, bis uns der Lieblingsduft der Räucherstäbchen die Nase umschmeichelt, um wieder selig zu werden — wir können uns gezielt daran erinnern: in welcher Situation habe ich dies erschnuppert, wie hat alles rings um mich damals ausgesehen, was habe ich gehört, gespürt, gefühlt, vielleicht auch geschmeckt — und wie war meine Körperhaltung, meine Atmung? Und wenn ich nun mit allen Sinnen die Erinnerung wieder einfange und so ganz tief drinnen bin, dann kann ich mich mit einem Code-Wort selber ankern, immer und immer wieder — Übung macht schließlich den Meister — bis das Code-Wort allein genügt, damit ich mein Lieblingsgefühl bekomme.

Auch im Leben zu zweit bewährt sich dieses NLP-Grundrezept: Ich zum Beispiel bin auf „Laras Lied" aus dem Film „Doktor Schiwago" geankert; damals saß ich zum ersten Mal händchenhaltend mit meinem späteren Ehemann im Kino, und wann immer ich die Schnulze höre, wird mir das Herz so weit. Daher denke ich immer an diesen Schmachtfetzen, wenn es mir schwerfällt, Herzenswärme aufzubringen. Und so ließen sich manche Streitigkeiten leichter vermeiden — wenn Eltern oder Ehegatten nur öfter daran dächten, worauf Kindlein oder Ehgespons positiv zu reagieren pfleg(t)en.

Organsprache

„Was ausgesprochen werden kann, unterliegt nicht mehr der Gefahr, sich im Körpersymptom verbergen zu müssen."

Kurt SINGER

Stellen Sie sich vor, Sie gehen mit Ihrem besten Freund eine stark befahrene Straße entlang, Sie plaudern, machen ein Ziel aus und müssen dazu die Straße überqueren. Während Sie sich vergewissern, daß keine Gefahr droht, stürmt Ihr Freund einfach drauflos, direkt vor ein heranbrausendes Automobil. Was werden Sie tun? Wahrscheinlich werden Sie ihn zurückreißen, ohne Rücksicht auf Verluste — oder Verletzungen. Möglicherweise wird Ihnen Ihr Freund dann Vorwürfe machen, den Schock, die Anspannung als Schimpftirade loslassen; vielleicht wird er sich aber auch bei Ihnen bedanken.

Ähnlich geht es uns mit unserem Körper — nur sind wir dabei die Hans-Guck-in-die-Luft. Unser Körper ist unser bester Freund; er will immer nur unser Wohlergehen, auch wenn die Wege, auf denen er dies zu erreichen sucht, nicht immer ganz einsichtig sind — oder besser: seine Botschaften unverständlich scheinen, weil wir nämlich seine Sprache nur zu oft nicht verstehen (wollen).

Manchmal flüstert er: „Laß das lieber bleiben!" oder „Jetzt ist es aber genug!" und dann zwingen wir uns, weiterzutun, entweder, weil wir es so gelernt haben („Wer rastet, der rostet!" und ähnliche Dressurappelle), oder weil wir uns nicht trauen, zu uns selbst fürsorglich zu sein (und Angst haben, daß jemand keift „Hast du nichts zu tun?", „Was sitzt du denn schon wieder so herum?") oder weil wir den Größenwahn pflegen, wir wären Übermenschen, die keine Pause, keinen Schlaf und überhaupt kein Innehalten bräuchten.

Wenn wir aber nicht innehalten und auf die zarten Hinweise unseres Körpers lauschen, muß dieser um einiges lauter werden, Freund Schmerz als Warner anheuern oder das Freundespaar Hemmung und Symptom.

Es liegt jetzt an uns, ob wir erkennen, daß etwas in uns in Unordnung geraten ist, daß uns „etwas fehlt" oder daß wir „etwas haben"; psychoanalytisch sprechen wir von innerseelischen Konflikten, die wir „verkörpern", die wir „leibhaftig spüren".

Wenn wir auf unsere Sprache horchen, besonders auf unsere Wort-
wahl, können wir bereits erkennen, was uns „Kopfzerbrechen macht",
„die Red' verschlägt", „den Hals abschnürt", „das Herz abdruckt", „den
Atem stocken läßt", „im Magen liegt", wovor wir „Schiß haben" oder was
„zum aus der Haut fahren" ist.

Jede und jeder hat ihr/sein „Mitteilungs- Organ": der eine nimmt sich
was „zu Herzen", der anderen „geht die Galle hoch"; während dem einen
der Angstschweiß ausbricht, bekommt die andere eine Gänsehaut ...

„Die Sprache als konfliktfreie Zone des Ich dient dabei als Ersatz für
die Tat" schreibt Kurt SINGER — nämlich das zu tun, was angemessen,
wenn auch möglicherweise unzivilisiert, wäre: flüchten oder sich wehren,
protestieren oder kämpfen, traurig werden oder wütend ...

Leider — oder hoffentlich? — sind wir aber „zivilisierte Kulturmen-
schen" und daher haben uns Eltern, Lehrer und/oder sonstige Cheffiguren
abgewöhnt, andere mit unseren Gefühlen zu „belästigen": wir sollen
gefälligst funktionieren wie Maschinen!

Die sind wir aber nicht.

Jede Maschine wird meist besser behandelt, als wir das mit uns selber
tun. Wenn Sie auf der Autobahn fahren und das rote Öldrucklämpchen
leuchtet auf, werden Sie wohl die nächste Gelegenheit wahrnehmen, ste-
henzubleiben und nachzuschauen, was mit dem Öldruck los ist. Wir aber
düsen meist als Devil Driver weiter drauflos und verschieben Check und
Service auf den St. Nimmerleinstag. Wir verhalten uns wie ein Autofahrer, der das rote Lämpchen ignoriert oder gar herausschraubt, um nur ja
nicht mehr irritiert zu werden.

Draufgängertum ist allerdings nicht die Gefühlslage, die Selbstheil-
lungskräfte aktiviert — und Passivität („Der Doktor wird's schon richten") auch nicht!

Auf die Gefühlslage kommt es aber wesentlich an, wenn es darum
geht, Widerstandskräfte gegen Krankheiten wachsen zu lassen.

Untersuchungen haben gezeigt, daß überfordernde Belastungen und
eine negative seelische Einstellung unsere Abwehrkörper vermindern. Es
lohnt sich daher nicht nur, unsere zwischenmenschlichen Beziehungen,
privat wie beruflich, auf ihren „Seelengiftgehalt" hin zu überprüfen —
der Arzt und Psychoanalytiker René SPITZ bezeichnete Störungen bei
Kindern, die aus der Ablehnung durch ihre Mütter resultierten, sogar als

„psychotoxische Erkrankungen" —, sondern auch unsere Lebensumstände: die Wohnsituation, Lärm und Lichteinflüsse, auch Geruchsbelästigungen, die Arbeitsbedingungen, Zeitdruck, Konkurrenzen, Streßbelastungen — aber auch Kommunikationsdefizite, Isolation, Einsamkeit.

Bei Arbeitsbedingungen dürfen wir aber nicht den Fehler machen, nur an Werkshalle oder Cockpit zu denken; auch Schule und Haushalt können den Auslöser bergen, daß unsere Leib-Seele-Einheit aus dem Gleichgewicht fällt — und über den „Krankheitsgewinn", z. B. erzwungene Ruhestellung, versucht, eine neue Balance zu finden.

Krankheit hat Aufforderungscharakter: das Fehlende zu ergänzen, das Überflüssige loszulassen, um wieder „heil" zu werden. Dabei hilft das präzise Aussprechen dessen, was der Körper signalisiert. In Alltagssprache! Nicht in den verschleiernden lateinischen Fachausdrücken, die Patienten entmündigen und Fachleute zu „Experten" erhöhen. Und: mit Gefühl! Daher: keine Angst — Jammern hilft!

Frei fließen lassen

Daß zur ganzheitlichen Gesundheit auch ein Wohlbefinden schaffendes Sexualleben gehört, sollte sich mittlerweile schon herumgesprochen haben. Leider ziehen manche Kranke oder Behinderte daraus den absurden Fehlschluß, sie dürften also kein Sexualleben haben! Dabei ist gerade für diese Menschen das Geben und Empfangen sexueller Energie von wesentlicher, gesundheitsfördernder Bedeutung.

Ein Blick, ein Lächeln, ein leiser Klang der Stimme, eine zarte Berührung genügen ja schon, sexuelle Erregung fließen zu lassen — vorausgesetzt, man blockt sie nicht ab: das aber geschieht, wenn wir fürchten, am schneller werdenden Atem „erkannt" zu werden. Dann halten wir die Luft an. Verstummen. Kein Seufzen, kein Flüstern, kein Keuchen und schon gar kein Schrei darf den sehnsüchtigen Lippen entkommen ... Aber auch Körperbewegungen werden zurückgehalten. Und oft geht die Zurückhaltung so weit, daß auf jeglichen Sexualkontakt verzichtet wird.

Das muß nicht sein. Auch in der klassischen Sexualtherapie für Paare jeglichen Alters und jeglicher Störungen wird dazu animiert, langsam, spielerisch und entspannt den Körper des/der — hoffentlich! — Geliebten zu liebkosen. Zu streicheln, lecken, schmecken, riechen ... aber auch aufkeimende Ängste anzusprechen und — Alternativen für Beängstigendes zu suchen.

Leider orientieren sich viel zu viele Paare an den „Modellen" in Porno- und sonstigen Filmen, in denen turbulente bis gewalttätige „Leidenschaft" vorgespielt wird, oft bis hart an die Grenze des Lächerlichen. Ich vergleiche daher auch gerne diese „Vor-Bilder" mit Comics. Oder würde uns einfallen, so wie „Kottan" oder „Didi" Auto zu fahren?

„Stellungen" haben nicht den Sinn, unsichtbare Voyeure von der eigenen Erfindungsgabe oder Akrobatik zu überzeugen; sie sollen die Position finden lassen, in der genußvoll das Fließen der eigenen und der fremden Sexualenergie wahrgenommen werden kann. Druck, vor allem solcher auf den Brustkorb, „setzt unter Druck". Alle Seitenlagen oder Sitzpositionen ermöglichen optimalen Genitalkontakt „Aug in Aug", aber auch Bewegungsfreiheit, wenn mehr „Frei-Raum" notwendig wird. Aber auch die optimale „Lage" herauszufinden braucht Zeit — und die sollten Liebende einander doch wert sein!

Auf Herz (und diesmal nicht Nieren) prüfen

Ich trainiere Kommunikation für Angehörige eines Rehabilitationszentrums. „Was bedeutet eigentlich ‚Herz' für Sie?" frage ich in einer Pause so beiläufig einen Chirurgieprimar. „Ein Hohlmuskel" kommt als prompte Antwort. Wirklich nur? Er denkt nach — fühlt in sich hinein.

Nach Herztransplantationen, sinniert er, verändern sich die Patienten. Nein, nicht das „neue Leben", die Einsicht in die Begrenztheit des eigenen Lebens und die quasi Wiedergeburt, die Aussicht auf nun doch längere Lebensdauer halte er für die Ursache der Veränderung, es sei viel mehr.

„Es ist, als wäre er ein neuer Mensch geworden" präzisiert er schließlich, „irgend etwas ist anders — das Herz ist doch der Sitz der Persönlichkeit ... die Mitte, das Zentrum ... und jetzt wird das Zentrum ausgetauscht ..." Es sei nicht mehr derselbe Patient wie vorher; wenn er nur besonnener wäre, wäre er doch in der Persönlichkeit gleich, nur vielleicht ernster — oder heiterer. Er aber hätte den Eindruck, wie wenn wirklich jemand anderer da im Körper des Transplantierten steckte ...

„Bisher gibt es leider trotz einer Unzahl technisch gelungener Herztransplantationen keine verläßliche Untersuchungen darüber, wie das verpflanzte Herz in der fremden Brust wächst und was seelisch aus ihm wird."

Rüdiger DAHLKE, „Herz(ens) Probleme"

Ich frage seine Kollegin, Fachärztin für Rehabilitation. Sie strahlt mich an: „Das Herz? Da denke ich an alle, die ich im Herzen trage — meine Familie, Freunde. Das Herz? Das ist der Sitz der Gefühle. Der Liebe!" Und als Ärztin? forsche ich weiter, ob sich ihr nicht auch fachliche Gesichtspunkte aufdrängten? Nein, lächelt sie weiter, überhaupt nicht. Da müßte sie schon ein EKG vor Augen haben.

Medizinisch denke sie, wenn sie mit Befunden und Diagnosen arbeite und sich bewußt mit aller Fachkompetenz darauf konzentriere, einer Person als Ärztin beizustehen. Aber wenn sie so spontan gefragt werde, reagiere sie zu allererst als Mensch, die Berufsrolle komme erst im Anlaßfall dazu.

„Denn wer das Herz im übertragenen Sinne vor allem bewahren will und es gleichsam ‚in Watte packt‘, zwingt sein physisches Herz, das Thema zu verkörpern."

Rüdiger DAHLKE, „Herz(ens) Probleme"

Supervision: Turnusärzte und -ärztinnen. Wieder „schaue" ich ihnen „ins Herz". „Das Herz", brummt einer, „ist der gute Trottel. Der arbeitet den ganzen Tag und arbeitet und arbeitet und schuftet! Das ist ein gutmütiges Organ, das Zentrum für den Kreislauf, belastbar — wirklich enorm belastbar!"

Eine Ärztin fällt ihm ins Wort: „Das Herz steht aber auch für's Gefühl!" protestiert sie und fügt verschmitzt hinzu: „Und fürs Liebesleben!"

Assoziiert jede/jeder nach seiner eigenen Lebenssituation? frage ich nach. In den Supervisionsstunden thematisiert er ja auch oft seine Arbeitsüberlastung und sie ihre Nähe- und Distanzbedürfnisse ...

Eine andere Medizinerin schaltet sich ein: ihr fällt ein, was Menschen dem Herzen alles antun: Rauchen, üppig essen, zu wenig körperliche Bewegung ... (Sie versucht gerade, sich das stundenlange Fernsehen zwecks abendlicher Entspannung abzugewöhnen!)

„Denn aus dem Herzen kommen arge Gedanken: Mord, Ehebruch, Hurerei, Dieberei, falsch Zeugnis, Lästerung."

(Matthäus 15/19)

Viele Patienten phantasierten allerlei Ängste, wenn der Gedanke an eine Herztranplantation auftauche, berichtet ein anderer Arzt: Was, wenn sie „das Herz eines bösen Menschen" eingepflanzt bekämen? Dr. Frankenstein läßt grüßen! „Das Herzzentrum ist doch stark mit Persönlichkeit besetzt!" betont er, „da gehen die Emotionen hoch — auch die Todesangst."

Das kenne ich auch von meinen Klienten und Klientinnen: Wenn der Herzschmerz übergroß wird, kommen auch die Todesphantasien — die Angst, an gebrochenem Herzen zu sterben ebenso wie die Sehnsucht, tot zu sein; die Hoffnung, dann endlich betrauert zu werden — „daß es den anderen leid tut" — und oft auch deutlich die „verkehrten" Aggressionen —

„am liebsten würde ich ihn (sie) umbringen!"

Da wundert's dann nicht, wenn das „böse Herz" gefürchtet wird.

Macht ein böses Herz einen bösen Menschen? In der zitierten Supervisionsgruppe wandern die Phantasien vom materiellen zum Energiekörper: Das Herz ist ja auch das Energiezentrum, meint ein Arzt, und wenn man sich traut, ein bißchen über die Grenzen schulmedizinischer Sichtweisen hinauszudenken, dann macht es schon einen Unterschied, ob jemand warm — oder kaltherzig sei ... lichte oder dunkle Schwingungen aussende.

Schnell holt ihn eine Kollegin wieder in die altvertrauten Gefilde naturwissenschaftlichen Denkens zurück: „Ach", sagt sie, „ich sehe das Herz ganz einfach: dick und rund, wie eine emsige Ameise pumpt es und wirft das sauerstoffreiche Blut aus, und das muß man den Patienten einfach erklären, damit sie verstehen, wieso sie beispielsweise Probleme mit den Beinen bekommen, wenn es eine Rechtsherzinsuffizienz und einen Rückstau gibt ... Das Philosophieren laß ich lieber den Philosophen!"

Körper, Seele, Geist — eine Einheit mit wechselseitiger Beeinflussung? Da zeigt sich wohl eher eine Lernaufgabe, so wie Friedrich RÜCKERT dichtete:

Lern es heiter:
zu entwickeln, zu entfalten,
was im Herzen ist enthalten.

Seitenwechsel?

Wenn Frauen und Männer „in die Jahre kommen" — nämlich in die „besten, die guten schon vorbei" —, meinen manche, nun wäre es aus mit Attraktivität, Dynamik, Fitneß, Lebensfreude, kurz mit gelebter Geschlechtlichkeit, und gehen als sexuell aktive Frauen und Männer in Pension ...

Bei manchen löst dieser Wechsel „Midlife crisis" aus, eine Art „zweiter Pubertät" (mit ähnlichen Dummheiten); der 48jährige Hagestolz bedrängt dann plötzlich seine Lebensgefährtin, schnell ein Kind von ihm zu bekommen, sucht die Gesellschaft seiner zwanzigjährigen Neffen und gibt sich deren Popmusik hin ... und der 55jährige Ehemann turtelt auf einmal hinter den jugendlichen Schreibkräften seiner Firma her und merkt nicht, wie die sich über ihn lustig machen ... und die fünfzigjährige Exbeauty läßt sich mit Vorliebe seitlich mit eingezogenem Bauch fotografieren und triumphiert: „Ich sehe aus und kleide mich wie eine Dreißigjährige!" und hört nicht, wie die zugehörige Tochtergeneration sich über das alte Gesicht über dem schlankgetrimmten Körper mokiert.

Alle drei „Typen" können nicht in Würde „altern". Dabei altern wir doch vom ersten Tag unserer Geburt an! Nur: Körper, Seele und Geist sind eine Einheit und beeinflussen sich wechselseitig. Wer meint, nur als Mitglied der „beautiful young people" wertvoll zu sein, gibt sich damit eine selbsterfüllende Negativsuggestion. Wer weiß, daß jedes Alter seine Schönheit, seinen Reiz und seine Würde hat und sich selber mag, wird sich weder juvenil (pubertär) noch senil (frühvergreist) aufführen.

So zeigten soziologische Untersuchungen, daß in den Kulturen (vor allem in Afrika und Indien), wo Frauen nach der Menopause „den Schleier ablegen" und am gesellschaftlichen Leben der Männer teilnehmen dürfen (weil ja nicht mehr die Gefahr einer illegitimen Schwangerschaft droht), Wechselbeschwerden unbekannt sind. Hier gewinnen Frauen durch den Wechsel etwas dazu: mehr Ansehen, mehr Rechte und mehr Gewicht (sozial, nicht, aber durchaus auch körperlich).

Aber auch in unseren Breiten zeigt sich, daß Frauen und Männer, die in befriedigenden Liebesbeziehungen leben, kaum über Wechselbeschwerden klagen. Liebe stärkt nämlich das Immunsystem.

Alters-Grenzen

„Der Körper ist Ausdruck geschichteter Lebenszeit; in ihm bilden sich Erfahrungen, Lebenschancen und Lebensbehinderungen ab."

Christl SCHACHTNER, „Störfall Alter"

Die Produktwerbung hat eine neue Zielgruppe entdeckt: die „jungen Alten" (young olds im Gegensatz zu den „alten Alten", den old olds). Waren Senioren bisher nur für Reisebüros und Kukident interessant, tauchen nun auch Angebote für Oma und Opa aus den Wellness- und Fitneßwellen empor. Die ältere Frau mit dem jüngeren Mann gewinnt um Haaresbreite den Kampf um die llustriertenseiten gegen die Reportagen vom älteren Mann mit der blutjungen Freundin, was ja ganz verständlich ist: immerhin handelt es sich bei dieser Love-Story um einen uralten Hut.

Plötzlich spricht sich herum, daß auch alte Menschen sexuell sind. Wie wenn wir „nicht sexuell" sein könnten! Schon in der Bibel steht: „Als Mann und Frau schuf ER sie ..."

Es ist doch auffallend, daß gerade den Altersgruppen das Recht auf ihre eigene Sexualität verwehrt wird, die nicht im Arbeitsprozeß stehen: den ganz Jungen und den ganz Alten.

Sexualität als Prämie für brave Arbeitsleistung? Oder nur Ausdruck einer Sichtweise von Sexualität, die allein die Fortpflanzung gelten läßt und damit Frauen jenseits der Fruchtbarkeit diskriminiert? Oder gar Ausfluß einer Geisteshaltung, die den Wert eines Menschen — und damit dessen Recht auf ganzheitliche Beziehungen — nach seiner „Nützlichkeit" bemißt: Männer haben leistungsstark zu sein (was auch immer als Leistung definiert wird) und Frauen schön anzuschauen (wer auch immer seinen Geschmack als Beurteilungskriterium aufdrängt: ein Modeschöpfer oder ein Propagandaminister).

Die Schönheit des Alters wird kaum hervorgehoben, sondern eher in Richtung Jugendlichkeit korrigiert, das Durchschnitts-Glamour junger Mädchen und Burschen hingegen zum „Look of the year" hochstilisiert. Nur Sean Connery schafft es immer wieder, auf Fotos als „schärfster Opa" den blanken Brustkrob wölben zu dürfen!

Gerade mit solchen Mythen wird „Normalität" inszeniert: wie auf einer Theaterbühne wird uns im Werbefernsehen vorgespielt, wie wir sein /uns benehmen/aussehen sollen: ewig freundlich und belastbar, konsumfreudig und gleichzeitig umweltbewußt, wohlduftend, haarglänzend, light-menü-genährt und ausgeschlafen: die Stimmung aus der Apotheke, die Hochtechnologie aus dem Versandhauskatalog, die Deos und Schaum-sprays aus der Parfumerie, den Blitz-Snack aus dem Reformhaus und das Futonbett aus dem Alternativladen ...

Geliefert werden Vor-Bilder scheinbar glücklicher Menschen. „Glück-lich macht, was käuflich ist." Umfassende Information über all die Produkte, ihren Nutzwert und ihre Handhabung (inklusive Entsorgung) erfahren wir aber nicht aus den Sekundenspots des Werbefernsehens — dazu muß dort alles viel zu schnell gehen, jede Viertelsekunde kostet ja Unsummen. Dazu muß man schon lesen können — und lesen braucht Zeit. Nachdenken auch.

Ältere Menschen pflegen nach-zudenken: Ihre Lebenserfahrung ist groß und bietet nicht nur viele Vergleichsmöglichkeiten, sondern auch Wissen über den Zeitenlauf und seine veränderten Moderichtungen. Sie wissen nur zu genau, was alles man nicht braucht ... Sie wissen auch, daß das, was glücklich macht, nicht käuflich ist: harmonische Beziehungen: zur Umwelt, zu den Nächsten, zu sich selbst.

Aber gerade wenn wir auf harmonische Beziehungen Wert legen, sind wir damit erpreßbar, daß uns andere sagen, wie wir sein sollen: die Kinder zum Beispiel, die nicht wollen, daß alleinstehende Omas oder Opas als Babysitter (oder Erblasser) ausfallen, weil sie es wagen, neue Partnerschaften einzugehen. Oder die Nachbarn, die ihre eigene Lebens-führung in Frage gestellt sehen, wenn die „unwürdige Greisin" (Bert BRECHT) es wagt, „auf ihre alten Tage" noch eine Fremdsprache zu ler-nen oder in einen Tai-Chi-Kurs zu gehen...

Würde doch auf die Ärzteschaft genauso gehört wie auf die Rat-schläger rundum! Denn Hausarzt und -ärztin plädieren nur zu oft verge-bens für sparsame und gesunde Ernährung, stete Bewegung in frischer Luft und geistige Aktivität! Nur: wo sind die Vor-Bilder, die dieses Verhalten zeigen?

„Gesicht, Haltung, Figur sagen etwas aus über die Lebensumstände eines Menschen", schreibt Christel SCHACHTNER in „Störfall Alter", und: „Andersartigkeit bestimmt sich als Gegensatz zur Schönheit." Warum eigentlich? Ich kann mich noch genau an ein Treffen mit meiner Mutter, als sie etwa siebzig war, erinnern: ich kam ihr auf der Straße ent-

gegen und wurde dabei von einem bekannten älteren Schauspieler überholt, der, kaum war er hinter meiner Mutter, stehen blieb und sie verzückt
betrachtete. Sie wußte es nicht. Aber wie von Zauberhand aufgerichtet,
schien sie plötzlich einige Zentimeter zu wachsen ...

Zuwendung von anderen Menschen gibt Energie und Kraft. Vielleicht
würden viele Senioren diese traditionellen Grenzen — „Das schickt sich
doch nicht in meinem Alter!" — in Gesellschaft leichter überwinden. Und
wenn es nur die „Gesellschaft im Fernsehen" ist! Warum sitzen im
„Seniorenclub" alle im Café? Warum gibt es nicht auf einen
Seniorensportklub im TV? Bei DER Moderatorin ...

„Durchschmerzen" — sich trauen zu trauern!

„Trauer findet immer einen Ausdruck,
auch wenn wir sie daran hindern."

Jorgos CANAKAKIS; „Ich sehe deine Tränen"

Die Frau, die vor mir saß, war tief verstört. Tränen schwangen in ihrer Stimme, ihre Augen waren sichtbar verquollen. Ich merkte, wie schwer es ihr fiel, Atem zu schöpfen, Laute zu formen. Schlaflos sei sie, klagte sie mit schwacher Stimme, konzentrieren könne sie sich nicht, ihre Arbeit — in einem anspruchsvollen, intellektuellen Beruf — befriedige sie nicht mehr. Ob sie sich wohl ins Psychiatrische Krankenhaus zurückziehen solle? Ob sie etwa gar verrückt sei? Der Tod ihrer Mutter liege nun doch schon über einen Monat zurück ...

Im vorigen Jahrhundert durften Menschen noch trauern.

Ob verschmähte oder zerbrochene Liebe, ob Verlust eines nahestehenden Menschen durch Tod, ob Unglücksfall oder Probleme mit sich selbst — man war dann eben entweder kurzfristig verzweifelt oder längerdauernd melancholisch. Sogar Männern war es noch erlaubt, das Schnupftuch zu ziehen — Frauen sowieso —, denn zumindest in der „bürgerlichen" Gesellschaft galt der Mensch nicht nur als vernunftbegabtes Wesen, sondern auch als ein gefühlvolles.

Dienstboten allerdings hatten nicht so viel „Freiheit". Sie hatten hauptsächlich zu funktionieren bzw. zu parieren, ob bei der Herrschaft in der Stadt oder beim Bauern auf dem Land.

Heute wird von uns allen erwartet, daß wir „cool" bleiben, unsere Lebensrhythmen an Maschinen oder Electronics anpassen. Sogar unsere Zeitplanung im außerberuflichen Bereich führen wir nur zu oft dem Fernsehprogramm entsprechend durch — wir wollen ja nichts versäumen! — und ewig gleichmäßige Laune sollen — und wollen — wir zeigen (wir wollen uns ja nicht blamieren) und katastrophenfalls helfen wir mit Medikamenten nach, eine ununterbrochen gleichmäßig verfügbare Arbeitsfähigkeit zu demonstrieren, unser Regenerations- sprich: Schlafbedürfnis auf ein Minimum zu reduzieren und überhaupt ewig jung, ewig schön und hoffentlich demnächst bald auch unsterblich zu sein.

In LESSINGS „Emilia Galotti" spricht die Gräfin Orsina die klugen Worte, daß es Dinge gäbe, wenn man deretwegen nicht den Verstand verlöre, dann hätte man keinen zu verlieren.

Ebenso gibt es Ereignisse, die solches Herzweh bereiten, daß wer ohne Stechen und Ziehen, nämlich „empfindungslos", ohne Wut und ohne Trauer, nämlich „gefühllos", zur Tagesordnung weitergeht, wohl herzlos oder hartherzig genannt werden kann.

Leider gilt heutzutage oft als Schwächling, wer Gefühle zeigt. Da hören schon die kleinsten Kinder: „Reiß dich zusammen!", und später folgen dann Schimpfworte wie „Heulsuse"; das Tränenkrüglein wird zitiert oder die Krokodilsträne. Wenn dann noch irgendwann der Chef pfaucht: „Gefühle haben ist unprofessionell!", hat wohl jeder und jede die Lektion gelernt: funktionieren wie eine Maschine und nur ja niemanden mit Emotionen belästigen. Sogar das Selbstmitleid — ein wichtiges Gefühl, das uns darauf hinweisen kann, daß uns Unrecht geschieht — ist nicht mehr erlaubt. Schade!

Leben bedeutet Veränderung: Einatmen — ausatmen, aufnehmen — abgeben. Stoffwechsel.

Es gibt auch einen seelischen Stoffwechsel: Was wir über unsere Sinnesorgane aufnehmen, löst ja Reaktionen im Körper aus — und wenn sich nur die feinsten Härchen aufstellen. Nicht alles das ist uns bewußt — ganz im Gegenteil! Von Sigmund FREUD stammt der Vergleich mit dem Eisberg: Zehn Prozent über Wasser entspricht unserem wachen Bewußtsein, neunzig Prozent liegen in der Tiefe, sind unbewußt. Würden wir alle Reize bewußt wahrnehmen, unser Gehirn wäre wohl überfordert. Wir sind ja heute schon viel zu oft „reizüberflutet"! Wir müssen auswählen und absondern.

Leben heißt daher: unaufhörlich Trennungen erleben. Trennung von Unnötigem, Trennung von Falschem ... von Illusionen etwa. Von naiven Ansichten. Aber auch von Dingen, die kaputtgehen, von Orten und — von Menschen. Und auch von dem Menschen, der ich gestern war. Wir verändern uns ja — und entwickeln uns, hoffentlich. Und hoffentlich zum Besseren.

Solch eine Veränderung braucht zu ihrer Vollständigkeit auch das dazupassende Gefühl: Erleichterung oder Trauer, aber auch Wut.

Durch ausgiebige Trauerforschung wissen wir, daß eine erste Phase des Protests gegen ein schockierendes Erlebnis normal ist. Da will man einfach nicht wahrhaben, was passiert ist.

Dann erst kommen die vertrauteren Gefühlsreaktionen: Unruhe, Angst, Schuldgefühle, Zorn, Wut, Trauer ...

Dann beginnt das Suchen nach Anpassungsstrategien: Rituale erst, dann treten langsam neue Verhaltensmuster auf, der Verlust wird akzeptiert. Und wenn die richtige Zeit gekommen ist — und wir sprechen nicht umsonst von einem „Trauerjahr"! —, dann hat man einen neuen Bezug zur Welt gefunden.

„An der Emotion der Trauer, so paradox es klingt, können wir „gesunden", denn sie bewirkt Wandlung." schreibt Verena KAST in „Trauern". Gefühle müssen fließen können, heraus-fließen.

Oder mit den Worten von Jorgos CANAKAKIS: „Trauere und klage, bis du dich leer fühlst. Du kannst diesen Platz dann mit Lebendigkeit füllen."

Literatur:

Georg DENZLER, „Die verbotene Lust", Piper 1988

Annelie KEIL, „Gezeiten. Leben zwischen Gesundheit und Krankheit", prolog verlag 1993

Ingrid OLBRICHT, „Alles pschisch? Der Einfluß der Seele auf unsere Gesundheit", Kösel 1989

Rotraud A. PERNER, „Scham macht krank. Sexualerziehung — das Aschenbrödel der Gesundheitsförderung?" in: Barbara WINTERSBERGER, „Ist Gesundheit erlernbar? Beiträge zur Gesundheitspädagogik", Wiener Universitätsverlag 1991

Rotraud A. PERNER, „Ungeduld des Leibes. Die Zeitrhythmen der Liebe", Orac 1994

Martin Maria SCHÖNBERGER, „Von der Sexualität zur Polarität. Das verlorene und wiedergefundene Paradies", Papyrus Verlag 1984

Henry G. TIETZE, „Entschlüsselte Organsprache", Knaur 1987

Sex im Märchen — märchenhafter Sex

Sybille BIRKHÄUSER — OERI, „Die Mutter im Märchen", Bonz 1977

Bruno BETTELHEIM, „Kinder brauchen Märchen", Deutsche Verlags Anstalt 1977

Marie — Louise VON FRANZ, „Das Weibliche im Märchen", Bonz 1987

Marie — Louise VON FRANZ, „Der Schatten und das Böse im Märchen", Kösel 1985

Mario JACOBY / Verena KAST / Ingrid RIEDEL, „Das Böse im Märchen", Bonz 1978

Verena KAST, „Mann und Frau im Märchen", Walter Verlag 1983

Verena KAST, „Liebe im Märchen", Walter verlag 1992

Großer Katechismus der katholischen Religion, Österreichischer Bundesverlag 1927

Rotraud A. PERNER, „Ungeduld des Leibes. Die Zeitrhythmen der Liebe" Orac 1994

Ingrid RIEDEL, „Tabu im Märchen", Walter Verlag 1985

Von Simson, Rapunzel und Bärenhäutern

Dorrit CADURA-SAF, „Das unsichtbare Geschlecht. Frauen, Wechseljahre und Älterwerden", rororo 1990

Rüdiger DAHLKE, „Krankheit als Sprache der Seele", C. Bertelsmann Verlag 1992

Cecil HELMAN, „Körpermythen. Werwolf, Medusa und das radiologische Auge", Knesebeck & Schuler 1991
Rotraud A. PERNER, „Zeit(t)räume. Vom Denken, Fühlen und Spüren", Löcker Verlag 1993

Dornenkrone
Louise L. HAY, „Heile Deinen Körper. Seelisch-geistige Gründe für körperliche Krankheit", Verlag Alf Lüchow 1989
Paul-Heinz KOESTERS, „Wenn die Seele krank macht. Die psychosomatische Medizin und ihre Heilungsmethoden", Gruner + Jahr 1990
Gerhard LEIBOLD / Hans-Christoph SCHEINER, „Migräne und Schlafstörungen", Falken Verlag 1990
Ingrid OLBRICHT, „Alles psychisch? Der Einfluß der Seele auf unsere Gesundheit", Kösel 1989
Kurt SINGER, „Kränkung und Kranksein. Psychosomatik als Weg zur Selbstwahrnehmung", Piper 1988
Henry G. TIETZE, „Entschlüsselte Organsprache. Krankheit als Ausdruck seelischen Leids", Knaur 1987
Henry G. TIETZE, „Organsprache von A — Z", Knaur 1993
Thure von UEXKÜLL und andere, „Psychosomatische Medizin", Urban & Schwarzenberg 1979 / 1990

Zum „Aus der Haut fahren"
Otto BETZ, „Der Leib als sichtbare Seele", Kreuz Verlag 1991
Paul-Heinz KOESTERS, „Wenn die Seele krank macht", Gruner & Jahr 1990
Anne MAGUIRE, „Hauterkrankungen als Botschaften der Seele", Walter 1991
Alfred J. ZIEGLER, „Krankheits-Bilder. Elemente einer archetypischen Medizin", Fischer 1989

Schaulust
Otto BETZ, „Der Leib als sichtbare Seele", Kreuz Verlag 1991
Maurice BLANCHOT, „Die wesentliche Einsamkeit", Henssel 1959 / 1984
Sigmund FREUD, Gesammelte Werke V, S. Fischer 1945 / 1978
Sigmund FREUD, Gesammelte Werke VIII, S. Fischer 1945 / 1978
Thomas KLEINSPEHN, „Der flüchtige Blick. Sehen und Identität in der Kultur der Neuzeit", Rowohlt 1989
Heinz KOHUT, „Narzißmus", Suhrkamp TB 1976,
Jürgen MANTHEY, „Wenn Blicke zeugen könnten. Eine psychohistorische Studie über das Sehen in Literatur und Philosophie", Carl Hanser Verlag 1983,

Rotraud A. PERNER, „Blick-Muster" in: Sabine PERTHOLD (Hg.), „Rote Küsse. Ein Film-Schau-Buch", Konkurs Buch Verlag Claudia Gehrke 1991
Jean-Paul SARTRE, „Das Sein und das Nichts", Rowohlt 1952
Wolfgang SCHULTZ-ZEHDEN, „Das Auge — Spiegel der Seele. Neue Wege zur Ganzheitstherapie", Artemis & Winkler 1992
Dr. S. SELIGMANN, „Die Zauberkraft des Auges und das Berufen", J. Couvreur o.A.
Henry G. TIETZE, „Organsprache von A — Z. Durch Körpersymptome seelische Probleme erkennen und behandeln", Knaur 1993
Katharina WEISROCK, „Götterblick und Zaubermacht. Auge, Blick und Wahrnehmung in Aufklärung und Romantik", Westdeutscher Verlag 1990

Vulkan unter Eis

Otto BETZ, „Der Leib als sichtbare Seele", Kreuz Verlag 1991
Rüdiger DAHLKE, „Herz(ens)-Probleme. Be-deutung und Chance von Herz-und Kreislaufsymptomen". Knaur 1990
Rüdiger DAHLKE, „KRankheit als Sprache der Seele. Be-Deutung und Chance der Krankheitsbilder", C. Bertelsmann 1992
Cecil HELMAN, „Körpermythen. Werwolf, Medusa und das radiologische Auge", Knesebeck & Schuler 1991
Steppa NEBEHAY, „Prinzessin Silberweiß", Wiener Verlag
Kurt SINGER, „Kränkung und Kranksein. Psychosomatik als Weg zur Selbstwahrnehmung", Piper 1988
Henry G. TIETZE, „Entschlüsselte Organsprache. Krankheit als Ausdruck seelischen Leids", Knaur 1987

Außer Atem

Otto BETZ, „Der Leib als sichtbare Seele", Kreuz Verlag 1991
Karlfried Graf DÜRCKHEIM, „Hara. Die Erdmitte des Menschen", Scherz Verlag 1985
Kurt SINGER, „Kränkung und Kranksein. Psychosomatik als Weg zur Selbstwahrnehmung", Piper 1988
Henry G. TIETZE, „Entschlüsselte Organsprache. Krankheit als Ausdruck seelischen Leids", Knaur 1987

Von Herzensbrechern

Otto BETZ, „Der Leib als sichtbare Seele", Kreuz Verlag 1991
Rüdiger DAHLKE, „Herz(ens)-Probleme. Be-Deutung und Chance von Herz-und Kreislaufsymptomen", Knaur 1990
Märchen der Brüder Grimm, Droemer Knaur 1937

Alexander LOWEN, „Liebe, Sex und dein Herz", Rowohlt 1993

Vom Schlucken und Schweigen
Rüdiger DAHLKE / Robert HÖSZL, „Verdauungsprobleme. Be-Deutung und Chance von Magen- und Darmsymptomen", Knaur 1990
Annelie KEIL, „Gezeiten. Leben zwischen Gesundheit und Krankheit", Prolog Verlag 1988
Frauke TEEGEN, „Ganzheitliche Gesundheit. Der sanfte Umgang mit uns selbst", Rowohlt 1983

Von Angst, Wut und Hunger nach Liebe
Henry G. TIETZE, „Entschlüsselte Organsprache. Krankheit als Ausdruck seelischen Leids", Knaur 1987

Aus dem Bauch heraus
Otto BETZ, „Der Leib als sichtbare Seele", Kreuz 1991
Elke LIEBS, „Das Köstlichste von allem. Von der Lust am Essen und dem Hunger nach Liebe", Kreuz 1988
Rüdiger DAHLKE / Robert HÖSSL, „Verdauungsprobleme. Be-Deutung und Chance von Magen - und Darmsymptomen", Knaur 1990
Ingrid OLBRICHT, „Alles psychisch? Der Einfluß der Seele auf unsere Gesundheit", Kösel 1989
Henry G. TIETZE; „Entschlüsselte Organsprache. Krankheit als Ausdruck seelischen Leids", Knaur 1987

Wenn die Glücksbringer „Nein" sagen
Jessica BENJAMIN, „Macht und Begehren der Frau" in: Christa ROHDE-DACHSER, „Beschädigungen. Psychoanalytische Zeitdiagnosen", Sammlung Vandenhoeck 1992
Anton GRABNER-HAIDER / Ota WEINBERGER / Kurt WEINKE (Hg.), „Fanatismus und Massenwahn. Quellen der Verfolgung von Ketzern, Hexen, Juden und Außenseitern", Leykam 1987
Ingrid OLBRICHT, „Alles psychisch? Der Einfluß der Seele auf unsere Gesundheit", Kösel 1989
Rotraud A. PERNER, „Ungeduld des Leibes. Die Zeitrhythmen der Liebe", Orac 1994
Hilde SCHMÖLZER, „Phänomen Hexe. Wahn und Wirklichkeit im Lauf der Jahrhunderte", Herold 1986

Die Tierfrau

Bruno BETTELHEIM, „Die symbolischen Wunden. Pubertätsriten und der Neid des Mannes", Fischer 1982

Rüdiger DAHLKE, „Lebenskrisen als Entwicklungschancen. Zeiten des Umbruchs und ihre Krankheitsbilder", C. Bertelsmann 1995

Anne FAUSTO-STERLING, „Gefangene des Geschlechts? Was biologische Theorien über Mann und Frau sagen", Piper 1985

Luisa FRANCIA, „Drachenzeit", Verlag Frauenoffensive 1987

Cecil HELMAN, „Körpermythen. Werwolf, Medusa und das radiologische Auge", Knesebeck & Schuler 1991

Penelope SHUTTLE / Peter REDGROVE, „Die weise Wunde Menstruation", Fischer 1982

Jutta VOSS, „Das Schwarzmondtabu", Kreuz Verlag 1988

Krebs — Die dämonische Schwangerschaft

Rüdiger DAHLKE, „Krankheit als Sprache der Seele", C. Bertelsmann 1992

Wilhelm REICH, „Die Entdeckung des Orgons II: Der Krebs" (1948), Fischer 1976

O. Carl SIMONTON / Stephanie MATTHEWS-SIMONTON / James CREIGHTON, „Wieder gesund werden. Eine Anleitung zur Aktivierung der Selbstheilungskräfte für Krebspatienten und ihre Angehörigen", Rowohlt 1982

Susan SONTAG, „Krankheit als Metapher", Fischer 1981/1989

Fritz ZORN, „MARS", Fischer 1979

Ver-rückt?

Rüdiger DAHLKE, „Krankheit als Sprache der Seele", C. Bertelsmann 1992

Cecil HELMAN, „Körpermythen". Werwolf, Medusa und das radiologische Auge, Knesebeck & Schuler, 1991

Alexander LOWEN, „Körperausdruck und Persönlichkeit", Kösel 1981

Paul PARIN/ Fritz MORGENTHALER/ Goldy PARIN-MATTHÉY, „Die Weißen denken zuviel", Fischer 1983

Nierenschläge

Henry G. TIETZE, „Entschlüsselte Organsprache. Krankheit als Ausdruck seelischen Leids", Knaur 1987

Henry G. TIETZE, „Organsprache von A — Z. Durch Körpersymptome seelische Probleme erkennen und behandeln" Band 2, Knaur 1993

Wegwerfkörper?

Jürgen ASCHOFF, „Die innere Uhr des Menschen" in: „Die Zeit. Dauer und Augenblick", Serie Piper 1989

Robert BLY, „Eisenhans. Ein Buch über Männer", Kindler 1991
Rüdiger DAHLKE, „Krankheit als Sprache der Seele. Be-Deutung und Chance der Krankheitsbilder", C. Bertelsmann 1992
Alexander LOWEN, „Freude. Die Hingabe an den Körper und das Leben", Kösel 1993
Rotraud A. PERNER, „Zeit(t)räume. Vom denken, Fühlen und Spüren" Löcker 1993

Glücklich ist, wer vergißt
Naomi FEIL, „Validation. Ein neuer Weg zum Verständnis alter Menschen", Verlag Altern & Kultur 1990
Anneliese FURTMAYR-SCHUH, „Das große Vergessen. Die Alzheimer Krankheit. Wissen, vorbeugen, behandeln, mit der Krankheit leben", Kreuz Verlag 1990
Rotraud A. PERNER, „Ungeduld des Leibes. Die Zeitrhythmen der Liebe", Orac 1994
Christel SCHACHTNER, „Störfall Alter. Für ein Recht auf Eigen-Sinn", Fischer 1988
Claudia SCHMÖLDERS (Hg.), „Die wilde Frau. Mythische Geschichten zum Staunen, Fürchten und Begehren", Heyne 1993
Henry G. TIETZE, „Organsprache von A — Z. Durch Körpersymptome seelische Probleme erkennen und behandeln", Knaur 1993

Kugelmenschen
Otto BETZ, „Der Leib als sichtbare Seele", Kreuz Verlag 1991
Doritt CADURA-SAF, „Das unsichtbare Geschlecht. Frauen, Wechseljahre und Älterwerden", Rowohlt 1986
Annelie KEIL, „Gezeiten. Leben zwischen Gesundheit und Krankheit" prolog verlag 1993
Margaret MINKER, „Mit Leib und Seele gesund werden. Psychosomatische Hilfe für Frauen", Mosaik Verlag 1993
Henry G. TIETZE, „Organsprache von A — Z. Durch Körpersymptome seelische Probleme erkennen und behandeln", Knaur 1993, Band 1

Sex in der Pflege — gepflegte Sexualität
Susan BAUR, „Die Welt der Hypochonder. Über die älteste Krankheit der Menschen", Kreuz Verlag 1991
Rüdiger DAHLKE, „Krankheit als Sprache der Seele.Be — Deutung und Chance der Krankheitsbilder", C. Bertelsmann 1992
Desmond MORRIS, „Liebe geht durch die Haut", Knaur 1975

Rotraud A. PERNER, „Scham macht krank. Sexualerziehung — das Aschenbrödel der Gesundheitsförderung?" in: Barbara WINTERSBERGER, „Ist Gesundheit erlernbar? Beiträge zur Gesundheitspädagogik", Wiener Universitätsverlag 1991

Von der Angst der Menschen vor der Psychotherapie
Arno GRUEN, „Der Verrat am Selbst". Die Angst vor Autonomie bei Mann und Frau", dtv 1986
Arno GRUEN, „Der Wahnsinn der Normalität. Realismus als Krankheit: eine grundlegende Theorie zur menschlichen Destruktivität", dtv 1989
Ivan ILLICH, „Die Nemesis der Medizin. Von den Grenzen des Gesundheitswesens", Rowohlt 1977, 1981
Ivan ILLICH u.a., „Entmündigung durch Experten. Zur Kritik der Dienstleistungsberufe", Rowohlt 1979

Schulstreß
Alice MILLER, „Das Drama des begabten Kindes", Suhrkamp 1979
Alice MILLER, „Am Anfang war Erziehung", Suhrkamp 1980

Wie frau sich fördert und nicht überfordert
Rotraud A. PERNER, „Erfolg feminin. Anleitung zum Selbstmanagement", Service Fachverlag 1991

Alters-Grenzen
Jorgos CANAKAKIS, „Ich sehe Deine Tränen. Trauern, Klagen, Leben können", Kreuz Verlag 1987
Jorgos CANAKAKIS, „Ich begleite dich durch deine Trauer", Kreuz Verlag 1990
Verena KAST, „Trauern. Phasen und Chancen des psychischen Prozesses", Kreuz Verlag 1982

Die Autorin

Mag. Dr. Rotraud A. PERNER, Jahrgang 1944, wandte sich nach der Promotion in Rechtswissenschaft der Soziologie, Sexualpädagogik und Tiefenpsychologie zu. Nach Jahren intensiver Gemeinwesenarbeit führt die lizensierte Psychotherapeutin (ausgebildet nach Freud, Jung, Rogers, in NLP und Sexualtherapie) und Gesundheitspsychologin eine eigene Praxis und supervidiert und trainiert vor allem in Gesundheitsinstitutionen und im staatlichen Verwaltungsbereich.

Sie lehrt an der Wiener Internationalen Akademie für Ganzheitsmedizin und an der Universität Salzburg.

Publikationen

1976
* „Die Angst des Lehrers beim Reden über Sex" in: Wien Aktuell IX / 76

1979
* „Probleme gemeinsam lösen — Modellversuch Club Bassena"
    in: Wien Aktuell XII / 79

1983
** „Unmaßgebliche Betrachtungen zum Dominanzstreben der Frau"
(unveröffentlichte Diplomarbeit in der Österreichischen Arbeitsgemeinschaft für Psychoanalyse und Sozialtherapie)

1985
* „Sexualität und Recht" in: Sozialarbeit in Österreich 1 — 3 / 85
** „Versuch einer personzentrierten Mitarbeiterführung" (unveröffentlichte Diplomarbeit in der Arbeitsgemeinschaft für personzentrierte Gesprächsführung und Psychotherapie)
* „Familienarbeit als Beziehungsarbeit" in: Praxis IV, Schriftenreihe des Verein Jugendzentren der Stadt Wien

1987
* „Wagen, nicht nur vorausdenken" in: „Soziale Utopien",
Festschrift 40 Jahre Soziales Hilfswerk
* „Strafen statt helfen" in: profil 35 / 87
* „Sex im Märchen - märchenhafter Sex" in: „Das Nackte. Der Hintergrund", Katalog des 1. Wiener Sommersymposiums

1988
* „Anerkennung wollen sie auch noch. Wie es Mitarbeitern von Führungskräften ergeht - eine Psychoanalyse" in: Furche 1 / 88
* „Hinter den Klischees steckt Abwehr" in: Furche 18 / 88
* „Schießen Sie nicht auf den Prokuristen! Der Vatermord gilt der Mutter. Tiefenpsychologische Anmerkungen zur Ermordung von Chefs und anderen Vaterfiguren" in: Der Standard 14. 11. 1988

1989
* „Wie gefährlich ist Sex Appeal?" in: Wienerin Winter 1989
* „Taube Ohren" in: profil 7 / 89
* „Hat Freud den Frauen geschadet?" in: Der Standard 16. 5. 1989
* „006 am Reumannplatz - fast ein Krimi" in: HANDL / HAUER / KRICKLER / NUSSBAUMER / SCHMUTZER (Hg.), „Homosexualität in Österreich", Junius edition

1990
* „Der Mythos vom weiblichen Masochismus" in: Peter HUEMER/ Grete SCHURZ (Hg.), „Unterwerfung. Über den destruktiven Gehorsam", Zsolnay
* „Blick - Muster" in: Sabine PERTHOLD (Hg.), „Rote Küsse. Ein Film Schau Buch", Verlag Claudia Gehrke
** „Von der Familienberatung zur Sexualberatung" und „Lustgreise. Ein Plädoyer" in: Rotraud A. PERNER / Holger EICH (Hg.), „Sexualität als Problem", Delle Karth Verlag
* „Qualität des Versprechens" in: Wiener Journal 122 - November 1990

1991
* „Die Frauenseele. Licht ins Dunkel" in: Startbahn 5
* „Frauen und Polizei - Polizei und Frauen" in: Öffentliche Sicherheit 3/91
* „Beratung - Der neue Narzißmus" in: Lambda Nachrichten 2/91
** „Zuliebe zu Leibe" und „Seelenmord - Seelenfrieden" in: Rotraud A. PERNER (Hg.), „Zuliebe zu Leibe. Über die Möglichkeit und Unmöglichkeit kindlicher Erotik" Edition Tau
* „Sexuelle Mißhandlung von Kindern: Von der Störung zur Heilung. Zehn sozialtherapeutische Ansätze" In: Sozialtherapeutische Briefe 91/2
** „Zeugin der Lüste. Lust und Frust der Rundfunksexualberatung" Edition Tau
* „Leere - Lasten - Fülle" in: Verein zur Förderung von Frauenbildungsprojekten (Hg.), „Autonomie in Bewegung. 6. österreichische Frauensommeruniversität", Promedia Verlag

* „Scham macht krank. Sexualerziehung - das Aschenbrödel der Gesundheitsförderung?" in: Barbara WINTERSBERGER (Hg.), „Ist Gesundheit erlernbar?" Wiener Universitätsverlag

* „Angst(t)raumwelt" in: Eva KAIL/ Jutta KLEEDORFER (Hg.), „Wem gehört der öffentliche Raum? Frauenalltag in der Stadt" Böhlau

* „Lust auf Leere. Ein WEG von der Integrativen Sexualtherapie" in: Diana VOIGT/ Hilde JAWAD - ESTRAK, „Von Frau zu Frau. Feministische Ansätze in Theorie und Praxis psychotherapeutischer Schulen" Wiener Frauenverlag

1992

* „Der Fall Unterweger: Vom Stigma zum Trauma"
        in: Salzburger Nachrichten 22. 2. 1992

* „Der Tod wäre eine Lebens - Aufgabe"
        in: Salzburger Nachrichten 27. 3. 1992

* „Aufmachen" in: Salzburger Nachrichten 11. 6. 1992

** „Die starken Zweiten - Träger des Erfolges. Motive und Motivation zur Spitzenleistung" (gemeinsam mit Reginald FÖLDY), Wirtschaftsverlag Langen Müller

* „Hinschauen oder wegschauen? Schweigen nützt nur den Tätern"
        in: Salzburger Nachrichten 10. 7. 1992

* „Aufreizend. Wenn Kinder sexuell mißhandelt werden..."
        in: Kleine Zeitung Graz 24. 7. 1992

* „Aufbrechen - Zum Umgang mit Herzweh" in: Goldegger Dialoge 1992, „Schmerz - Stachel des Lebens" Kulturverein Schloß Goldegg

* „Patriarchalische Gewalt und sexuelle Ausbeutung von Mädchen" in: „Gewalt gegen Frauen" Josef - Krainer - Haus - Schriften 56 a

* „Von der Kunst, Frauen verrückt zu machen" in: „Was halten Frauen aus? Zur Lebenssituation und Gesundheit von Frauen" Schriftenreihe des Instituts für Wissenschaft und Kunst

* „Die Sexwelle erfaßt die österreichische Politik"
        in: Salzburger Nachrichten 15. 9. 1992

** „Menschenjagd. über die Möglichkeit und Unmöglichkeit des Umganges mit sozial unerwünschtem Verhalten" in: Rotraud A. PERNER (Hg.), „Menschenjagd. Vom Recht auf Strafverfolgung" Donau Verlag

1993

* „Drang nach erlesenen Revieren. Managen wie die Paviane"
   in: Der Standard 8. 1. 1993
* „Wenn Menschenjagd zum Zeitgeistsport wird"
   in: Salzburger Nachrichten 12. 1. 1993
* „Kurzschluß im Ablauf der Gefühle"
   in: Salzburger Nachrichten 18. 5. 1993
** „Zeit Los?" und „Brunftzeit" in: Rotraud A. PERNER (Hg.),
„Zeit(t)räume. Vom Denken, Fühlen und Spüren" Löcker
* „Wenn die Schnecken Trauer tragen. Die Angst der Langsamen vor den
Hudriwudris" in: Goldegger Dialoge 1993, „ZEIT - Erleben. Zwischen
Hektik und Müßiggang" Kulturverein Schloß Goldegg
* „Entschleierungs - Prozesse. Über die Rolle des Psychotherapeuten als
Gerichtsgutachter" in: Psychotherapie Forum 3/93
* „Absage an die Unzucht" in: Sic(!) 0/93
** „Erfolg feminin. Anleitung zum Selbstmanagement" Service
Fachverlag
* „Lustgreise? ein Plädoyer" und „Herbst - Zeit - Lose. Liebe und
Sexualität jenseits der Fortpflanzung" in: Heinrich HOFFER / Eva RIBA-
RITS (Hg.), „Altern hat/ und/ mit Kultur", Verlag Altern & Kultur
* „Sexualität als Problem. Ein Blick durch die Zeit - Lupe"
   in: bakeb informationen 4/93

1994

* „Ein Gimmick? Zur Strategie politischer Skandalisierung"
   in: Wiener Journal 162 - März 1994
* „Zum Schreien. Ein Vor - Wort", Vorwort zu: Gabriele MÖRTH,
„Schrei nach innen. Vergewaltigung und das Leben danach" Picus
* „Die Wahrheit sagen dürfen" in: Die Möwe 1 / April 1994
* „Familien Bande. Psychosoziale Aspekte der Aggression von
Familienangehörigen" in: SCHÖNY/RITTMANNSBERGER/GUTH,
„Aggression im Umfeld psychischer Erkrankungen" Edition pro mente
* „Über den Umgang mit Vergewaltigungsopfern" in: ProMed 6 / 94
* „How To Do Sex. Über Tiefpunkte der Lust und Liebe. Und über das
Geschäft der Mediengurus mit diesen" in: an.schläge Juli / August 1994
* „Das Wohlbefinden besser managen" in: Gablers Magazin 5/1994

* „Familie managen? Eine Grenzziehung" in: Hernsteiner 2/1994
* „Über Erfolgsstrategien. Jede Herausforderung ist eine Gelegenheit, etwas Neues über sich selbst dazuzulernen"
   in: Bücher Perspektiven 1 / 94
* „Weg mit den kleinen Weibsteufeln! Strategien zur Beseitigung weiblichen Außenseitertums" in: Christine HAIDEGGER (Hg.), „Sichten und Vernichten. über die Kontinuität der Gewalt" Verlag für Gesellschaftskritik
* „Sexualberatung in der Praxis" in: ProMed 7 - 8 / 94
** „Ungeduld des Leibes. Die Zeitrhythmen der Liebe" Orac
** „Schuld & Unschuld. Täter und Opfer sexueller Mißhandlung" aaptos Verlag
* „Kinder der Liebe" in: „Eine Tat der Liebe" Festschrift 40 Jahre Aktion Leben
* „Soll jugendliche Sexualität ausbeutbar bleiben? Präventiv und repressiv wirkende Maßnahmen gegen sexuelle Ausbeutung" in: Maria RAUCH-KALLAT / J.W. PICHLER (Hg), „Entwicklungen in den Rechten der Kinder in Hinblick auf das UN - Übereinkommen über die Rechte des Kindes", Böhlau

1995
* „Sexuelle Gewalt gegen Kinder. Vorbeugen und beseitigen"
   in: Der Österreichische Amtsvormund 123
* „Die Psychologie der Sexualität" in: Österreichische Apothekerzeitung Nr. 4/ 13. 2. 1995
* „Mythos Familie - Männer - und Frauenphantasien" in: Institut für Sozialpädagogik, Dokumentation des Symposiums „Familie - Traum und Trauma"
* „Die Babys sind über uns - Von der geheimen Lust der Bosse"
   in: gdi impuls 1/ 95
** „Psychosomatik - Die vergessene Sexualität. Ein Gesundheits - Lesebuch", aaptos Verlag

In Druck:

* „...und bist du nicht willig...Ethische Probleme in der Behandlung von sexuell mißbrauchten Menschen" in: Renate HUTTERER-KRISCH (Hg), „Ethik und Psychotherapie", Springer Verlag

* „Annäherung. Von Zeit und Sexualität"
          in: Klagenfurter Schriften, Passagen Verlag